organização de sistemas produtivos: decisões estratégicas e táticas

EDITORA intersaberes

O selo DIALÓGICA da Editora InterSaberes faz referência às publicações que privilegiam uma linguagem na qual o autor dialoga com o leitor por meio de recursos textuais e visuais, o que torna o conteúdo muito mais dinâmico. São livros que criam um ambiente de interação com o leitor – seu universo cultural, social e de elaboração de conhecimentos –, possibilitando um real processo de interlocução para que a comunicação se efetive.

Taís Pasquotto Andreoli

organização de sistemas produtivos: decisões estratégicas e táticas

Rony Ahlfeldt

EDITORA intersaberes

Rua Clara Vendramin, 58 . Mossunguê
CEP 81200-170 . Curitiba . PR . Brasil
Fone: (41) 2106-4170
www.intersaberes.com
editora@editoraintersaberes.com.br

Conselho editorial
Dr. Ivo José Both (presidente)
Dr.ª Elena Godoy
Dr. Nelson Luís Dias
Dr. Neri dos Santos
Dr. Ulf Gregor Baranow

Editora-chefe
Lindsay Azambuja

Supervisora editorial
Ariadne Nunes Wenger

Analista editorial
Ariel Martins

Capa
Sílvio Gabriel Spannenberg (*design*)
Fotolia (imagens)

Projeto gráfico original
Bruno Palma e Silva

Adaptação do projeto gráfico
Sílvio Gabriel Spannenberg

Dados Internacionais de Catalogação na Publicação (CIP)
(Câmara Brasileira do Livro, SP, Brasil)

Andreoli, Taís Pasquotto
Organização de sistemas produtivos: decisões estratégicas e táticas/ Taís Pasquotto Andreoli, Rony Ahlfeldt. – Curitiba: InterSaberes, 2014. (Série Administração da Produção).

Bibliografia.
ISBN 978-85-443-0118-0

1. Administração da produção 2. Planejamento estratégico 3. Sistemas de produção I. Ahlfeldt, Rony. II. Título. III. Série.

14-11330   CDD-658.5

Índices para catálogo sistemático:
1. Sistemas de produção: Administração de empresas   658.5

Foi feito o depósito legal.
1ª edição, 2014.

Informamos que é de inteira responsabilidade dos autores a emissão de conceitos.
Nenhuma parte desta publicação poderá ser reproduzida por qualquer meio ou forma sem a prévia autorização da Editora InterSaberes.
A violação dos direitos autorais é crime estabelecido na Lei n. 9.610/1998 e punido pelo art. 184 do Código Penal.

sumário

apresentação 9

como aproveitar ao máximo este livro 13

capítulo 1
Administração da produção 17

Conceitos básicos da área de produção 19

Processo de produção 20

Níveis de planejamento 21

Decisões estratégicas da produção 22

Inter-relação da produção com as demais áreas funcionais 23

Teorias da administração 24

capítulo 2
Sistemas de produção 35

Teoria Geral dos Sistemas (TGS) 37

Evolução na concepção das organizações 38

Sistemas de produção 39

Principais classificações dos sistemas de produção 40

capítulo 3
Gestão da qualidade e produtividade nos ambientes fabris e na linha de frente do atendimento de serviços 47

    Gestão da qualidade   49

    Gestão da produtividade   54

    Gestão de serviços   57

capítulo 4
Decisões estratégicas em operações 65

    Estratégia e sistema de criação de valor   67

    Como as operações contribuem para a estratégia organizacional   70

    Mapa das decisões estratégicas em operações   76

capítulo 5
Desenvolvimento de novos produtos e processos 85

    Sobre o desenvolvimento   87

    Ciclo de vida dos produtos   88

    Estágios de desenvolvimento de novos produtos   93

capítulo 6
Decisões sobre integração vertical, capacidade e localização das operações 101

    Integração vertical   104

    Planejamento da capacidade   107

    Localização das operações   114

capítulo 7
Decisões sobre processos e organização do trabalho em operações 131

    Decisões sobre processos em operações   133

    Organização do trabalho em operações   145

capítulo 8
Arranjo físico e fluxo produtivo 155
  Conceitos básicos dos arranjos físicos 157
  Princípios dos arranjos físicos 159
  Fatores críticos de escolha dos arranjos físicos 161
  Tipos de arranjos físicos 162
  Métodos para desenvolvimento dos arranjos físicos 172

capítulo 9
Decisões sobre a operação do sistema de produção 179
  Planejamento e controle da produção 181
  Administração de estoques 186

para concluir... 205
referências 207
respostas 217
sobre os autores 225

apresentação

A competição em âmbito global, bem como as exigências cada vez maiores dos consumidores, levam as organizações a procurar, constantemente, formas de desenvolver produtos e serviços a custos cada vez mais baixos e com elevado nível de qualidade. Essa pressão resulta na necessidade de se repensar processos, incrementar a tecnologia e obter maior produtividade dos recursos e sistemas organizacionais.

Os **sistemas produtivos** contribuem muito para o alcance desses e de outros objetivos estratégicos – podem apoiar, implementar ou mesmo impulsionar estratégias que levem à obtenção de vantagens competitivas. Essa é a área das empresas que concentra e consome grande quantidade de seus recursos, bem como fornece os produtos e serviços para atender às diferentes necessidades dos mercados consumidores. Sendo assim, a atenção, o cuidado e o planejamento criterioso de suas ações podem resultar em ganhos para todo o sistema.

Com a tendência de se interligar organizações em redes de produção, que podem ser locais ou internacionais, a complexidade da gestão das operações aumenta, assim como sua importância para os negócios e para a sociedade. Decisões de longo prazo sobre **o que, para quem, como, quando, quanto** e **onde** produzir devem fazer parte da visão estratégica dos gestores e de suas organizações – e por essa razão são o nosso foco nesta obra. Ela foi dividida didaticamente para que você, estudante, construa seu aprendizado a respeito do fluxo de decisões e da relação entre cada uma destas e seus efeitos sobre as operações, bem como sobre a organização como um todo.

Como resultado, nossa obra *Organização de sistemas produtivos: decisões estratégicas e táticas* foi distribuída em nove capítulos. No Capítulo 1, apresentaremos um panorama geral e histórico da área e das teorias de produção. Você terá um contato inicial com os principais conceitos da área de operações, bem como com a visão, as decisões estratégicas e a evolução da área ao longo do desenvolvimento das teorias da administração.

No Capítulo 2, nosso foco é a compreensão do conceito geral de **sistema** e a visão das organizações como sistemas. Você compreenderá o sistema de produção por meio da explanação de suas partes, como os insumos, os recursos e os processos de transformação, os resultados e as atividades e informações de *feedback* (*retroalimentação*, em tradução literal). Além disso, nesse capítulo apresentaremos as classificações dos sistemas de produção, que tanto contribuem para o entendimento dos processos que serão abordados no Capítulo 7 quanto dos tipos de arranjos físicos que estudaremos no Capítulo 8.

No Capítulo 3, discutiremos dois elementos muito importantes para as operações: a **gestão da qualidade** e a **produtividade**. Quanto à qualidade, apresentaremos suas diferentes fases, desde a era da inspeção, passando pela era da qualidade total, até a concepção atual. Em relação à produtividade, você compreenderá o enfoque dos recursos humanos, materiais e financeiros. Nesse capítulo também introduziremos as características dos serviços – intangibilidade, inseparabilidade, perecibilidade e variabilidade.

Com o Capítulo 4, finalizaremos a primeira parte da obra e apresentaremos as decisões estratégicas que serão discutidas na sequência. O conteúdo inicia com uma breve introdução sobre **estratégia empresarial** e o **sistema de criação de valor**, para depois direcionar a atenção para as contribuições das operações de estratégia organizacional. As **decisões estratégicas** são apresentadas como um conjunto coordenado e coerente que compreende desde o desenvolvimento de novos produtos, a integração vertical, a capacidade, a localização, os processos e o arranjo físico até as decisões de níveis tático e operacional, por meio do planejamento e do controle das operações.

No Capítulo 5, trataremos das decisões relativas aos produtos e aos processos, apresentando as fases do **ciclo de vida do produto** e os **estágios para o desenvolvimento de novos produtos**, sendo o primeiro deles um processo que vai da geração de ideias sobre produtos e serviços até o teste de mercado e a comercialização.

No Capítulo 6, os **critérios de decisão** sobre o que comprar e o que fazer (**integração vertical**), quanto produzir (**capacidade**) e onde produzir (**localização**) são aprofundados com a apresentação de conceitos e exemplos contextualizados. Você aprenderá, especialmente, sobre a relação entre a previsão da demanda e os efeitos sobre as decisões de capacidade e a localização das unidades produtivas.

No Capítulo 7, veremos as decisões sobre as **variáveis** que estruturam os **processos organizacionais** e sobre como estabelecer um **projeto de trabalho** capaz de conciliar as pessoas, os processos e os recursos. Classificaremos os diferentes tipos de processos produtivos em uma escala de diferentes níveis de volume e de variedade de *outputs* (*resultados*, em tradução livre). Quanto ao projeto de trabalho, os dois principais elementos que você estudará nesse capítulo são os **mecanismos de coordenação** e a **ergonomia**, ou seja, o estudo da adequação do trabalho ao ser humano.

No Capítulo 8, apresentaremos os princípios, os fatores críticos, os tipos e os métodos de **planejamento dos arranjos físicos**. O arranjo físico, também conhecido como *layout*, refere-se à organização e à disposição física dos diversos recursos necessários ao processo produtivo.

Por fim, no Capítulo 9, trataremos das **decisões de operação do sistema de produção**, ou seja, o planejamento e o controle da produção e, em especial, dos estoques. Diferentemente dos demais, esse capítulo apresentará métodos de gerenciamento da produção em um nível cada vez mais desagregado – com isso queremos dizer que tratará dos detalhes de componentes dos produtos, períodos de produção e quantidades a serem produzidas por item. Apresentaremos três métodos de gestão de estoques: a curva ABC, o lote econômico de compra (LEC) e o MRP.

Com tudo isso, esperamos que esta obra contribua para seu aprendizado sobre os sistemas produtivos, bem como para as diferentes decisões que você precisará tomar como gestor dessa importante função organizacional.

Desejamos a você um bom estudo.

como aproveitar ao máximo este livro

Este livro traz alguns recursos que visam enriquecer o seu aprendizado, facilitar a compreensão dos conteúdos e tornar a leitura mais dinâmica. São ferramentas projetadas de acordo com a natureza dos temas que vamos examinar. Veja a seguir como esses recursos se encontram distribuídos no decorrer desta obra.

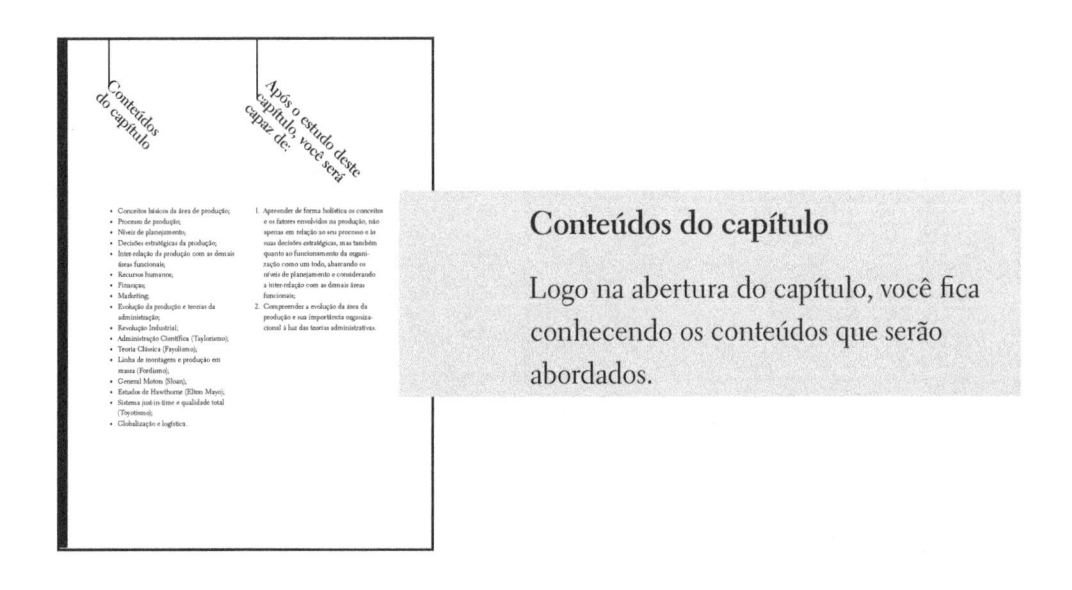

Conteúdos do capítulo

Logo na abertura do capítulo, você fica conhecendo os conteúdos que serão abordados.

Após o estudo deste capítulo, você será capaz de:

Você também é informado a respeito das competências que irá desenvolver e dos conhecimentos que irá adquirir com o estudo do capítulo.

Estudo de caso

Esta seção traz ao seu conhecimento situações que vão aproximar os conteúdos estudados de sua prática profissional.

Exercícios resolvidos

A obra conta também com exercícios seguidos da resolução feita pelos próprios autores, com o objetivo de demonstrar, na prática, a aplicação dos conceitos examinados.

Síntese

Você dispõe, ao final do capítulo, de uma síntese que traz os principais conceitos nele abordados.

Questões para revisão

Com estas atividades, você tem a possibilidade de rever os principais conceitos analisados. Ao final do livro, os autores disponibilizam as respostas às questões, a fim de que você possa verificar como está sua aprendizagem.

Questões para reflexão

Nesta seção, a proposta é levá-lo a refletir criticamente sobre alguns assuntos e a trocar ideias e experiências com seus pares.

Para saber mais

Você pode consultar as obras indicadas nesta seção para aprofundar sua aprendizagem.

capítulo

1

Taís Pasquotto Andreoli

Conteúdos do capítulo

- Conceitos básicos da área de produção.
- Processo de produção.
- Níveis de planejamento.
- Decisões estratégicas da produção.
- Inter-relação da produção com as demais áreas funcionais.
- Recursos humanos.
- Finanças.
- *Marketing*.
- Evolução da produção e das teorias da administração.
- Revolução Industrial.
- Administração Científica (Taylorismo).
- Teoria Clássica (Fayolismo).
- Linha de montagem e produção em massa (Fordismo).
- General Motors (Sloan).
- Estudos de Hawthorne (Elton Mayo).
- Sistema *just-in-time* e qualidade total (Toyotismo).
- Globalização e logística.

Após o estudo deste capítulo, você será capaz de:

1. apreender de forma holística os conceitos e os fatores envolvidos na produção, não apenas em relação ao seu processo e às decisões estratégicas, mas também quanto ao funcionamento da organização como um todo, abarcando os níveis de planejamento e considerando a inter-relação com as demais áreas funcionais;
2. compreender a evolução da área de produção e sua importância organizacional à luz das teorias administrativas.

Administração da produção

Muito se fala sobre a **administração** ou **gestão da função da produção** nas organizações. Mas no que ela consiste? Quais fatores estão envolvidos nesse processo? Como a produção se inter-relaciona com as demais áreas funcionais de uma organização? Quando essa função começou a ser discutida e como foi sua evolução histórica? Neste capítulo, discutiremos essas e outras questões introdutórias.

1.1
Conceitos básicos da área de produção

Sabemos que a **produção** é uma área funcional de toda e qualquer organização, a qual, junto das demais áreas, como gestão de pessoas, finanças e *marketing*, constitui o organograma geral das empresas. Dessa forma, a **administração da produção** engloba todos os fatores e processos envolvidos no planejamento, no desenvolvimento e na disponibilização de produtos de uma organização para o seu mercado consumidor. Ou seja, é de responsabilidade da administração da produção que os produtos da organização sejam entregues aos consumidores nos prazos e nas condições demandadas. É importante ressaltar que adotamos, aqui, o conceito de *produto* de forma ampla, ou seja, ele pode se tratar tanto de um bem físico quanto de um serviço.

Toda organização, independentemente de sua natureza, tem como objetivo o atendimento do seu mercado consumidor. Em outras palavras, não importa se é uma empresa de capital privado e com fins lucrativos ou uma instituição pública e sem fins lucrativos, pois sua razão de existência será sempre a entrega de determinado produto a determinado público-alvo. Assim, uma companhia aérea deve produzir e disponibilizar serviços de transporte aéreo para seus passageiros, uma editora deve redigir e publicar livros para seus leitores, um hospital precisa atender seus pacientes, uma instituição filantrópica tem de recolher, direcionar ou converter as doações em benfeitorias às pessoas atendidas por ela, entre outras dezenas de exemplos.

Notamos, assim, que a área da produção e sua administração se evidenciam como partes essenciais de uma organização, constituindo o cerne da sua razão de existência produzir e planejar a produção, a fim de atender adequadamente o mercado consumidor.

> Toda organização, seja ela de capital público, seja de capital privado, com ou sem fins lucrativos, tem como objetivo o atendimento do seu mercado consumidor.

1.2
Processo de produção

O processo de produção envolve várias decisões estratégicas para que seja eficaz e eficiente. Aliás, você sabia que existe diferença entre os termos *eficácia* e *eficiência*? A **eficiência** envolve realizar as coisas do melhor **modo** possível e está relacionada ao **meio**, aos caminhos que devem ser tomados e como devem ser executados para que se chegue a determinado fim. Por outro lado, a **eficácia** está relacionada aos **resultados** obtidos e denota se os objetivos iniciais da organização foram cumpridos ou não. Assim, se o processo de produção for administrado de forma eficiente (do melhor modo possível), utilizando-se os insumos produtivos e processando-os em sequência e método corretos, por exemplo, contribui-se para que a produção também seja eficaz (garantindo-se que os resultados sejam alcançados).

> Você sabia que existe diferença entre os termos *eficácia* e *eficiência*? A **eficiência** está relacionada ao meio, ao melhor modo de fazer as coisas. Por outro lado, a **eficácia** está relacionada ao fim, aos resultados obtidos.

1.3
Níveis de planejamento

Ao falarmos de *decisões estratégicas*, devemos realizar outra abordagem, distinguindo os **níveis de planejamento: operacional, tático e estratégico**. De acordo com Mintzberg e Quinn (2001), esses três níveis se distiferenciam basicamente em termos de **tempo** (de curto, médio e longo prazo) e **competência**:

- O **planejamento operacional** refere-se à execução das operações cotidianas da organização, como as decisões realizadas no chão de fábrica. Esse planejamento geralmente diz respeito a determinadas tarefas ou operações específicas, sendo realizado, na maioria das vezes, de forma diária ou semanal.
- O **planejamento tático** amplia um pouco essa visão, sendo calculado em termos de meses. Esse planejamento geralmente concentra-se em unidades ou áreas específicas da organização, como a política de eficiência da função produtiva.
- O **planejamento estratégico**, por sua vez, refere-se às decisões de longo prazo, superiores a um ano. Essas decisões englobam a organização como um todo, pois consistem nos objetivos globais que devem considerar todo o contexto de atuação da empresa. Geralmente, são de responsabilidade da alta administração.

Os níveis de planejamento podem ser visualizados na figura a seguir.

Figura 1.1 – Níveis de planejamento

Tomemos como exemplo um fabricante de aparelhos eletrônicos. Caso o planejamento **estratégico** formulasse como objetivo aumentar o retorno do capital investido, o **tático** poderia se concentrar em otimizar a eficiência da produção, pensando em termos de linha de montagem e de realocação de tempo, funcionários e matérias-primas, enquanto o **operacional** envolveria decisões como a melhor disponibilização das peças, ferramentas ou máquinas utilizadas diariamente no chão de fábrica.

1.4
Decisões estratégicas da produção

As principais decisões estratégicas da produção referem-se a **o que**, **como**, **onde**, **para quem** e **por que** produzir, como podemos ver na figura a seguir.

Figura 1.2 – Decisões estratégicas da produção

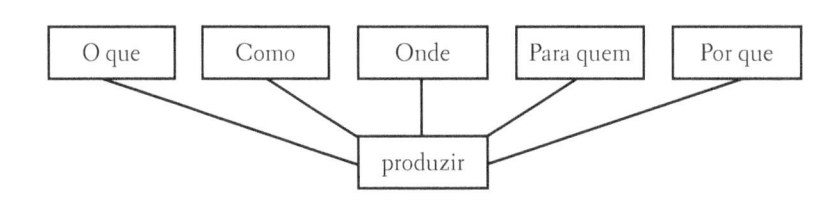

Explicando melhor, as decisões estratégicas da produção visam responder às seguintes questões:

a. **O que produzir** – Qual é o produto ou a linha de produtos da organização?
b. **Como produzir** – Quais são os insumos produtivos necessários para produzir os resultados finais? Como eles devem ser organizados?
c. **Onde produzir** – O que é demandado das instalações físicas? Deve-se considerar a localização baseando-se na facilidade em relação ao mercado fornecedor de insumos produtivos ou na proximidade do mercado consumidor?
d. **Para quem produzir** – Qual é o mercado consumidor? A organização consegue atender às exigências do seu público-alvo?
e. **Por que produzir** – Qual é a razão de existência da organização? Ela preza pela qualidade do produto ou pelo preço deste?

Vimos que a área de produção precisa definir suas decisões estratégicas. Entretanto, para que isso seja possível, ela deve trabalhar de forma harmônica com as demais áreas funcionais da organização. Verificaremos, a seguir, quais são essas áreas e como elas se relacionam.

1.5
Inter-relação da produção com as demais áreas funcionais

Além do que analisamos no tópico anterior, as decisões estratégicas da produção devem considerar sua inter-relação com as demais áreas funcionais da organização para que funcionem sinergicamente, ou seja, somando-se todos os esforços.

Contudo, podemos nos questionar: Quais são as outras áreas funcionais da organização e como elas se relacionam com a produção? A seguir, apresentaremos as principais e mais comuns áreas funcionais de uma organização, com o objetivo de mostrar como elas sofrem influência da produção e como a influenciam.

1.5.1 Gestão de pessoas ou recursos humanos

A **gestão de pessoas** ou **recursos humanos** concentra todas as atividades referentes à mão de obra empregada na organização. São de responsabilidade dessa área: a seleção e o recrutamento de novos funcionários; a negociação de condições da contratação (benefícios, salário e carga horária); a alocação do funcionário em uma função adequada às suas habilidades; a capacitação da mão de obra, com a disponibilização de cursos, palestras ou treinamentos; a constante manutenção do corpo de funcionários, verificando se as condições de trabalho oferecidas pela organização são compatíveis com o mercado; e os eventuais desligamentos.

Como essa área fornece todo o aporte necessário aos funcionários da organização, ela está diretamente ligada à área de produção. Ao selecionar e alocar os funcionários nas funções mais adequadas, bem como apoiá-los e capacitá-los ao longo do tempo, a gestão de pessoas contribui para que as atividades individuais sejam mais bem executadas, o que, em última instância, também colabora para o desempenho geral da organização.

1.5.2 Gestão financeira ou finanças

A **gestão financeira** ou **finanças** cuida de toda a parte financeira de uma organização, a saber: os custos fixos e variáveis; as despesas adicionais; as rendas fixas e variáveis; os lucros obtidos; os investimentos necessários e em quais setores estes deverão ser alocados – enfim, todo o histórico financeiro da organização.

Por ser responsável pelo controle e pela organização dos recursos financeiros, a gestão financeira também tem impacto direto na produção, determinando quais insumos produtivos serão utilizados e em que quantidade, quais máquinas e instalações físicas serão disponibilizadas, quanto e a que preço a organização tem de produzir para que pague seus custos e suas despesas (ponto de equilíbrio), entre outros.

1.5.3 *Marketing*

A área de *marketing* é responsável por todo o relacionamento da organização com o seu mercado consumidor. As atividades dessa área se iniciam com as pesquisas de mercado, a fim de descobrir o que o público-alvo da organização demanda e se e como a organização pode atendê-lo. Posteriormente, há uma preocupação com o desenvolvimento do produto em si, atentando-se para a qualidade a ser atendida. Também são de responsabilidade dessa área a política de preços praticados pela organização, assim como todo o trabalho de promoção dos produtos e de sua distribuição nos mercados. Por fim, o *marketing* também deve manter contato constante com o mercado consumidor, a fim de verificar a satisfação dos clientes em relação aos produtos e à própria organização, bem como investigar possíveis novas demandas.

Tendo como responsabilidades o atendimento e o relacionamento com o mercado consumidor, a área de *marketing* influencia a produção ao determinar quais são as demandas do público-alvo da organização, ou seja, informa os produtos que devem ser desenvolvidos, o nível de qualidade a ser seguido e a que custo isso deve ser feito. Essa área também fornece constantes *feedbacks* em relação à área de produção, em específico, bem como sobre a atuação da organização como um todo.

1.6
Teorias da administração

Com o objetivo de traçarmos um panorama geral da área da produção, torna-se importante realizarmos uma retrospectiva histórica dessa função, mostrando como ela evoluiu ao longo do tempo.

A função produtiva começou a conquistar seu papel com a Revolução Industrial, no século XVIII. Essa Revolução, iniciada na Inglaterra, foi caracterizada principalmente pelas invenções tecnológicas e pela mecanização dos sistemas de produção.

1.6.1 Revolução Industrial

O sistema de produção vigente na Idade Média era baseado na **manufatura**, ou seja, os produtos eram desenvolvidos de forma artesanal, com apenas um artesão realizando e controlando todas as etapas e os instrumentos do processo de produção.

Dessa forma, os comerciantes ficavam à mercê das vontades dos artesãos – que trabalhavam por conta própria –, dependendo integralmente destes para comercializar os produtos manufaturados.

As inovações tecnológicas desenvolvidas a partir do século XVIII tinham como principal objetivo, portanto, desvincular os comerciantes da dependência em relação aos artesãos, proporcionando maior velocidade e quantidade ao se mecanizar os sistemas de produção. Nesse contexto, surgiram diversas novas máquinas e tecnologias, como: a máquina de fiar, usada para transformar matérias-primas – como o algodão, o linho e a seda – em fios para a fabricação de tecidos e tapetes; a técnica de fabricação de aço; a máquina com tear hidráulico e com tear mecânico; o carvão como fonte de energia e as máquinas com a tecnologia de motor a vapor; a bateria elétrica; entre outras. Para facilitar o escoamento da crescente produção industrial e o abastecimento da demanda de matérias-primas, os setores de transportes e de comunicações também tiveram de se modernizar, o que ocorreu com o desenvolvimento do barco e das locomotivas a vapor, do telégrafo e do telefone, entre outros.

Mais importante do que isso, devemos ressaltar que não foram apenas os sistemas de produção que se alteraram com a Revolução Industrial, mas também as relações de trabalho no meio fabril. Os artesãos, que antes dominavam todos os meios de produção, passaram a deter apenas sua própria mão de obra, que era vendida à burguesia. Além disso, antes responsáveis pelo processo de produção como um todo, os artesãos passaram a desempenhar funções específicas na linha de produção do chão de fábrica, realizando apenas uma parte desse processo.

Trata-se, portanto, de uma mudança fundamental do controle da produção, dos artesãos para a classe burguesa, tanto em relação a insumos produtivos e etapas envolvidas como no que se refere aos resultados (produto final, comercialização e lucro). Nesse sentido, imperavam na Revolução Industrial a maquinofatura, a divisão e a especialização do trabalho nas fábricas e o trabalho assalariado.

Como consequência, também sofreram impactos as condições de vida e de trabalho da recém-criada classe trabalhadora. Com a falência do sistema artesanal e a atratividade das fábricas, houve grande migração da população rural para as cidades, criando, com isso, alta concentração urbana. Devido à abundância de mão de obra disponível, os trabalhadores passaram a ser submetidos a jornadas de trabalho abusivas, condições precárias e ambientes insalubres. Nasceram, assim, os primeiros movimentos trabalhistas e sindicais.

A partir do próximo tópico, passaremos a tratar das modernas teorias da administração propriamente dita.

1.6.2 Administração Científica (Taylorismo)

A chamada *Administração Científica* foi desenvolvida pelo engenheiro norte-americano Frederick W. Taylor (1856-1915), por volta dos anos 1900, que propôs uma organização científica do trabalho. Trata-se da primeira abordagem sistemática de organização racional da produção (Chiavenato, 2011).

Para Taylor, o primeiro passo a ser seguido deveria ser a separação entre **trabalho intelectual**, relacionado à concepção, à elaboração e à organização das ideias, e **trabalho de massa**, referente à execução das atividades definidas. Isso se caracterizou como o primeiro esforço de uma hierarquização das organizações, com os trabalhadores braçais se subordinando aos seus supervisores, geralmente engenheiros.

Além disso, Taylor acreditava que o trabalho braçal pudesse ser **quantificado**, determinando-se, para isso, o nível de produção diária de um trabalho em termos de tempo despendido. Essa suposição decorria da aplicação das leis científicas de tempo e movimento ao trabalho humano. Assim, para determinar quanto cada trabalhador poderia produzir em determinado período, Taylor realizou seguidos experimentos analisando os tempos e os movimentos dos trabalhadores braçais. Como resultado, ele descobriu que, quanto mais especializado fosse o trabalho, ou seja, quanto mais fragmentadas fossem as diversas etapas do processo de produção, maior seria sua eficiência – ou seja, menor tempo seria gasto.

Dessa forma, foram instauradas a **divisão** e a **especialização das tarefas**, processos por meio dos quais os trabalhadores braçais passaram a desempenhar funções extremamente específicas e repetitivas, que não demandavam qualificação.

A concepção de Taylor sobre os trabalhadores era a de que eles eram homens econômicos (*homo economicus*), isto é, os trabalhadores braçais eram motivados apenas por meio de remunerações e benefícios financeiros (Chiavenato, 2011).

1.6.3 Teoria Clássica (Fayolismo)

Como complemento à Administração Científica, foi desenvolvida pelo engenheiro francês Henri Fayol (1841-1925) a denominada *Teoria Clássica*, por volta de 1910. A grande contribuição dessa teoria foi a organização das diferentes áreas componentes de uma empresa, conferindo-se ênfase à sua **estrutura organizacional** (Chiavenato, 2011). Fayol também estabeleceu as **funções básicas** da administração (planejar, organizar, controlar, coordenar e comandar), bem como seus **princípios** e **elementos**, tendo em vista sua máxima eficiência. Assim como para Taylor, Fayol acreditava no homem econômico, isto é, para ele, a principal motivação dos funcionários também se baseava na remuneração financeira, de acordo com sua produtividade.

1.6.4 Linha de montagem e produção em massa (Fordismo)

Fomentada pelos avanços tecnológicos da Revolução Industrial, a indústria automobilística passou a adquirir importância, principalmente a partir de 1914, quando o empresário norte-americano Henry Ford (1863-1947) implementou um sistema de produção baseado em **linhas de montagem** em movimento. Por meio dessas linhas de montagem, a produção passou a ser **padronizada em série** e **em massa**. Ou seja, os produtos passaram a ser produzidos igualmente, com uma série de tarefas especializadas e predefinidas, executadas ao longo de uma esteira. Com isso, era possível reduzir os custos e o tempo de produção, alavancando a quantidade de automóveis produzidos. Por esse motivo, é famosa a frase atribuída a Ford na época: "Quanto ao meu automóvel, as pessoas podem tê-lo em qualquer cor, desde que seja preta!" (Siqueira, 2009, p. 27).

Podemos notar que, para esse sistema de produção, o funcionário não passava de um mero trabalhador braçal, cuja responsabilidade era limitada ao desempenho de funções mecânicas específicas, o que não demandava qualquer capacitação ou qualificação. Assim, a concepção de *homem econômico* também fez parte do Fordismo.

> *Para saber mais*
>
> Um retrato interessante desse sistema de produção foi reproduzido por Charles Chaplin, no filme americano *Tempos modernos*, de 1936, que mostra de forma crítica e bem-humorada o trabalho extremamente desgastante e repetitivo ao qual os trabalhadores eram submetidos no início do século XX.
>
> TEMPOS modernos. Direção: Charles Chaplin. EUA: Continental Vídeo, 1936. 83 min.

1.6.5 Diversificação – General Motors (Sloan)

Atendendo às demandas de uma parcela do mercado consumidor que não era suprida pela Ford, o executivo norte-americano Alfred Sloan (1875-1966) instaurou, na década de 1920, na empresa General Motors, um sistema de produção baseado na **diversificação**. Dessa forma, foram lançados no mercado cinco novos modelos de carro, em cores variadas, a um preço um pouco superior ao praticado pela Ford. O objetivo de Sloan era justamente atingir um público-alvo com poder aquisitivo mais alto, com o *slogan* "Um carro para cada gosto e bolso". Iniciavam-se, assim, as ações de **customização** e de **segmentação** de mercado.

Como menciona Chiavenato (2011), Sloan também implementou a **descentralização** dos processos decisórios, com a **delegação de autoridade** não mais centrada apenas na alta administração, mas com cada departamento funcional sendo autogerenciável e responsável pelo atingimento de suas metas.

1.6.6 Estudos de Hawthorne (Elton Mayo)

Entre as décadas de 1920 e 1930, o sociólogo australiano Elton Mayo (1880-1949) desenvolveu alguns experimentos no chão de uma fábrica localizada em Hawthorne, na cidade de Chicago, EUA, a fim de estudar como os aspectos do ambiente fabril (como intensidade da iluminação) influenciavam nos resultados obtidos com o trabalho dos funcionários. Esses estudos verificam significativas mudanças na produtividade dos trabalhadores. Entretanto, de forma surpreendente, Mayo descobriu que os aspectos físicos do ambiente fabril influenciavam bem menos o desempenho dos trabalhadores do que os **fatores psicológicos** (Chiavenato, 2011). Isto é, os estudos de Mayo verificaram que o aumento na produtividade dos trabalhadores estava relacionado ao fato de eles serem observados pelos pesquisadores, pois se sentiam importantes, como parte essencial da organização. Os **grupos de trabalho** também foram ressaltados, ao se verificar que os funcionários são mais leais ao grupo no qual estão inseridos do que aos supervisores ou à organização como um todo.

Após esses estudos, surgiu uma nova concepção de trabalhador, a de **homem social**, cuja principal motivação não é limitada a remunerações financeiras, mas abrange também as relações e o *status* sociais. Com isso, também adquiriu importância a função de administração pessoal e de recursos humanos.

1.6.7 Sistema *just-in-time* e qualidade total (Toyotismo)

Após a Segunda Guerra Mundial, o engenheiro Taiichi Ohno (1912-1990) desenvolveu, na empresa Toyota do Japão, um novo sistema de produção, baseado na **organização orgânica do trabalho** e na **produção flexível**, de acordo com a demanda do mercado consumidor. Surgiram com o Toyotismo as práticas do *just-in-time* e do *kanban* nos sistemas de produção.

O *just-in-time*, ou "na hora certa", tem como premissa a produção apenas do necessário, isto é, os produtos são desenvolvidos conforme a demanda do mercado. Isso possibilita uma redução de qualquer tipo de excedente, tanto em termos de **insumos produtivos** – recursos como tempo, mão de obra e matérias-primas eram alocados de forma otimizada, ou seja, apenas quando necessários – quanto em relação aos **produtos finais**, o que eliminava a necessidade dos estoques – ou seja, os produtos eram escoados diretamente para o mercado consumidor.

A fim de controlar o fluxo da produção no modelo *just-in-time*, foram criados cartões de sinalização que registravam as entradas e as saídas em determinadas partes ou etapas da linha de produção. A esse registro deu-se o nome de *kanban* ou *cartões kanban*, que posteriormente foram aperfeiçoados para o meio eletrônico, com o *e-kanban*, um sistema de organização que permite a sinalização automática e imediata ao longo da linha de produção.

Com a produção mais direcionada às demandas do mercado consumidor, a preocupação com a **qualidade** dos produtos aumentou. Nesse contexto, começou a ser desenvolvido o **controle da qualidade total** (*total quality control* – TQC), inicialmente proposto por William Edwards Deming (1900-1993), por volta de 1950. A mão de obra demandada passou a ser qualificada, com o novo direcionamento multifuncional do treinamento e da capacitação dos trabalhadores. A qualidade da produção passou a ser concebida como um todo, devendo ser inspecionada em todas as etapas e estendida para além do produto final e do atendimento ao mercado consumidor, incorporando também os fornecedores e demais *stakeholders*. Por *stakeholder* entendemos todo e qualquer agente de interesse ou influência das organizações, ou as "partes interessadas" – como os consumidores, o governo, o meio ambiente e a sociedade em geral.

1.6.8 Globalização e logística

Com a abertura dos mercados e o desenvolvimento dos meios de transporte e de comunicação, principalmente após o término da Guerra Fria, no fim do século XX, a produção passou a ser desenvolvida e planejada em âmbito global, com insumos produtivos advindos das mais diferentes regiões e com mercados consumidores também espalhados pelo mundo. A esse processo de intercâmbio em âmbito planetário e de interligação econômica com a concepção de aldeias globais – e não apenas de mercados nacionais ou regionais – deu-se o nome de *globalização* (Maximiano, 2000a). A ordem passou a ser "pensar global, mas agir localmente", atendendo a todos os diferentes mercados.

Nesse contexto, ganhou importância o papel da **logística**, que tem como objetivo organizar os fluxos de materiais (insumos produtivos, produtos em processamento na linha de produção e produtos acabados) e de informações relacionadas a eles. Para Ballou (2006), é de responsabilidade da logística disponibilizar o necessário para as pessoas que o demandam, no prazo, no local e nas condições combinados.

Disso resulta importância atribuída à área de logística, principalmente com o fenômeno da globalização: realizar essas entregas de forma adequada não somente para mercados consumidores próximos, mas sim atendendo a consumidores espalhados pelos mais diversos territórios.

Síntese

Neste capítulo, vimos como a área da produção e os fatores ligados a ela evoluíram com o tempo, desde os primórdios da Revolução Industrial até o atual cenário de globalização, o que provocou a quebra de paradigmas e a renovação das concepções de trabalho, produto e sistema de produção.

Nesse processo evolutivo, também ganhou importância o papel dessa área para as organizações. Administrá-la de forma adequada, planejando-a nos três níveis organizacionais (estratégico, tático e operacional) e inter-relacionando-a com as demais áreas funcionais, como os recursos humanos, as finanças e o *marketing*, são requisitos básicos para a sobrevivência das organizações.

Mais do que isso, torna-se de vital importância o processo de definição das decisões estratégicas da produção. Decidir as questões sobre o que, como, onde, para quem e por que produzir permite que a produção seja organizada de forma eficiente e alinhada adequadamente, tanto às necessidades do mercado consumidor quanto às próprias competências internas da organização, tendo em vista a sua eficácia.

Exercícios resolvidos

1. **Qual é a finalidade básica da área da produção?**

   A produção, por meio da organização de seus fatores e processos, tem como objetivo a disponibilização dos produtos (bens ou serviços) para o atendimento ao seu mercado consumidor, respeitando-se os prazos e as condições demandadas por ele.

2. **Qual é a diferença entre *eficácia* e *eficiência*? Exemplifique.**

   A eficiência diz respeito a realizar as coisas do melhor modo possível. Está mais relacionada ao meio, aos caminhos que devem ser tomados e como devem ser executados para que se chegue a determinado fim. Por seu turno, a eficácia está relacionada aos resultados obtidos e denota se os objetivos iniciais da organização foram cumpridos. Por exemplo: o fato de um aluno ser eficiente, ou seja, comparecer e prestar atenção às aulas, desempenhar as atividades solicitadas e estudar o conteúdo transmitido pelo professor (do melhor modo possível), contribui para que ele também seja um aluno eficaz, isto é, para que obtenha uma boa nota nas provas (otimização de resultados).

3. **Aponte quais são os três níveis de planejamento e explique no que cada um deles consiste.**

São três os níveis do planejamento: estratégico, tático e operacional. O planejamento estratégico é de longo prazo, abarca a organização como um todo e, por isso, é geralmente realizado pela alta administração. O planejamento tático é de médio prazo, geralmente elaborado em termos de unidades ou áreas funcionais da organização. Por último, o planejamento operacional é de curto prazo, referindo-se à execução de atividades cotidianas da organização.

4. **No que se concentram as principais decisões estratégicas da produção? Explique.**

As principais decisões estratégicas da produção referem-se a **o que, como, onde, para quem** e **por que** produzir. Isto é, a produção deve decidir com qual ou quais produtos irá trabalhar (o que), quais serão os insumos produtivos necessários e como eles serão organizados (como), em que localidade será realizada essa produção (onde), qual é o mercado-alvo objetivado pela organização (para quem) e com qual intuito será desempenhada (por que).

– Questões para revisão

1. (Semed, 2008) A administração científica teve início no começo do século XX, em decorrência das ideias apresentadas pelo engenheiro norte-americano Frederick Winslow Taylor, as quais revolucionaram o pensamento administrativo no mundo industrial da época. Taylor iniciou sua vida profissional como operário, passando a chefe de turma, chefe de oficina e engenheiro. Assim, pôde constatar que o modo como os operários da época executavam suas tarefas tinha por base o que observavam do trabalho dos seus companheiros mais antigos, fato que conduzia a diferentes maneiras e métodos para a execução de uma mesma tarefa. Preocupado com isso, Taylor se debruçou em estudos científicos sobre o assunto em busca de um meio mais eficaz e adequado para realização do trabalho. Esses estudos levaram à introdução de um conceito até hoje vigente denominado:
   a) princípio da redução dos esforços.
   b) ordenação seletiva de tarefas.
   c) custo padrão.
   d) princípio do planejamento detalhado.
   e) organização racional do trabalho.

2. (Vunesp, 2009) Considerado, ao lado de Taylor, um dos grandes nomes dos primórdios da Administração, Henry Fayol foi fundador da teoria clássica, cuja ênfase estava no(a):
   a) tarefa realizada pelo operário.
   b) homem e suas necessidades.
   c) estrutura da organização.
   d) ambiente externo.
   e) concorrência.

3. (UEPB, 2008) "Em 1905, a Ford tinha 33 fábricas nos Estados Unidos e 19 no estrangeiro. Todas produziam o mesmo carro negro, o Ford 'T' – o carro de 'todo o mundo' –, fabricando 15 milhões de exemplares de maneira padronizada" (Beckouche, 1995, p. 28). "A Nissan inventa o automóvel à *la carte*". "O sistema [...] já está operando em todas as concessionárias da Nissan desde agosto de 1991. [...] é um sistema de informação de ponta que coordena a produção e a venda e [...] que permite dar ao cliente o prazo exato. [...] a fabricação se aproxima de uma produção segundo a demanda" (Beckouche, 1995, p. 31).

   Os dois fragmentos de texto acima exemplificam as transformações dos métodos de produção e de trabalho, com consequentes mudanças na forma de consumo da população mundial. Eles falam, respectivamente,
   a) da produção flexível e do pós-fordismo.
   b) do fordismo e do taylorismo.
   c) do socialismo e do capitalismo.
   d) do fordismo e do método *just-in-time*.
   e) da indústria planificada e do toyotismo.

4. Os estudos de Hawthorne, desenvolvidos entre as décadas de 1920 e 1930 pelo sociólogo Elton Mayo, encontraram resultados surpreendentes sobre a produtividade dos trabalhadores do chão de fábrica: os aumentos de produtividade dos funcionários estavam mais relacionados ao fato de eles estarem sendo observados pelos pesquisadores, pois se sentiam importantes, como parte da organização, do que aos aspectos físicos do ambiente fabril. Como isso contribuiu para a mudança da concepção de trabalhador?

5. A prática do modelo *just-in-time* foi consolidada com o Toyotismo, um sistema de produção orgânico e flexível desenvolvido no Japão após a Segunda Guerra Mundial. No que consiste essa prática e qual foi a sua principal contribuição?

Questões para reflexão

Vimos que houve uma mudança na concepção sobre os funcionários das organizações, de **homem econômico** para **homem social**. Com base nisso, reflita:

1. Em sua opinião, que concepção é mais produtiva para as organizações? O funcionário pode ser e é motivado apenas por remunerações financeiras ou demanda algo além disso?

2. Você consegue pensar em uma organização que ainda mantenha a concepção clássica de homem econômico? Como é a produtividade dela? Os funcionários estão satisfeitos? Justifique.

3. Em relação à concepção de **homem social**, que organização poderia ser citada como exemplo? Faça uma análise da sua produtividade e da motivação dos funcionários.

capítulo 2

Taís Pasquotto Andreoli

Conteúdos do capítulo

- Teoria Geral dos Sistemas (TGS).
- Evolução na concepção das organizações.
- Sistemas de produção.
- Composição e partes constituintes dos sistemas de produção.
- Insumos produtivos.
- Processo de transformação.
- Resultados ou produtos finais.
- Retroalimentação.
- Principais classificações dos sistemas de produção: quanto à ação principal de transformação, quanto à atividade do sistema produtivo, quanto ao fluxo do processo e quanto à natureza dos produtos finais.

Após o estudo deste capítulo, você será capaz de:

1. entender o conceito de *sistema*, desde sua origem e evolução, identificando as premissas necessárias para sua caracterização;
2. reconhecer a importância da concepção das organizações como sistemas abertos, que se relacionam com o ambiente externo (macroambiente) e estão sujeitas a múltiplas interferências;
3. compreender como funcionam os sistemas de produção, quais são e que função desempenham suas partes constituintes;
4. analisar as principais formas de classificação dos sistemas produtivos, de acordo com o critério de julgamento.

Sistemas de produção

Neste capítulo, abordaremos os sistemas de produção, seu conceito, suas partes constituintes e principais classificações. Contudo, antes de discutirmos esses pontos, questionamos: O que é um sistema? Como ele pode ser definido? Quais são as premissas básicas para que se constitua e se conceitue um sistema?

Apresentamos as respostas a essas perguntas nos tópicos seguintes.

2.1
Teoria Geral dos Sistemas (TGS)

O conceito de *sistema* se consolidou com a **Teoria Geral dos Sistemas** (TGS), derivada de trabalhos do biólogo austríaco Ludwig von Bertalanffy (1901-1972), publicados entre as décadas de 1950 e 1970 (Chiavenato, 2011). A TGS surgiu, principalmente, devido à crítica às divisões das áreas de estudo e conhecimento. Essa crítica baseia-se na premissa de que, se a natureza e os seus fenômenos ocorrem de maneira total e integrada, por que, então, eles deveriam ser divididos em categorias ou analisados isoladamente? Mais do que isso, evidenciou-se que podem haver soluções similares ou comuns para problemas de diversas áreas, ou seja, um tema ainda problemático para a física já pode ter sido resolvido pela química, por exemplo.

Nesse sentido, a TGS incentiva uma integração das várias ciências, rompendo com seus universos particulares, em busca de unificação dos diversos pontos de estudo e do compartilhamento de seus conhecimentos. Isso contribui para que a ciência seja desenvolvida sob uma análise mais abrangente, holística e multidisciplinar.

Com isso, surge o conceito de *sistema*, que, segundo Oliveira (2002, p. 35), é "um conjunto de partes interagentes e interdependentes que, conjuntamente, formam um todo unitário com determinado objetivo e efetuam determinada função".

Dessa forma, a seguir apresentamos algumas premissas de um sistema:
a. Ele deve englobar um conjunto de mais de um elemento ou subsistema.
b. Os elementos devem se inter-relacionar, influenciando e sendo influenciados.
c. Os elementos devem se unir em torno de um objetivo comum.
d. O conjunto de elementos deve estar inserido em um meio ou ambiente.

Portanto, todo sistema **se contrai**, somando partes menores que, em uma relação de interdependência, interligam-se com vistas a um objetivo comum, e também **se expande**, fazendo parte de um todo maior (macroambiente).

2.2
Evolução na concepção das organizações

De especial importância para o campo da administração, a TGS rompe com a concepção das organizações como sistemas fechados, hermeticamente isolados, sem nenhuma influência ou interferência no meio em que se insere. Como consequência, instaurou-se a concepção das organizações como **sistemas abertos**, que fazem parte de um todo maior (macroambiente), com o qual realizam trocas de informações, materiais, produtos e capital, entre outros, e que, por isso, influenciam o seu retorno e são influenciados por forças externas. Além disso, essa concepção evidencia a importância de se pensar nas organizações como um todo, atentando-se para a integração das diversas áreas funcionais ou subdivisões do ambiente interno.

Com a **Teoria Geral dos Sistemas**, as organizações passam a ser concebidas como sistemas abertos, pertencentes a um todo maior, ao mesmo tempo em que se dividem em partes menores. Com isso, evidencia-se a importância de se pensar **sistêmica** (com relações de interdependência e mútuas influências com o meio) e **holisticamente** (abarcando a organização como um todo).

2.3
Sistemas de produção

Depois dessa breve explanação sobre os sistemas e sua teoria geral, podemos ingressar na temática dos **sistemas de produção**. Eles consistem no conjunto de operações e atividades inter-relacionadas envolvidas na produção de bens ou serviços (Moreira, 2008), responsáveis pela transformação dos insumos produtivos em produtos finais.

2.3.1 Composição e partes constituintes

Os sistemas de produção são compostos de: **entradas** (*inputs*), **processo de transformação**, **saídas** (*outputs*) e um **subsistema de retroalimentação** (*feedback*). Para que a função da produção seja possível, são necessários alguns insumos produtivos, ou seja, elementos de entrada (*inputs*) que, combinados, são transformados em produtos finais (saídas ou *outputs*).

Um esquema básico de um sistema de produção está representado na Figura 2.1 a seguir.

Figura 2.1 – Sistema de produção: composição

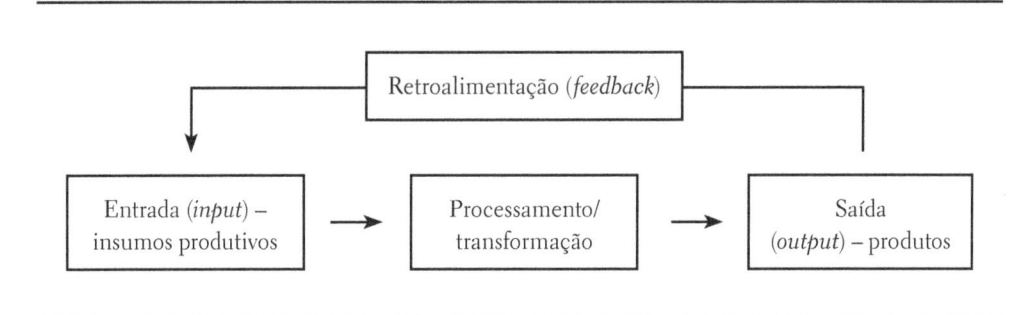

```
        ┌─────────────────────────────┐
        │  Retroalimentação (feedback) │
        └─────────────────────────────┘
   ↓                                        ↑
┌──────────────┐   ┌──────────────┐   ┌──────────────┐
│Entrada(input)│ → │Processamento/│ → │    Saída     │
│insumos       │   │transformação │   │(output) -    │
│produtivos    │   │              │   │ produtos     │
└──────────────┘   └──────────────┘   └──────────────┘
```

Assim, podemos entender as partes constituintes de um sistema da seguinte maneira:

a. **Insumos produtivos (*inputs*)** – Todos os fatores necessários para a elaboração de um produto final, como **mão de obra** (capital humano), **dinheiro** (capital financeiro), **matérias-primas, máquinas** e **instalações** (capital físico), entre outros.

b. **Produtos finais (*outputs*)** – Os **bens e serviços** que as organizações disponibilizam e comercializam no mercado consumidor.

c. **Processamento ou transformação** – Processo responsável pela transformação de insumos produtivos em produtos finais, ou seja, refere-se à **função de produção em si**.
d. **Retroalimentação** (*feedback*) – Ao término do processo produtivo, ficam disponíveis informações sobre possíveis falhas ou mudanças necessárias. Essas informações servem de retroalimentação para o processo, isto é, são aplicadas no novo início do ciclo, servindo de respostas ao funcionamento geral do processo.

Assim, um fabricante de aparelhos eletrônicos, por exemplo, necessita de insumos produtivos – como mão de obra especializada, investimento em máquinas e instalações físicas de produção e montagem – e matérias-primas, como peças e demais componentes. Esses insumos passam pelo processo de transformação (produção em si) e são convertidos em produtos finais, como uma televisão ou um rádio, nesse caso. As informações obtidas ao término de cada ciclo produtivo servem de base para os novos ciclos, com a identificação de possíveis pontos falhos ou oportunidades de melhoria do processo.

2.4
Principais classificações dos sistemas de produção

Os sistemas de produção podem ser classificados de diferentes formas, de acordo com o fator analisado (Chambers; Johnston; Slack, 2009). A seguir, abordaremos as classificações mais relevantes.

2.4.1 Quanto à ação principal de transformação

Essa classificação aborda aspectos como transformar, mudar a localização, mudar a posse ou a propriedade ou acomodar e estocar (Chambers; Johnston; Slack, 2009).

A ação de **transformar** refere-se à modificação das características ou dos estados dos insumos produtivos para que se convertam em produtos finais. São exemplos: a transformação da composição e das características dos minerais nas siderúrgicas; a apresentação e a interpretação de dados nos balanços contábeis; a mudança no estado de saúde dos pacientes em um hospital.

A ação de **mudar a localização** diz respeito aos fluxos de logística envolvidos na transformação, geralmente relacionados aos serviços de transporte, sejam eles de cargas (como transportadoras de encomendas), sejam de pessoas (companhias aéreas) ou informações (serviços de telecomunicação).

Mudar a posse ou a propriedade diz respeito à ação de transferência da responsabilidade e do direito de usufruir o produto final. Podemos citar como exemplo os serviços de troca ou mesmo as empresas que desenvolvem pesquisas de mercado e as vendem para organizações interessadas.

Por fim, **acomodar ou estocar** refere-se à ação de armazenamento, como são os casos de serviços de depósitos de bens ou de hospedagem de pessoas.

2.4.2 Quanto à atividade do sistema produtivo

A atividade do sistema produtivo pode se encontrar nos setores primário, secundário ou terciário (Chambers; Johnston; Slack, 2009).

O **setor primário** está vinculado à extração de recursos naturais – como acontece na **mineração**, ou à produção de produtos primários, como é o caso da **agropecuária** –, os quais servem de matérias-primas para organizações que as transformem em produtos industrializados.

Por outro lado, o **secundário** é o setor da economia que transforma as matérias-primas fornecidas pelo setor primário em **produtos manufaturados**, destinados e prontos para o consumo. Esse setor é principalmente representado pela **indústria**, seguida da **construção civil**.

Por fim, o **setor terciário** é responsável pela **comercialização** dos produtos finais, sendo, portanto, representado pela **prestação de serviços**.

Para saber mais

Para saber mais sobre a participação e a importância de cada setor na economia do nosso país, recomendamos que você acesse os relatórios divulgados pelo Instituto Brasileiro de Geografia e Estatística (IBGE), no *site* da instituição:

IBGE – Instituto Brasileiro de Geografia e Estatística. Disponível em: <http://www.ibge.gov.br>. Acesso em: 18 ago. 2014.

Sobre o âmbito mundial, acesse:

WB – The World Bank. Data. **Indicators**. 2014. Disponível em: <http://data.worldbank.org/indicator>. Acesso em: 13 jun. 2014.

2.4.3 Quanto ao fluxo do processo

Nesta classificação, temos o **fluxo contínuo** e o **fluxo discreto**. Este último subdivide-se em três: intermitente ou repetitivo em massa, intermitente ou repetitivo em lotes e por projeto (Chambers; Johnston; Slack, 2009).

O **sistema produtivo de fluxo contínuo**, como o próprio nome diz, refere-se a uma produção continuada, ininterrupta, sem prazo de término. Trata-se de uma produção com sequenciamento único de procedimentos, sendo inflexível e totalmente padronizada. Um bom exemplo desse sistema é o fornecimento de energia elétrica, cuja produção é contínua, de alto volume e sem nenhuma diferenciação.

Nos **fluxos discretos**, os sistemas intermitentes ou repetitivos caracterizam-se por uma produção em série, diferenciando-se do fluxo contínuo pela capacidade de adaptação dos processos e dos arranjos produtivos, que podem ser definidos de forma funcional, de acordo com a especificidade de cada série demandada. Como dissemos anteriormente, há dois tipos de sistemas intermitentes ou repetitivos, o sistema em massa e o sistema em lotes, que se diferenciam pelo grau de flexibilidade e de padronização da produção.

O **sistema em massa** é utilizado em produtos bastante padronizados, que demandam pouca alteração no curto prazo e exigem alto volume de produção. São exemplos desse sistema as indústrias de automóveis e de eletrodomésticos, que programam as inovações e as mudanças dos produtos – muitas vezes superficiais – para o médio ou o longo prazo.

O **sistema em lotes**, por outro lado, é mais flexível, pois precisa atender à necessidade de variabilidade de cada lote de produtos. Trata-se, assim, de uma produção mais customizada e de menor volume. Um exemplo desse sistema é a produção de roupas, que tem de se adaptar constantemente às demandas do mercado consumidor.

Também de fluxo discreto, o **sistema produtivo por projeto** consiste na produção de um único produto, feito sob encomenda e customizado aos desejos do consumidor. Assim, trata-se de uma produção unitária, com enorme variabilidade e flexibilidade na produção. Como exemplo, podemos citar a produção de aviões ou de navios.

De forma geral, podemos sintetizar essa discussão em termos de algumas variáveis, dispostas no quadro a seguir.

Quadro 2.1 – Síntese da classificação quanto ao fluxo produtivo

Processo	Fluxo	Padronização	Volume	Adaptação
Contínuo	Contínuo	Alta	Alto	Nenhuma
Em massa	Discreto	Bastante	Alto	Pouca
Em lote	Discreto	Média	Médio	Média
Por projeto	Discreto	Customizada	Unitário	Alta

2.4.4 Quanto à natureza dos produtos finais

Como mencionamos anteriormente, os produtos finais podem ser **bens** ou **serviços**.

Os **bens** constituem as mercadorias **tangíveis** (físicas) que são disponibilizadas ao mercado consumidor, como produtos alimentícios, aparelhos celulares, eletrodomésticos, entre tantos outros.

Os **serviços** diferenciam-se dos bens por quatro características principais, a saber: a intangibilidade, a inseparabilidade, a perecibilidade e a variabilidade (Bateson et al., 2010).

A **intangibilidade** refere-se à impossibilidade de se tocar ou "pegar" um serviço – ou seja, trata-se de um desempenho, uma experiência vivenciada pelo consumidor. Em relação a um salão de cabeleireiro, por exemplo, você não pode tocar no serviço de corte de cabelo em si, quando ele está sendo realizado, mas apenas no corte de cabelo pronto, que é o resultado final.

A **inseparabilidade** denota a impossibilidade de se desvincular o momento de produção do momento de consumo. Nos casos dos bens tangíveis, é possível produzi-los previamente para um momento de venda futura, o que não é possível para os serviços – uma vez que o serviço é produzido ao mesmo tempo que é consumido. O corte de cabelo, por exemplo, é realizado pelo prestador de serviços simultaneamente à experiência de consumo pelo cliente.

Como decorrência disso, a **perecibilidade** aponta para a impossibilidade de se armazenar um serviço para venda futura. Como não podemos separar o momento da produção do momento de consumo, também não podemos estocar um serviço para venda posterior. Por exemplo, se uma companhia aérea realizar um voo com poltronas vazias, estas não podem ser armazenadas para uma próxima venda, ou seja, o que não for vendido será perdido.

Por fim, a **variabilidade** evidencia o caráter variável dos serviços, que, por serem dependentes do prestador que os desempenha, são suscetíveis às variações inerentes aos seres humanos. Retomando o exemplo do salão de cabeleireiro: se, no dia do seu corte de cabelo, o seu cabeleireiro estiver de mau humor, talvez o corte não fique tão satisfatório como o de uma vez anterior, quando ele estava feliz.

Devemos pontuar que nenhuma empresa é exclusivamente produtora de bens ou exclusivamente prestadora de serviços, porque sempre teremos serviços ou bens necessários ao funcionamento delas. Em outras palavras, ainda que uma organização trabalhe apenas na produção de bens, será necessário associar alguns serviços a essa produção, como o atendimento ao consumidor, as vendas, a entrega e a assistência técnica. O mesmo acontece com uma organização prestadora de serviços, que deverá ter bens tangíveis como base, como as instalações físicas, o maquinário e o uniforme dos funcionários, entre outros. A fim de esclarecer essa questão, utilizamos o chamado ***continuum* de bens e serviços** (Bateson et al., 2010), com o qual podemos classificar uma organização ao longo das duas extremidades, de acordo com sua maior ou menor proximidade com os bens ou com os serviços.

As diferenças entre bens e serviços têm impactos profundos na produção e na gestão dos produtos finais. Voltaremos a esse assunto com uma discussão mais aprofundada no Capítulo 7, quando trataremos da qualidade e da produtividade na linha de frente dos atendimentos nos serviços.

–Síntese

A **Teoria Geral dos Sistemas (TGS)** propõe uma nova forma de analisar os fenômenos da natureza e as áreas de estudo, incentivando uma integração dos diversos corpos de conhecimento para além dos seus universos particulares, unificando e compartilhando as informações de forma multidisciplinar. Mais importante do que isso, a TGS contribui para a quebra do paradigma de que as organizações são sistemas fechados, hermeticamente isolados, conduzindo à concepção de **sistemas abertos**, que fazem parte de um todo maior, com o qual realizam trocas e, por isso, influenciam e sofrem influências. Assim, ganham evidência os conceitos de *visão sistêmica* e *holística* das organizações.

Os sistemas de produção seguem as premissas e os conceitos da TGS, com suas partes menores se inter-relacionando e trabalhando em conjunto, transformando os insumos produtivos em produtos finais a serem comercializados no mercado consumidor. Para tanto, as organizações devem trabalhar no sentido de administrar de forma adequada as partes constituintes do seu sistema de produção, atentando para os fatores envolvidos nesse processo.

As diferentes classificações dos sistemas produtivos contribuem para uma adequada compreensão da complexidade do processo produtivo organizacional. Além disso, elas evidenciam uma gama multifacetada dos sistemas de produção, com as diferentes possibilidades de atuação e direcionamento destes, permitindo que as organizações arranjem sua produção e a adaptem aos seus propósitos específicos.

–Exercícios resolvidos

1. Como surgiu a Teoria Geral dos Sistemas (TGS)?

A TGS, derivada de trabalhos do biólogo austríaco Ludwig von Bertalanffy, publicados entre as décadas de 1950 e 1970, surgiu principalmente devido à crítica às divisões das áreas de estudo e de conhecimento. Isso decorreu de dois principais argumentos: primeiro, se a natureza e os seus fenômenos ocorrem de maneira total e integrada, por que deveriam ser analisados de forma isolada, em áreas específicas de conhecimento? Segundo, essa divisão engessa o compartilhamento de conhecimentos; é possível haver soluções similares ou comuns para problemas de diversas áreas que não compartilham suas contribuições.

2. **O que significa dizer que, com a TGS, as organizações deixam de ser vistas como sistemas fechados para serem concebidas como sistemas abertos?**
Antigamente, as organizações eram analisadas sob a ótica de sistemas fechados, ou seja, hermeticamente isolados, sem nenhuma influência ou interferência no meio em que estavam inseridos. A concepção de sistemas abertos amplia o raio de atuação das organizações, que passam a ser vistas como parte de um todo maior (macroambiente), com o qual realizam trocas de informações, materiais, produtos e capital, entre outros, e que, por isso, influenciam e são influenciadas por essas forças externas.

3. **Existe uma classificação que divide os sistemas produtivos em *contínuo*, *intermitente em massa*, *intermitente em lote* e *por projeto*. Qual é a razão dessa classificação, ou seja, qual é a principal diferença entre suas categorias?**
A principal diferença entre esses sistemas está no ciclo ou fluxo de produção, que pode ser ininterrupto (contínuo), em séries específicas (intermitente em massa e em lote) ou único (por projeto).

–Questões para revisão

1. São premissas de um sistema todas as afirmações a seguir, **exceto**:
   a) Deve englobar um conjunto de mais de um elemento ou subsistema.
   b) Os elementos devem se relacionar, influenciando e sendo mutuamente influenciados.
   c) Os elementos devem se unir em torno de um objetivo comum.
   d) Deve existir uma lógica de causa e efeito entre os elementos.
   e) O conjunto de elementos deve estar inserido em um meio ou ambiente maior.

2. São partes constituintes de um sistema de produção os elementos a seguir, **exceto**:
   a) Entradas (*inputs*).
   b) Processo de transformação.
   c) Fiscalização.
   d) Saídas (*outputs*).
   e) Retroalimentação (*feedback*).

3. Os sistemas de produção podem ser conceituados como conjuntos de operações e atividades não relacionadas, responsáveis pela transformação dos insumos produtivos em produtos finais.
   ( ) Verdadeiro.
   ( ) Falso.

4. Considerando a classificação quanto à natureza dos produtos finais, quais são os tipos de sistemas produtivos?

5. Quais são as três atividades dos sistemas produtivos?

Questões para reflexão

Os sistemas de produção são constituídos basicamente por quatro componentes principais: insumos produtivos, processo de transformação, produtos finais e retroalimentação. Escolha uma organização conhecida e identifique essas partes na produção de determinado produto. Vamos supor que você escolha, por exemplo, a rede de lanchonetes McDonald's e o processo produtivo do sanduíche Big Mac.

1. Quais são os insumos produtivos necessários para a produção do sanduíche (produto)?

2. Como ocorre o processo de transformação? Por quais etapas os insumos produtivos passam até que seja finalizado esse produto?

3. Descreva detalhadamente o produto final.

4. Em relação à retroalimentação, quais informações relevantes ficam disponíveis após o processo de produção? Como elas podem ser utilizadas?

capítulo 3

Taís Pasquotto Andreoli

Conteúdos do capítulo

- Gestão da qualidade.
- Fases evolutivas da qualidade: era da inspeção; era do controle estatístico; era da garantia; era da qualidade total.
- Concepção atual de qualidade.
- Visão do *marketing*.
- Satisfação do consumidor e qualidade.
- Gestão da produtividade.
- Divisão da gestão da produtividade: gestão da produtividade dos recursos humanos; gestão da produtividade dos recursos materiais; gestão da produtividade dos recursos financeiros.
- Economia de escopo e de escala.
- Gestão de serviços.
- Características inerentes aos serviços, implicações e estratégias; intangibilidade; inseparabilidade; perecibilidade; variabilidade.

Após o estudo deste capítulo, você será capaz de:

1. apreender a concepção geral de qualidade, observando como ela adquiriu importância até se tornar uma prática de negócios obrigatória;
2. interpretar a qualidade sob o ponto de vista do consumidor, entendendo como ocorre essa formulação de julgamento e como isso se diferencia do constructo de satisfação;
3. entender os fatores envolvidos na questão da produtividade, abarcando as mais relevantes estratégias na sua gestão;
4. reconhecer as características dos serviços e suas implicações, assimilando as principais estratégias para administrá-los.

Gestão da qualidade e produtividade nos ambientes fabris e na linha de frente do atendimento de serviços

Neste capítulo, trataremos da qualidade e da produtividade nos ambientes fabris, tanto em termos de processo produtivo como em relação ao atendimento aos consumidores na linha de frente.

No entanto, primeiramente questionamos: O que é **qualidade**? De onde surgiu esse conceito e como ele evoluiu na administração? O que é **produtividade**? Como ela pode ser estimulada pela organização? A gestão do atendimento na linha de frente tem particularidades? Quais são elas, como elas impactam a administração e como devem ser administradas?

Responderemos a essas e outras questões ao longo deste capítulo.

3.1
Gestão da qualidade

A gestão da qualidade passou por quatro diferentes fases evolutivas até chegar à sua concepção atual. A seguir, veremos como isso aconteceu.

3.1.1 Fases evolutivas da qualidade

A qualidade foi entendida de maneiras distintas durante sua evolução, conceituando-se, assim, as suas quatro fases ou eras. Segundo Marshall Junior et al. (2004), essas fases são: era da inspeção, do controle estatístico, da garantia e da qualidade total.

3.1.1.1 Era da inspeção

A qualidade começou a ser trabalhada no ambiente organizacional com Frederick W. Taylor, a partir de 1900. Com a aplicação das leis científicas de tempo e movimento ao trabalho humano, Taylor tinha como objetivo quantificar o trabalho em termos de produtividade, isto é, sua principal preocupação era encontrar a melhor forma de realizar as atividades, maximizando o resultado do trabalho. Para tanto, acreditava na divisão racional do trabalho, por meio da qual cada trabalhador desempenhava uma função específica e limitada. Uma das funções consideradas importantes – e, por isso, definidas por Taylor – foi a do **inspetor** (Marshall Júnior et al., 2004).

O papel da **inspeção** consistia em verificar os produtos ao término do ciclo produtivo, ou seja, quando os produtos estavam finalizados, prontos para serem vendidos, o inspetor realizava uma verificação com o objetivo de identificar possíveis produtos defeituosos. Trata-se, assim, da primeira fase da qualidade, a **era da inspeção**, cujo foco residia no produto acabado. O problema é que, como dissemos, essa inspeção acontecia apenas quando os produtos já estavam em seu formato final, o que impossibilitava uma reversão do erro produtivo. Com isso, os produtos verificados como defeituosos eram simplesmente descartados, jogados no lixo, sem que o processo fosse corrigido.

Para relembrar quem foi Taylor, sua contribuição e as implicações do seu trabalho para a administração, releia o Capítulo 1 desta obra.

3.1.1.2 Era do controle estatístico

Em uma tentativa de reverter a impossibilidade de correção do erro, nasceu a era do controle estatístico da qualidade, em que o foco foi direcionado para o processo produtivo, e não mais para o produto em si. Dessa forma, a verificação da qualidade dos produtos passou a ser auferida nas diferentes etapas do processo, não somente ao seu término (Marshall Júnior et al., 2004). Com isso, os erros observados em cada etapa poderiam ser revertidos, corrigindo-se os produtos defeituosos, o que reduziu o desperdício de forma substancial. Além disso, como o próprio nome diz, na *era do controle estatístico* foi proposta uma análise da qualidade por meio de **amostras** que fossem significativas para representar o todo. Assim, não existia mais a necessidade de se analisar todos os produtos acabados, em todas as etapas da produção, mas sim de se verificar uma pequena porcentagem desse todo, capaz de representar a situação total.

3.1.1.3 Era da garantia

Com a globalização e, consequentemente, a abertura dos mercados e o acirramento da competitividade, o cenário empresarial, que era usualmente **comprador** – ou seja, com uma demanda maior do que a oferta –, transformou-se em **vendedor**, com muitos ofertantes disputando entre si para conquistar o mercado consumidor (Marshall Junior et al., 2004). Isso significa que, anteriormente, tudo o que era produzido era facilmente escoado no mercado consumidor, uma vez que não havia muita opção de escolha nem disponibilidade de quantidades. Com a mudança para o cenário vendedor, o consumidor passou a ter mais opções e, com isso, tornou-se mais exigente em suas decisões de compra. Nesse novo cenário, ganhou importância a **oferta de atributos ou garantias** que diferenciam as organizações de seus concorrentes e pleiteiam a preferência do consumidor, como menor preço, maior diversificação e, principalmente, maior qualidade. Configura-se, assim, a terceira fase da qualidade, a era da garantia, cujo foco concentra-se no sistema, isto é, na organização como um todo, que firma um acordo explícito e público de qualidade perante seu mercado consumidor.

3.1.1.4 Era da qualidade total

Por fim, com o mercado consumidor cada vez mais exigente, somado à ordem de mudanças rápidas e constantes, as organizações começaram a perceber que fazem parte de um ambiente maior, com o qual se relacionam, influenciando-o e sendo por ele influenciadas (a concepção das organizações como sistemas abertos).

> Para relembrar a evolução da concepção das organizações, de sistemas fechados para sistemas abertos, releia o Capítulo 2.

Com isso, a garantia de qualidade passou a ser cobrada não somente da organização, mas também dos agentes que interagem com ela, como os seus fornecedores. Esses agentes de interesse ou influência conceituam-se como *stakeholders*, ou partes interessadas, que, reafirmando o que dissemos anteriormente, podem ser os fornecedores, os concorrentes, os consumidores, a sociedade, o meio ambiente e o governo.

Dessa forma, a última fase da qualidade, denominada *era da qualidade total*, engloba não apenas as contribuições das fases anteriores como também estende a garantia de qualidade para a cadeia de valor da organização, pensada em termos de um desdobramento de suas atividades, desde seus fornecedores, passando pela organização como um todo, até chegar a seus consumidores (Marshall Júnior et al., 2004).

Para fixar, as quatro fases da evolução da qualidade são:
a. **Era da inspeção** – Foco no produto; os erros não podem ser revertidos.
b. **Era do controle estatístico** – Foco no processo, amostragem; reversão dos erros.
c. **Era da garantia** – Foco no sistema; diferencial competitivo.
d. **Era da qualidade total** – Foco no negócio como um todo; cadeia de valor.

Dito isso, passamos ao estudo da concepção atual da qualidade.

3.1.2 Concepção atual da qualidade

Como resultado da evolução de que tratamos no tópico anterior, a concepção atual da qualidade refere-se a uma **perspectiva de negócios**, isto é, trata-se de uma prática que deve ser buscada conjunta e continuamente pelas organizações, um princípio que deve nortear todas as atividades organizacionais, e não apenas um atributo específico a ser cumprido.

O principal responsável pela origem do movimento da qualidade total foi William E. Deming, que elaborou 14 princípios básicos a serem seguidos pelas organizações. Esses princípios, de certa forma, sintetizam os principais pontos levantados na nossa discussão (Chiavenato, 2011):

1. Estabelecer a constância de propósitos para a melhoria dos bens e serviços.
2. Adotar a nova filosofia.
3. Compreender o propósito da inspeção.
4. Parar a prática de avaliar as transações com base somente no preço.
5. Melhorar constantemente os bens e serviços.
6. Instituir treinamento.
7. Adotar e instituir a liderança.
8. Afastar o medo, criar confiança e clima para a inovação.
9. Otimizar o trabalho das equipes, das áreas e da própria alta administração.
10. Eliminar *slogans*, lemas ou exortações e metas para a força de trabalho.
11. Eliminar metas numéricas para a força de trabalho.
12. Remover as barreiras ao orgulho pelo trabalho.
13. Estimular a formação e o autoaprimoramento de todos.
14. Agir para concretizar a transformação.

Esses princípios evidenciam a proposta do movimento da qualidade total, ressaltando os pilares para que a organização seja capaz de adotar essa filosofia. Os princípios mais importantes são: instrução, treinamento e motivação dos funcionários; otimização do trabalho com eliminação de barreiras e possíveis desperdícios; e busca de melhoria contínua.

3.1.3 A qualidade na perspectiva do consumidor

Outra forma de analisarmos o constructo da qualidade ocorre sob o ponto de vista do **consumidor**, em relação ao julgamento que ele faz sobre o bem, a prestação do serviço ou a atuação da organização como um todo. Para tanto, cabe diferenciarmos dois conceitos que, apesar de distintos, são usualmente tratados como iguais: *satisfação* e *qualidade*.

3.1.3.1 Satisfação do consumidor

Lovelock e Wright (2006) conceituam *satisfação* como a diferença positiva entre as expectativas iniciais do cliente (o que ele esperava) e a experiência de fato vivenciada com o consumo (o que realmente foi percebido). Essas expectativas iniciais são formuladas considerando-se as condições de compra e de oferta, como o preço, o prazo, as características e o momento de consumo, entre outros.

Sendo assim, quando a percepção da qualidade acerca do que foi recebido for maior ou igual ao que o consumidor esperava, admite-se que ocorreu a satisfação do consumidor com a transação realizada. Por outro lado, quando as expectativas dos consumidores forem maiores do que as percepções geradas com o consumo da transação, infere-se que houve uma "desconfirmação" das expectativas do consumidor, tendo por consequência sua insatisfação.

Dessa forma, podemos observar que a satisfação é geralmente concebida de forma **específica, por transação**, segundo as expectativas iniciais do consumidor em cada encontro ou relação de consumo.

3.1.3.2 Qualidade

A *qualidade*, por outro lado, refere-se ao desempenho geral da organização, caracterizado como de longo prazo e acumulativo. Isso significa que a qualidade diz respeito a uma atitude do cliente construída ao longo do tempo em relação a determinada empresa, uma somatória dos resultados de sucessivos encontros ou relações de consumo (Bateson et al., 2010). Dessa forma, podemos dizer que a satisfação atualiza nos clientes suas percepções sobre a qualidade, à medida que eles vão sintetizando as comparações entre suas expectativas iniciais e o que receberam em cada encontro adicional.

3.2
Gestão da produtividade

A *produtividade* diz respeito a quão bem os insumos produtivos são utilizados na produção, a fim de otimizar os resultados finais. Trata-se, portanto, da busca da **eficiência** (melhor modo) associada à **eficácia** (maior resultado), tendo-se em vista a **lucratividade**.

> Para relembrar a diferença entre *eficiência* e *eficácia*, releia o Capítulo 1.

Por isso, a mensuração da produtividade ocorre pela comparação entre os resultados obtidos e os recursos utilizados. Vamos considerar, por exemplo, que uma empresa de móveis seja capaz de produzir, em média, 100 cadeiras por dia. Essa informação isolada não é suficiente para analisarmos a produtividade dessa empresa. Para mensurar isso, devemos analisar quais foram os recursos utilizados nessa produção – como as peças componentes, o tempo e a qualificação da mão de obra empregada, o maquinário, entre outros. Essa mensuração não deve ocorrer necessariamente em termos financeiros, ou seja, devemos pensar na **lucratividade** ou no **retorno de investimento**, ainda que seja a prática mais comum.

> Produtividade = Resultados obtidos/Recursos utilizados

Retomando nosso exemplo, vamos supor que os recursos utilizados totalizem um custo de R$ 20.000,00 (vinte mil reais) por mês. Como vimos, a produção é de 100 cadeiras por dia, que, multiplicada por uma média de 22 dias úteis em um mês, nos dá como resultado 2.200 cadeiras por mês. Se o preço de mercado dessas cadeiras for de R$ 100,00 (cem reais), a receita de produtividade da empresa é de R$ 22.000,00 (vinte e dois mil reais), contra um custo de produtividade de R$ 20.000,00. Com isso, vemos que a empresa tem uma produtividade positiva, suficiente para dar um retorno lucrativo de R$ 2.000,00 (dois mil reais).

Contudo, essa produtividade não pode ser otimizada? A compreensão de alguns conceitos é necessária para respondermos a essa questão.

3.2.1 Divisão da gestão de produtividade

Podemos pensar na **gestão da produtividade** também de forma específica, subdividida de acordo com o grupo principal de recursos utilizados: humanos, materiais e de capital. Essa divisão proporciona um direcionamento de esforços mais adequado, tanto na análise para detecção de problema como na administração da proposição de soluções.

3.2.1.1 Gestão da produtividade dos recursos humanos

A gestão da produtividade dos recursos humanos concentra sua atenção nos funcionários de uma organização. São ações pertinentes dessa gestão: a captação, o treinamento e a capacitação do pessoal; a divisão e a adequada distribuição de cargos e tarefas; a organização da estrutura da empresa, com seus níveis hierárquicos, canais de comunicação e relações de poder; a motivação do corpo de funcionários, atentando para a política de remuneração financeira e de benefícios; entre outras.

3.3.1.2 Gestão da produtividade dos recursos materiais

A gestão da produtividade dos recursos materiais confere ênfase às **matérias-primas**, aos **maquinários** e às **instalações físicas** da organização. Exemplos de ações pertinentes a essa gestão envolvem: a substituição de insumos produtivos por insumos mais baratos ou de melhor qualidade; a análise dos custos de manutenção *versus* a disponibilidade de investimento em novos equipamentos; a redução de desperdícios; a reorganização do arranjo físico e do fluxo produtivo, verificando-se possíveis gargalos; etc.

> Para conhecer os conceitos de *arranjo físico*, *fluxo produtivo* e *gargalo*, leia o Capítulo 6 desta obra.

3.2.1.3 Gestão da produtividade dos recursos financeiros

A gestão da produtividade de recursos financeiros refere-se ao **capital** da organização, que sempre está em busca de maior **lucratividade**. Algumas ações que podem ser realizadas por essa gestão envolvem a busca de redução de custos, a revisão dos preços praticados e a possibilidade de aplicação de economia de escopo e/ou de escala.

A **economia de escopo** refere-se à redução dos custos unitários de produção, ao se aumentar a possibilidade da oferta em termos de **diversificação**. Isto é, no caso de produtos que compartilham os mesmos insumos produtivos, a organização é capaz de aumentar seu leque de ofertas ao mercado consumidor diluindo seus custos de produção por meio de uma produção conjunta. Isso geralmente acontece quando a organização já tem uma linha de produtos – detendo, portanto, todos os fatores e os processos necessários para produzi-los – e resolve adicionar um ou mais produtos similares a esta.

Por exemplo: a fim de obter uma economia de escopo, uma empresa de laticínios que trabalha com a produção de leite UHT poderia diversificar sua produção com leites pasteurizados ou em pó ou mesmo estender sua linha de produtos para bens similares, como nata e iogurtes. Dessa forma, em vez de produzir apenas um produto, a empresa passaria a produzir dois ou mais, aproveitando-se dos mesmos insumos produtivos.

Por outro lado, a **economia de escala** diz respeito à redução dos custos unitários de produção, ao se aumentar a possibilidade de oferta em termos de **quantidade**. Trata-se de um aumento da produtividade de um produto específico, a fim de aproveitar melhor os fatores envolvidos no seu processo produtivo, diluindo assim o custo total em uma maior quantidade de produtos.

Utilizando o mesmo exemplo anterior, uma empresa de laticínios que produz leite UHT teria de intensificar a quantidade produzida – digamos, conseguir dobrar a produção – para obter um ganho de escala. Sendo assim, em vez de os custos totais de produção serem diluídos, por exemplo, em mil produtos, eles passarão a ser diluídos em dois mil produtos, reduzindo-se substancialmente o seu custo unitário.

Ainda que ambas tenham como objetivo a redução e a diluição dos custos de produção, a **economia de escopo** baseia-se no aumento da **diversificação** dos produtos, enquanto a **economia de escala** pauta-se pelo incremento da **quantidade** produzida.

Dessa forma, retomando a nossa pergunta do tópico 3.3, sobre se a produtividade, ainda que positiva, pode ser melhorada, a resposta é **sim**. Somente de posse dos resultados das análises de todos os fatores mencionados podemos dizer se a produtividade está ou não no seu nível ótimo e o que deve ser realizado para sua obtenção.

3.3
Gestão de serviços

Os **serviços** podem ser definidos como ações ou esforços desempenhados pelos fornecedores, sempre referentes à relação com seus consumidores (Andreoli; Resende, 2013). Isso significa que os serviços se baseiam na interação e no contato entre os seus produtores (prestadores de serviços) e seus consumidores, momento conceituado como **incidente crítico**. Além disso, os consumidores também atuam como **coprodutores**, interferindo e influenciando no resultado da prestação dos serviços.

3.3.1 Características inerentes aos serviços, implicações e estratégias

Os serviços apresentam quatro características inerentes principais que os diferenciam substancialmente dos bens – razão pela qual sua gestão deve ter atenção e tratamento diferenciados. A seguir, analisaremos cada uma dessas características, já introduzidas no capítulo anterior, apontando também suas principais implicações para a gestão. São elas: a intangibilidade, a inseparabilidade, a perecibilidade e a variabilidade (Bateson et al., 2010).

> *Para saber mais*
>
> Para saber mais sobre as quatro características inerentes aos serviços – intangibilidade, inseparabilidade, perecibilidade e variabilidade –, leia a obra a seguir:
>
> BATESON, J. E. G. et al. **Princípios do marketing de serviços**. São Paulo: Cengage Learning, 2010.

3.3.1.1 Intangibilidade

A intangibilidade refere-se à impossibilidade de tocar ou "pegar" um serviço. Isso quer dizer que os serviços são abstratos, ou seja, não podem ser apropriados. Eles se manifestam pela experiência vivenciada pelo consumidor e têm seu valor alocado apenas no trabalho ou no desempenho em si, sem, de fato, obter propriedade de qualquer elemento tangível (Lovelock; Wright, 2006).

A principal implicação da intangibilidade concentra-se na problemática da **avaliação do consumidor**, que, na impossibilidade de tocar ou se apropriar de elementos tangíveis, volta-se mais para um **julgamento subjetivo**, em detrimento do objetivo. Como consequência, torna-se mais difícil apresentar os benefícios dos serviços aos seus consumidores, o que se contrapõe aos preços ofertados. Isso interfere, também, no julgamento da qualidade do serviço, uma vez que ela geralmente está atrelada ao preço que se paga: quanto mais caro o serviço, maiores serão a expectativa e a exigência do consumidor.

Você, como consumidor, pode, por exemplo, tocar e pegar um aparelho celular, senti-lo em suas mãos, analisar facilmente seus atributos físicos (cor, peso, aparência) e identificar seus benefícios, suas especificações técnicas e suas capacidades operacionais. Porém, isso não é possível em uma consulta ou atendimento médico, por exemplo. Por isso, no caso de bens, é mais fácil ocorrer um julgamento mais objetivo, tanto em relação ao custo-benefício como em termos de sua qualidade.

A principal estratégia para se gerenciar a problemática decorrente da intangibilidade refere-se aos **indícios tangíveis** dos serviços: evidências físicas adicionadas à prestação de serviços a fim de torná-los menos abstratos para a avaliação do consumidor. São exemplos desses aspectos: o ambiente da empresa, o uniforme dos funcionários, a limpeza do espaço e a disposição dos móveis, entre outros. Com isso, contribui-se para que ocorra uma avaliação objetiva dos serviços, ao invéz de totalmente subjetiva.

Se, por exemplo, você for a um restaurante e o local estiver limpo, com uma disposição adequada dos móveis, mesas arrumadas, toalhas e acessórios (pratos, copos e talheres) limpos e funcionários devidamente uniformizados, tudo isso contribui para que seu julgamento seja mais objetivo, pautado nesses indícios tangíveis, em vez de meramente baseado em suas percepções subjetivas da experiência.

3.3.1.2 Inseparabilidade

A inseparabilidade diz respeito à impossibilidade de se desvincular o momento de produção do momento de consumo, ou seja, não se pode produzir previamente um serviço, para que seja vendido e consumido apenas em um momento futuro. Como se trata de uma realização de desempenho, que demanda, impreterivelmente, a interação do cliente com o prestador de serviço, os serviços são produzidos ao mesmo tempo que são consumidos (Bateson et al., 2010).

A principal implicação decorrente da inseparabilidade refere-se à necessidade de **participação do consumidor** no processo de prestação de serviços, bem como a integração e a influência de outros clientes nesse processo. Como exemplo, podemos citar novamente o caso de uma consulta médica. Você, como consumidor, não consegue consumir uma avaliação médica sem participar dela, pois, ao mesmo tempo que o médico desempenha seu serviço, você está recebendo a avaliação.

Para minimizar isso, deve-se adotar uma **estratégia de gerenciamento dos clientes**. Isso permite que haja uma programação dos atendimentos, bem como uma preparação do que será necessário para realizar o serviço. Como contribuição, consegue-se não apenas agilizar a prestação de serviços, mas também personalizá-la à vontade do consumidor. Além disso, a organização deve considerar a influência de outros clientes, principalmente no sentido de evitar que ocorram interações desnecessárias ou cenas desagradáveis em público, como uma discussão em uma fila de atendimento, por exemplo. Cenas como essa, ainda que relacionadas a terceiros, são capazes de criar tendências de julgamento da qualidade do serviço pelo consumidor.

3.3.1.3 Perecibilidade

A perecibilidade refere-se ao caráter **extinguível** dos serviços, que aponta para a impossibilidade de se armazenar um serviço para uma venda futura. Assim como não é possível separar o momento da produção de um serviço do momento do seu consumo (inseparabilidade), também não é possível estocá-lo ou armazená-lo para uma venda posterior (Lovelock; Wright, 2006).

Como principal implicação desse aspecto, temos a **dificuldade de gerenciamento da oferta-demanda**, uma vez que a oferta por si só tem restrições: não é possível produzir serviços em massa ou previamente, estocando-os para posterior venda, nem reaproveitar os serviços não consumidos para ofertá-los futuramente. Com isso, o prestador de serviços deve se preocupar em atender toda a demanda, planejando-se antecipadamente para esse momento, mas, ao mesmo tempo, não pode aumentar de forma demasiada a sua oferta, extrapolando-a para além da demanda, para evitar possíveis desperdícios.

Um cabeleireiro, por exemplo, tem de estar preparado para atender prontamente seus clientes, a fim de evitar filas ou atrasos no atendimento. Ao mesmo tempo, ele também deve se preocupar em não ter horários "vazios", sem nenhum cliente, pois nesse caso seu tempo e os demais investimentos envolvidos no serviço não serão remunerados.

Uma estratégia para responder a essa implicação, buscando-se constantemente um equilíbrio entre oferta e demanda, é a **fixação criativa de preços**, ou seja, ofertar opções diferenciadas a preços mais vantajosos. É o caso de se realizar promoções para atendimentos fora dos períodos de pico, buscando-se reduzir os períodos sem movimento e desafogando os períodos mais concorridos. Outra estratégia é disponibilizar **sistemas de reservas** para reduzir a flutuação de demanda, obtendo-se uma garantia prévia de que esta realmente ocorrerá e permitindo certa preparação anterior à prestação do serviço. Uma **maior participação do cliente** também pode ser incentivada, no intuito de reduzir o esforço e o tempo gastos pelo prestador de serviços, como é o caso dos restaurantes *self-service*.

3.3.1.4 Variabilidade

Por último, a variabilidade (ou heterogeneidade) caracteriza-se pela dependência dos serviços em relação ao **emprego de mão de obra**, inerentemente volátil. Isso significa que, por decorrer essencialmente da atuação do prestador, o serviço desempenhado está intimamente atrelado e suscetível às variações inerentes aos seres humanos, como possíveis mudanças de humor, assim como às habilidades profissionais do trabalhador (Andreoli; Resende, 2013).

Em decorrência disso, torna-se problemática a obtenção de **uniformidade** dos serviços ofertados, o que dificulta a criação e o controle de um padrão de qualidade. A principal estratégia para minimizar isso concentra-se justamente na **administração da mão de obra** ou na **gestão dos recursos humanos**. A organização deve atentar para a seleção e a captação de funcionários adequados e qualificados para a função, bem como se comprometer com um constante treinamento do seu corpo de funcionários. Uma política de remuneração e de benefícios compatíveis com o mercado também é necessária, o que contribui para que os funcionários estejam satisfeitos e motivados em suas ocupações.

Para sintetizar essa discussão, elaboramos o Quadro 3.1, a seguir, com as quatro características inerentes aos serviços, seguidas das suas principais implicações e das estratégias indicadas para sua gestão.

Quadro 3.1 – Síntese das características dos serviços, implicações e estratégias

Característica	Implicação	Estratégia
Intangibilidade (não se pode tocar, se apropriar)	Avaliação subjetiva do consumidor	Indícios tangíveis
Inseparabilidade (vínculo obrigatório do momento de produção e consumo)	Participação e interação do consumidor	Gerenciamento de clientes
Perecibilidade (não se pode armazenar)	Equilíbrio oferta-demanda	Fixação criativa de preços; sistema de reservas; maior participação do cliente
Variabilidade (variações de mão de obra)	Uniformidade e padrão de qualidade	Gestão de recursos humanos

– Síntese

Neste capítulo, vimos como a **gestão da qualidade** deixou de ser um processo pontual, considerando apenas o término da produção, com o papel da inspeção, para ser concebido como uma perspectiva de negócio das organizações que desejam atuar de forma competitiva no mercado. Pensar a qualidade de forma sistêmica, analisando-se a cadeia de valor como um todo, torna-se, assim, um fator obrigatório para a sustentação de vantagens competitivas. O mercado consumidor espera não apenas a satisfação das suas expectativas iniciais a cada encontro, mas uma somatória positiva de sucessivos encontros, ou seja, um desempenho geral adequado da organização.

Nesse contexto, também adquire importância a **gestão da produtividade**, com o objetivo de que os insumos produtivos sejam utilizados do melhor modo possível, aplicados em todas as suas possibilidades, de forma eficiente, sejam eles materiais, sejam eles humanos ou financeiros. Com isso, a organização contribui para que ocorra uma otimização dos resultados finais, tornando a produção eficaz.

A gestão da linha de frente dos atendimentos deve atentar para a problemática da **administração dos serviços**, considerando as características inerentes a estes e as consequentes limitações impostas à sua gestão. Estratégias específicas de gerenciamento devem ser utilizadas, reduzindo-se a complexidade do planejamento e do atendimento ao consumidor e adequando-se a relação oferta-demanda.

–Exercícios resolvidos

1. Sob o ponto de vista do *marketing*, explique a diferença entre os constructos *satisfação do consumidor* e *qualidade*.

A satisfação pode ser compreendida como a diferença positiva entre as expectativas iniciais do cliente (o que ele esperava) e a experiência de fato vivenciada com o consumo (o que realmente foi percebido). Ao passo que a satisfação é específica, avaliada por transação, a qualidade é uma atitude do cliente construída ao longo do tempo em relação à empresa, uma somatória dos resultados de sucessivos encontros ou relações de consumo.

2. Não é preciso mensurar a produtividade de uma organização que está tendo lucro, uma vez que, somente com base nisso, é possível inferir automaticamente que sua produtividade é ótima.

( ) Verdadeiro.
(x) Falso.

A afirmação é falsa: a produtividade diz respeito a quão bem os insumos produtivos são utilizados na produção, a fim de otimizar os resultados finais, ou seja, deve ser mensurada em razão da comparação entre os resultados obtidos em relação aos recursos utilizados.

3. Explique o que é *economia de escopo* e *de escala* e a diferença entre esses conceitos.

A economia de escopo refere-se à redução dos custos unitários de produção ao se aumentar a oferta de produtos que compartilhem dos mesmos insumos produtivos. Por seu turno, a economia de escala diz respeito à redução dos custos unitários de produção ao se produzir mais de um mesmo produto. Ou seja, ambas têm como objetivo a diluição dos custos de produção, mas a economia de escopo preza pelo aumento da diversificação dos produtos, enquanto a economia de escala é pautada pelo incremento na quantidade produzida.

Questões para revisão

1. As opções a seguir são fases da evolução da qualidade, *exceto*:
   a) Fase da inspeção da qualidade.
   b) Fase do protocolo de qualidade.
   c) Fase do controle estatístico de qualidade.
   d) Fase da garantia de qualidade.
   e) Fase da qualidade total.

2. São competências da gestão de produtividade dos recursos humanos: a captação, o treinamento, a capacitação e a motivação dos funcionários; a divisão e a adequada distribuição de cargos e tarefas; e a organização da estrutura da empresa, com seus níveis hierárquicos, canais de comunicação e relações de poder.
   ( ) Verdadeiro.
   ( ) Falso.

3. É responsabilidade da gestão da produtividade dos recursos materiais preocupar-se com a reorganização do arranjo físico, a fim de otimizar o fluxo produtivo da organização, identificando possíveis gargalos e minimizando desperdícios.
   ( ) Verdadeiro.
   ( ) Falso.

4. O que são *stakeholders*? Dê exemplos.

5. Quais são as quatro características inerentes aos serviços? Explique-as.

Questões para reflexão

Os serviços diferenciam-se dos bens por meio de quatro características inerentes àqueles: intangibilidade, inseparabilidade, variabilidade e perecibilidade. Tomando como exemplo o serviço hoteleiro, pense e responda às questões a seguir[1].

---

[1] Para auxiliar na discussão, você pode acessar o estudo de caso da ESPM referente ao Grupo Accor e, mais especificamente, à rede de hotéis Ibis (ESPM, 2008).

1. Identifique como cada característica dos serviços se evidencia nesse tipo de serviço:
    a) Por que o serviço de hotelaria é intangível?
    b) Por que é inseparável?
    c) Por que é variável?
    d) Por que é perecível?

2. Analise a principal dificuldade encontrada pela prestação do serviço de hotelaria decorrente de cada característica levantada anteriormente. Para facilitar, siga este raciocínio:
    a) Qual é a principal dificuldade decorrente da intangibilidade desse serviço?
    b) Qual é a principal dificuldade decorrente da inseparabilidade desse serviço?
    c) Qual é a principal dificuldade decorrente da variabilidade desse serviço?
    d) Qual é a principal dificuldade decorrente da perecibilidade desse serviço?

3. Por fim, pense (individualmente ou em grupo) no que poderia ser feito para prevenir cada uma das dificuldades levantadas.

capítulo

4

Rony Ahlfeldt

Conteúdos do capítulo

- Estratégia e sistema de criação de valor.
- Contribuição das operações para a estratégia organizacional.
- Papéis estratégicos das operações.
- Objetivos de desempenho.
- Decisões estratégicas em operações.

Após o estudo deste capítulo, você será capaz de:

1. estabelecer relação entre a estratégia organizacional e o sistema de criação de valor;
2. identificar as contribuições diretas e indiretas das operações para a estratégia organizacional;
3. responder a pelo menos três questões fundamentais sobre o papel estratégico das operações: 1) Como uma organização pode se beneficiar de sua área de operações? 2) Que relação pode ser estabelecida entre a função de operações, o nível de competitividade e a estratégia de uma organização? 3) Que decisões sobre os recursos produtivos resultariam em maior competitividade?[1]

---

1 Essas questões também são amplamente discutidas nos livros e artigos indicados no referencial teórico deste capítulo. Procure aprofundar seus estudos consultando-os.

Decisões estratégicas em operações

Agora que você já aprendeu, nos capítulos anteriores, sobre os conceitos e a estrutura da administração da produção e os sistemas de produção, vamos tratar de uma questão fundamental das operações, que afeta diretamente a competitividade das organizações: as **decisões estratégicas em operações**.

4.1
Estratégia e sistema de criação de valor

Iniciaremos o estudo sobre as decisões estratégicas em operações com um caso real brasileiro, que nos ajudará a ilustrar e discutir o conteúdo deste capítulo.

–Estudo de caso

Da Vinci Montadora: uma ideia na cabeça e a entrada no mercado por meio da estratégia de operações

O sr. Geraldo atua no segmento de produtos e serviços para funerárias há mais de três décadas. Foi com uma participação em uma feira internacional do setor, na Itália, que esse ex-proprietário de fábrica de urnas mortuárias, popularmente conhecidas como "caixões", descobriu um mercado inexplorado no Brasil, o de veículos funerários de alto valor agregado.

Até a abertura de sua empresa, os veículos que realizavam esse tipo de transporte no país sofriam poucas adaptações para prestar os serviços e, portanto, tinham baixo valor agregado. Os veículos mais populares no segmento funerário eram as *vans*, como a Kombi e a Besta – ambas não mais comercializadas no país –, e as "peruas" – como a Caravan e a Ômega SW, que também deixaram de ser produzidas pelas montadoras brasileiras há muitos anos.

Inicialmente, o sr. Geraldo tentou importar os veículos europeus, mas descobriu que, além da burocracia e da alta carga tributária, eles eram muito caros para os padrões brasileiros. Foi então que resolveu criar um modelo diferenciado a partir de uma picape que já era produzida no país: a Montana, da GM. Com o primeiro desenho do veículo em mãos, o problema seguinte era como viabilizar a produção para que conseguisse obter a qualidade desejada e, ao mesmo tempo, manter os custos nos patamares que o mercado estivesse disposto a pagar.

Neste ponto, vamos refletir um pouco sobre esses grandes desafios impostos ao sr. Geraldo para viabilizar seu negócio: como um pequeno empreendedor poderia, sem muito capital e tecnologia, passar a transformar picapes em veículos totalmente adaptados às necessidades do mercado funerário? Como obter um diferencial em um mercado já consolidado no Brasil, no qual muitas pequenas empresas forneciam capotas em fibra de vidro e realizavam as alterações internas dos veículos?

Procurando respostas para essas questões, com espírito empreendedor, muito trabalho e vontade de lutar contra a burocracia estatal brasileira, o sr. Geraldo abriu a Da Vinci Montadora Indústria Automotiva, uma empresa que se especializou em transformar e adaptar veículos funerários e em fabricar mobiliário para salas de homenagens. Porém, a grande questão estratégica está no próprio nome da empresa – *montadora*. A Da Vinci utilizou suas competências na criação de um projeto de produto excepcional e viabilizou a produção por meio do desenvolvimento de uma rede de fornecedores de vidros, adaptações de carroceria, acabamento e *layout* internos exclusivos para acomodar as urnas funerárias e outros produtos utilizados nos serviços funerários.

A Da Vinci optou por terceirizar a produção e focou suas ações no desenvolvimento do produto, na montagem das partes recebidas da cadeia de fornecedores e na comercialização dos veículos e móveis. Essa estratégia de operações permitiu que a empresa colocasse no mercado seus produtos de forma mais rápida, qualificada e com menores custos.

Questionamos: Isso foi fácil? Certamente não, mas a visão e o planejamento estratégicos de uma organização devem levar em consideração as opções que as operações podem fornecer, para que ofereça o valor requerido pelos clientes e, consequentemente, obtenha alto nível competitivo.

Fonte: Elaborado com base em Da Vinci Montadora, 2014.

Esse caso levanta algumas questões, que discutiremos ao longo deste e dos demais capítulos, como o alinhamento entre a estratégia organizacional e as decisões em operações, os papéis desempenhados pela produção e a importância das operações para a criação de valor e a obtenção de vantagens competitivas. Com isso, procure relacionar cada tópico a seguir com as decisões em operações do caso Da Vinci e de outros exemplos de organizações que você conheça.

Uma definição genérica e conhecida de estratégia empresarial foi formulada por Johnson, Scholes e Whittington (2007). Segundo esses autores,

> a Estratégia é a **direção** e o **escopo** de uma organização a **longo prazo**, que obtém **vantagem** em um **ambiente** em **mudança** por meio de sua configuração de **recursos** e **competências**, com o objetivo de atender às expectativas dos *stakeholders*. (Johnson; Scholes; Whittington, 2007, p. 5, grifo nosso)

Os elementos dessa definição que destacamos em negrito nos ajudarão a compreender e a diferenciar, no decorrer deste livro, as decisões estratégicas em operações, as decisões táticas e as decisões do dia a dia (operacionais) de uma empresa.

Entre essas decisões, encontram-se aquelas que afetam o **escopo**, que pode ser tanto a **estrutura organizacional** como o **tamanho** ou a **quantidade** de **plantas industriais** e suas localizações. Também é uma decisão de escopo o **portfólio** de produtos e serviços que serão ofertados ao mercado ou aos diferentes mercados em que a organização pretende atuar.

Entretanto, inicialmente o nosso foco está direcionado para a última parte da citação: a **configuração de recursos** e **competências** para atender às expectativas dos *stakeholders* – ou seja, o valor criado pelas ações de uma empresa que visam atender às necessidades de seus diversos públicos. Assim, vamos entender o que é **valor** e a sua relação com a **estratégia organizacional**.

Para a professora Cynthia Montgomery, da Harvard Business School, "muitas pessoas pensam na estratégia como um jogo entre concorrentes, fornecedores e consumidores em que alguém tem que perder para que elas possam ganhar" (Montgomery, 2012, p. 65). Assim, a estratégia de uma empresa deve gerar valor para todas as partes envolvidas. Valor para o **consumidor**, que é medido por sua disposição em pagar pelo produto ou serviço; valor que estimule os **fornecedores** a oferecerem o que a empresa precisa, no tempo, na quantidade e na qualidade necessários; e, obviamente, valor apropriado pela **própria empresa**, que é a diferença entre o preço que os clientes estão dispostos a pagar e o custo de oportunidade envolvido no desenvolvimento, na produção e na entrega dos produtos e serviços (Montgomery, 2012; Brandenburger; Stuart Júnior, 1996).

A multinacional de supermercados varejistas Walmart é um bom exemplo desse conceito de criação de valor de forma holística:

> A rede oferece produtos de boa qualidade a preços consideravelmente baixos, aumentando o valor percebido pelos consumidores em seu relacionamento com a empresa. Ao mesmo tempo, o Walmart diminui seus custos contando com as reduções de custos oferecidos por seus fornecedores. E faz isso comprando em larga escala, dividindo informações e cortando os custos da própria operação. (Montgomery, 2012, p. 67)

Por essa perspectiva, "uma grande estratégia é mais do que uma aspiração, mais do que um sonho: é um sistema de criação de valor, um conjunto de partes que se reforçam mutuamente" (Montgomery, 2012, p. 86). Esse conjunto de partes é composto pelas áreas funcionais, pelas atividades e pelas pessoas de uma empresa. O trabalho integrado entre as partes e fortemente direcionado por um propósito é, assim, fundamental para que a organização seja capaz de entregar produtos e serviços que tenham valor para seus consumidores.

Você é capaz de entender a importância central das operações nesse sistema de criação de valor? Quando paramos para pensar sobre isso, verificamos que a relação é quase óbvia: uma vez que as operações, conforme vimos nos capítulos anteriores, constituem o sistema de geração de produtos e/ou serviços, o principal elemento de criação de valor de uma organização é seu **sistema operacional**.

Não podemos nos esquecer da importância e da necessária integração das operações com outras áreas funcionais, como o *marketing*, as finanças, os recursos humanos e os sistemas de informações. A área ou função de *marketing*, por exemplo, contribui decisivamente para o sistema de criação de valor, ao compreender as necessidades dos clientes e realizar a tradução destas em projetos de produtos e canais de comunicação e distribuição que permitam que a organização e seus clientes estabeleçam relacionamentos. Essas atividades formam interfaces essenciais com as operações.

4.2
Como as operações contribuem para a estratégia organizacional

Levando em consideração a afirmação de Porter (1996, p. 5), segundo a qual "a essência da estratégia é optar por executar atividades de uma forma diferente da dos rivais", questionamos: Que área, departamento ou função organizacional tem relação mais estreita com essa assertiva do autor? A resposta, mais uma vez, parece óbvia: **as operações/a produção**. Entretanto, ela não é a única e tampouco o faz sem integração com as demais funções mencionadas anteriormente.

Porém, a função de operações é a grande responsável, na maioria das organizações, por suas principais atividades de interação com os demais sistemas, sejam eles internos (como os processos de produção, estoques, manutenção e qualidade), sejam relacionados com sistemas externos (como as atividades de compras, recebimentos, terceirizações, distribuição e assistência técnica).

4.2.1 Papéis estratégicos, objetivos e estágios das operações

A essa altura, você já deve ter percebido que as operações exercem papéis importantes em relação à estratégia empresarial. De acordo com Slack et al. (1999), as operações exercem três papéis: de **apoio**, de **implementação** e de **impulsão da estratégia empresarial** – todos eles dependem de como as operações são vistas pela direção da organização. Leia atentamente o conteúdo do Quadro 4.1 e identifique cada um dos papéis exercidos pela produção e sua relação com a estratégia da organização.

Quadro 4.1 – Papel das operações em relação à estratégia organizacional

Produção como apoiadora da estratégia	Produção como implementadora da estratégia	Produção como impulsionadora da estratégia
A produção "segue" a estratégia, desenvolvendo seus recursos e adaptando-se, para apoiar a estratégia empresarial definida. Oferece as condições para a estratégia ser executada da forma mais adequada. Exemplo: Uma empresa fabricante de componentes para determinado produto e que resolva alcançar o mercado internacional. A produção contribuiria com rapidez para a adaptação de suas estruturas e seus processos e com habilidades para produzir para o novo mercado.	As operações colocam em prática a estratégia empresarial, ou seja, executam-na. Exemplo: Uma empresa do ramo gráfico que deseja ampliar suas vendas para o segmento de material promocional. Para que a estratégia seja bem-sucedida, as operações deverão executar atividades de implementação apropriadas, como aumentar a capacidade de produção, treinar as equipes, manter estoques adequados de matérias-primas, realizar as entregas desses impressos etc.	A função ou área de operações lidera a estratégia, oferecendo os meios para que a organização alcance a vantagem competitiva. Nesse caso, sua função é proativa, ao propor soluções que contribuem para níveis mais altos de competitividade organizacional. Exemplo: A área de operações de uma fabricante de alimentos encontra uma maneira mais rápida e econômica de distribuir seus produtos do que os concorrentes são capazes de fazer, o que gera o aumento da participação de mercado e da rentabilidade da organização.

Fonte: Adaptado de Slack et al., 1999; Carvalho Júnior; Paiva; Fensterseifer, 2009; Brown et al., 2005.

De forma complementar à ideia de **papéis**, Hayes e Wheelwright (1984) classificaram a relação entre as operações e a estratégia em quatro estágios, sendo eles: 1) internamente neutra; 2) externamente neutra; 3) de suporte interno; e 4) de suporte externo. Veja a Figura 4.1 para compreender melhor os papéis e estágios das operações.

Figura 4.1 – Quatro estágios das operações *versus* estratégia

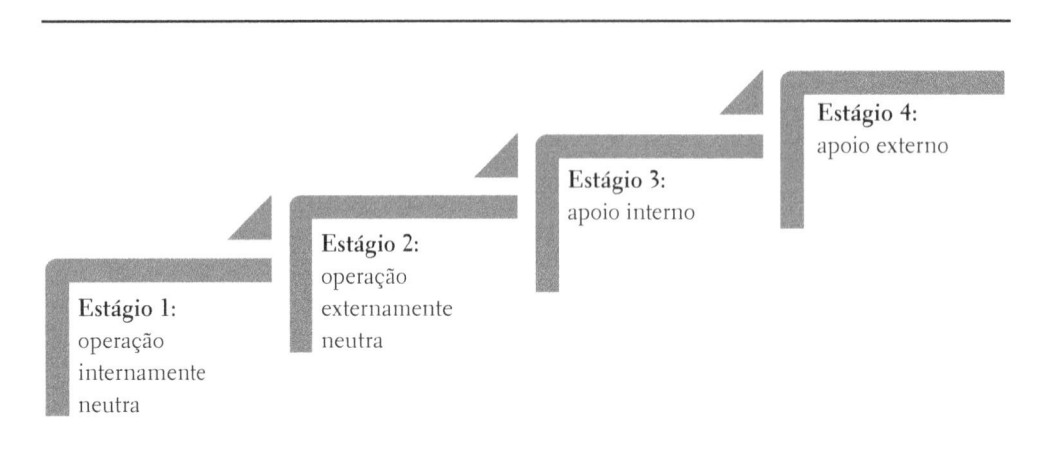

Estágio 1: operação internamente neutra

Estágio 2: operação externamente neutra

Estágio 3: apoio interno

Estágio 4: apoio externo

Fonte: Adaptado de Hayes; Wheelwright, 1984.

Perguntamos: O que significa cada estágio e qual é a contribuição deles para a estratégia organizacional? Vejamos (Hayes; Wheelwright, 1984; Brown et al., 2005; Carvalho Júnior; Paiva; Fensterseifer, 2009):

1. A organização encontra-se no **Estágio 1** (operação internamente neutra) quando suas operações não são capazes de entregar produtos ou serviços confiáveis ou porque seu desempenho deixa a desejar em algum fator crítico. Caracteriza-se, também, quando as operações não contribuem para a competitividade da organização e o objetivo é de, pelo menos, minimizar seus erros. Para exemplificar, podemos lembrar de um caso que ocorreu no Brasil com uma empresa de telefonia celular, no qual muitos clientes passaram a reclamar que as ligações caíam com frequência ou que a qualidade das chamadas era ruim. As causas estavam na defasagem da tecnologia utilizada por essa organização para oferecer os serviços. A empresa perdeu muitos clientes e teve sua reputação manchada, além de receber intervenção da Agência Nacional de Telecomunicações (Anatel).

2. Estar no **Estágio 2** (operação externamente neutra) significa que as operações da organização estão no mesmo nível das de seus competidores

(empresas similares). Nesse nível, as operações passam a adotar as melhores práticas do setor e contam com o respeito de outras áreas internas. Porém, se por um lado as operações são confiáveis e "colocam a organização no jogo", por outro, elas não contribuem para que se obtenha singularidade em relação aos concorrentes; por isso, diz-se que elas são "externamente neutras". Como exemplo, imagine os postos de gasolina no Brasil: a maioria deles atua com um bom padrão de qualidade, mas pouquíssimos conseguem destaque pelo alto nível de serviço oferecido aos clientes. Assim, quando você está apenas satisfeito com os fornecedores, mas nenhum deles é capaz de se destacar, podemos dizer que eles estão no Estágio 2.

3. No **Estágio 3** (apoio interno), as operações são capazes de oferecer suporte para as estratégias de negócios. Nesse estágio, as capacidades de manufatura passam a ser avaliadas quando novas estratégias de negócios são consideradas. Contudo, a manufatura ainda está "olhando para dentro", ou seja, o apoio ocorre nas decisões estratégicas da organização. Um exemplo de organização nesse estágio seria o de uma empresa que produz computadores e que decide produzir, também, *smartphones* ou *tablets*; nesse caso, se as operações forem capazes de suportar a nova estratégia, produzindo os novos produtos na qualidade, na quantidade e no tempo previstos pelo planejamento estratégico, o suporte das operações à estratégia pode ser considerado bem-sucedido.

4. O apoio externo somente é considerado quando as operações alcançam o **Estágio 4**. Isso significa que, a partir desse momento, as operações adotaram uma postura proativa em relação à competitividade organizacional. Assim, a manufatura desenvolve um novo patamar competitivo para o setor no qual a organização atua. A Disney (The Walt Disney Company) talvez seja um dos grandes exemplos que temos de operações nesse estágio. Como a missão dos parques de diversões é "promover a felicidade e o bem-estar para crianças e famílias" (The Walt Disney Company, 2014), as operações desses parques são extremamente eficazes ao proporem novas soluções que superem as expectativas dos clientes, seja encontrando formas de reduzir as filas das atrações, seja encantando os clientes com alto nível de qualidade de atendimento em todos os momentos. Um dado que demonstra a eficácia de suas operações é que aproximadamente 70% dos que visitam os parques o estão fazendo pela segunda vez (Disney Institute, 2011).

> *Para saber mais*
>
> Para conhecer o caso de sucesso da Walt Disney Company, acesse o *site* e leia a obra indicados a seguir:
>
> DISNEY INSTITUTE. **O jeito Disney de encantar clientes**: do atendimento excepcional ao nunca parar de crescer e acreditar. São Paulo: Saraiva, 2011.
>
> THE WALT DISNEY COMPANY. **Inspire Others**. 2014. Disponível em: <http://thewaltdisneycompany.com/citizenship/inspire-others>. Acesso em: 21 jul. 2014.

Dito isso, passemos ao estudo dos critérios competitivos das operações.

4.2.2 Critérios competitivos das operações

Agora que você compreendeu a relação das operações com a estratégia organizacional, identificou os diferentes papéis exercidos por essa função e os quatro estágios de contribuição das operações em relação às estratégias, vamos discutir sobre como **operacionalizar** essas questões. Em outras palavras, vamos analisar quais critérios competitivos contribuem para que uma empresa venda seus produtos e serviços de maneira mais eficiente e eficaz que seus concorrentes.

O pensamento estratégico sobre as operações deve levar você a refletir sobre a seguinte questão: **Quais são os critérios que qualificam uma empresa em seu mercado e quais são os critérios que a fazem "ganhar pedidos"** (Hill, 1995)?

Diferenciamos a seguir esses critérios, que, segundo Hill (1995), são qualificadores e ganhadores de pedidos:

a. Os **critérios qualificadores** não são diferenciais em relação aos concorrentes. São aqueles critérios que garantem que os produtos e serviços de uma empresa apresentem o desempenho mínimo desejado por seus possíveis compradores. Isso significa apenas que não são piores do que os demais concorrentes e, portanto, serão levados em consideração quando um comprador iniciar seu processo de aquisição.

b. Os **critérios ganhadores de pedidos** são aqueles que diferenciam uma organização das outras. Nesse caso, estamos tratando da proposta de valor que faz com que uma organização obtenha vantagem(ns) sobre seus concorrentes.

O entendimento das necessidades dos clientes é, assim, essencial para oferecer-lhes uma proposta única de valor (Porter, 1996) que, consequentemente, resulte em vendas e maiores níveis de rentabilidade. Com isso, é possível à organização definir os critérios ou as prioridades competitivas e, com base nelas, decidir como as operações fornecerão suporte, implementarão ou desenvolverão os critérios selecionados.

Entretanto, questionamos: O que uma organização pode priorizar a fim de obter competitividade? A vantagem competitiva com as operações pode ser obtida por meio dos critérios ou objetivos de desempenho apresentados na figura a seguir.

Figura 4.2 – Prioridades competitivas

Prioridade: qualidade

- O que é certo realizar em cada tipo de operação? De modo geral, o objetivo consiste em fornecer produtos e serviços de alta qualidade e obter excelência também nos processos.
- Dependendo do mercado, a qualidade pode ser entendida como: desempenho, atributos do produto ou serviço, confiabilidade, conformidade, durabilidade, utilidade, estética e qualidade percebida.

Prioridade: custo

- Desenvolver e fornecer produtos e serviços a custos menores que os concorrentes.
- O custo das operações, em geral, é formado por funcionários, equipamentos, instalações, tecnologia e insumos.

Prioridade: : velocidade

- Com que rapidez uma organização é capaz de entregar seus produtos e serviços aos clientes? Como as operações podem contribuir para garantir que suas atividades sejam mais rápidas que as dos concorrentes?

Prioridade: flexibilidade

- A flexibilidade pode ser obtida pela capacidade de uma organização em: adaptar os produtos aos clientes, alterar os volumes de produção e o composto de produtos/serviços e realizar mudanças no tempo de entrega.

Prioridade: serviço

- Obter competitividade em serviço significa ser capaz de resolver problemas dos clientes, dar-lhes suporte e fornecer informações técnicas úteis e em tempo hábil.

Fonte: Adaptado de Slack et al., 1999.

Apesar de não ser possível às organizações alcançarem um alto nível em todos os critérios competitivos, devendo, por isso, priorizar apenas alguns deles, o alcance de um contribui para os demais. Por exemplo: melhorias na velocidade de entrega dos produtos e serviços ajudam a reduzir os estoques e, consequentemente, os custos diminuem. Esse objetivo também aumenta a qualidade percebida pelo cliente e o nível de serviço prestado.

O que deve ficar claro para nós é que as organizações, em especial as que atingiram o Estágio 4 de contribuição das operações com a estratégia – considerando que os recursos (financeiros, humanos, materiais ou tecnológicos) são escassos e que os clientes têm necessidades específicas –, devem conferir mais ênfase a uma ou duas dessas prioridades, simultaneamente. As decisões estratégicas são levadas a efeito por meio da execução dessas prioridades, que, por sua vez, ajudam a obter vantagens competitivas.

4.3
Mapa das decisões estratégicas em operações

Chegou o momento de agruparmos todos os elementos que apresentamos até aqui sobre estratégia e operações para definirmos **o que é a estratégia de produção** (ou de operações). Slack et al. (1999, p. 75) apresentam uma definição capaz de reunir todos esses elementos, segundo a qual "a estratégia de operações é o padrão global de decisões e ações que define o papel, os objetivos e as atividades da produção de forma que estes apoiem e contribuam para a estratégia de negócios da organização".

Portanto, o conjunto de decisões estratégicas de operações formam a estratégia de operações de uma organização. Porém, **quais seriam essas decisões estratégicas em operações**?

Haynes et al. (2005) dividiram as decisões estratégicas de operações em duas categorias: decisões estruturais e decisões infraestruturais. As **decisões estruturais** dizem respeito a "capacidade de produção (quantidade, tipo e tempo), fornecimento e integração vertical (em que medida comprar ou fazer por conta própria), instalações (tamanho, localização e especialização) e tecnologia de processo (grau de automação, interconectividade, liderar *vs.* seguir)" (Haynes et al., 2005, p. 41).

Por outro lado, as **decisões infraestruturais** afetam as políticas e os sistemas de alocação de recursos e orçamento, de recursos humanos, de planejamento e controle do trabalho, de qualidade, de recompensa, de desenvolvimento de produtos e serviços e do modelo de gestão organizacional (Haynes et al., 2005).

As decisões estratégicas em operações têm como objetivo levar a efeito as prioridades competitivas definidas pela organização. Essas decisões, bem como o que deve ser priorizado em termos competitivos, são influenciadas pelos clientes e por suas necessidades, pelas ações dos concorrentes e pela etapa do ciclo de vida em que se encontram os produtos e serviços da organização (Slack et al., 1999).

A Figura 4.3 apresenta, de forma resumida, as principais decisões estratégicas em operações. Cada bloco representa uma decisão estratégia e as questões mais críticas que devem ser respondidas. Além disso, as flechas indicam que há influência recíproca entre as decisões, ou seja, à medida que as perguntas vão sendo respondidas, pode surgir a necessidade de reavaliar as decisões anteriores.

Figura 4.3 – Mapa das decisões estratégicas em operações

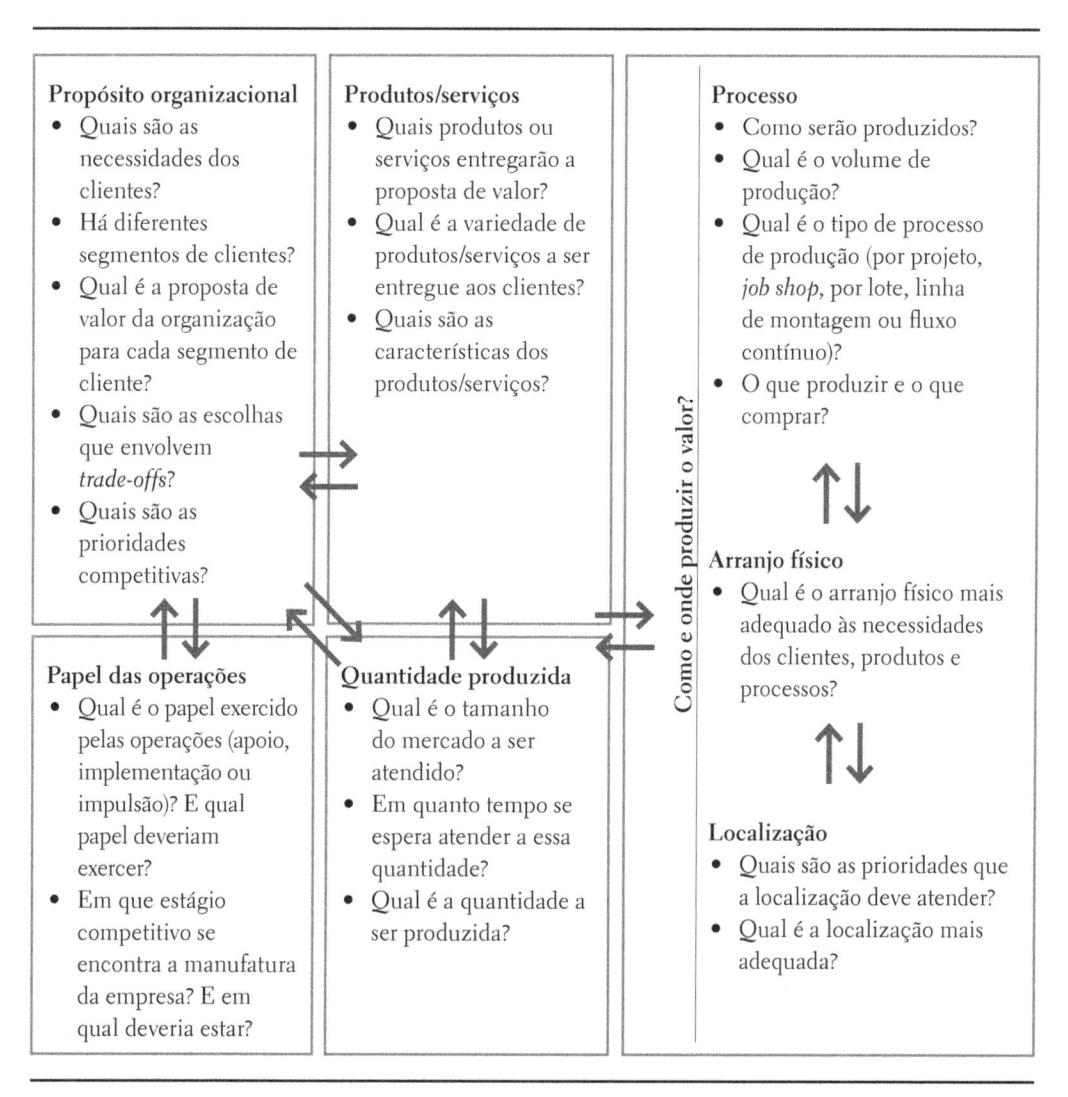

Propósito organizacional	Produtos/serviços	Processo
• Quais são as necessidades dos clientes? • Há diferentes segmentos de clientes? • Qual é a proposta de valor da organização para cada segmento de cliente? • Quais são as escolhas que envolvem *trade-offs*? • Quais são as prioridades competitivas?	• Quais produtos ou serviços entregarão a proposta de valor? • Qual é a variedade de produtos/serviços a ser entregue aos clientes? • Quais são as características dos produtos/serviços?	• Como serão produzidos? • Qual é o volume de produção? • Qual é o tipo de processo de produção (por projeto, *job shop*, por lote, linha de montagem ou fluxo contínuo)? • O que produzir e o que comprar?
Papel das operações • Qual é o papel exercido pelas operações (apoio, implementação ou impulsão)? E qual papel deveriam exercer? • Em que estágio competitivo se encontra a manufatura da empresa? E em qual deveria estar?	**Quantidade produzida** • Qual é o tamanho do mercado a ser atendido? • Em quanto tempo se espera atender a essa quantidade? • Qual é a quantidade a ser produzida?	**Arranjo físico** • Qual é o arranjo físico mais adequado às necessidades dos clientes, produtos e processos? **Localização** • Quais são as prioridades que a localização deve atender? • Qual é a localização mais adequada?

Observações: a) Para o conceito de *job shop*, veja o item 7.2.3 desta obra. b) Segundo Porter (1996, p. 2), *trade-offs* são "escolhas em que ter menos de um implica ter mais de outro". Ou seja, são as escolhas mutuamente excludentes sobre investimentos que uma organização faz; por exemplo: escolher um posicionamento de baixo custo e, consequentemente, oferecer preços baixos aos clientes, envolve uma "não escolha" de prestar um alto nível de serviço, como fizeram alguns hotéis, como a rede Ibis, ou companhias aéreas, como a Gol e a Southwest Airlines.

Fonte: Adaptado de Ahlfeldt, 2013, p. 1.

A princípio, as decisões são tomadas com base nos itens à esquerda da figura e seguem em direção à direita. Entretanto, dependendo das restrições ou das oportunidades propostas pelas operações da organização – lembre-se dos papéis e dos estágios das operações –, dos objetivos estratégicos da organização e dos contextos político, econômico, social, tecnológico e natural, o fluxo decisório pode ser completamente alterado. O importante é termos um mapa que indique as principais questões a serem estrategicamente respondidas, para gerar a oferta de valor proposta e os ganhos de competitividade. Nesse sentido, observe o caso da Montadora Da Vinci, tratado no decorrer deste capítulo, bem como os casos da Ciclég e do Restaurante Madalosso, presentes em outros capítulos desta obra.

Nos capítulos seguintes, trataremos em detalhes dessas decisões, conferindo especial ênfase às decisões sobre: produto (Capítulo 5); rede de operações, localização e capacidade produtiva (Capítulo 6); processos e projeto do trabalho (Capítulo 7); *layout* (Capítulo 8); e decisões de nível tático relativas ao planejamento e controle da produção e à administração de estoques (Capítulo 9).

– Síntese

Conforme discutimos neste capítulo, a estratégia organizacional, ao estabelecer o direcionamento de longo prazo e a relação da própria organização com seu ambiente, envolve todo um conjunto de funções, processos e atividades. Uma boa estratégia resulta em um **sistema de criação de valor**. O sistema de criação de valor de uma organização é mais do que a simples soma de suas partes. Trata-se de um conjunto de ações coordenadas e fortemente orientadas por um propósito específico.

As **operações** têm grande responsabilidade quanto ao sucesso da estratégia e à obtenção de vantagem(ns) competitiva(s). Essa função pode exercer desde o papel de apoio, para que a estratégia seja executada, passando pelo papel de implementadora da estratégia, tornando-se um dos grandes protagonistas, até o papel de impulsionar as estratégias, ou seja, de identificar oportunidades por meio das operações e levar a organização a novos patamares competitivos.

Para isso, as operações devem melhorar continuamente seu desempenho, procurando estágios cada vez mais altos de contribuição. Organizações nas quais as operações atuam abaixo do nível do seu próprio mercado concorrencial (Estágio 1) terão dificuldades de competir. Por outro lado, existem organizações com operações no que denominamos *Estágio 4*, o que significa que contribuem para a excelência de todo o sistema, elevando seu nível de competitividade acima da média do setor.

A estratégia organizacional levará a **decisões sobre o que fazer e o que não fazer**, as quais refletirão nas operações, com base em critérios competitivos. São escolhas em termos de custos, qualidade, flexibilidade, rapidez e serviços, que devem estar alinhadas ao posicionamento global da empresa e permitir que esta atinja os objetivos definidos no planejamento estratégico.

Por fim, a área de operações é responsável por um conjunto de decisões que afetam **estrategicamente** a organização. São decisões de longo prazo que, em geral, consomem muitos recursos relacionados a **o que** produzir, **como** produzir, **quanto** produzir, **onde** produzir e **como estruturar** a rede de fornecimento. Estudaremos cada um desses aspectos nos capítulos seguintes.

–Exercícios resolvidos

1. **Voltando ao caso Da Vinci, que apresentamos no início deste capítulo, indique o valor criado pela empresa para cada um de seus principais *stakeholders* (clientes, fornecedores e a própria empresa).**

   Utilizando o conceito de *criação de valor*, que é a diferença entre o custo e o benefício de um produto ou serviço para seu comprador ou consumidor, entendemos que, para os clientes, o valor é o acréscimo qualitativo na imagem e a possibilidade de prestar melhores serviços. Para os fornecedores, a Da Vinci entrega valor ao ser um cliente confiável que garante uma relação de longo prazo com uma margem de lucro que estimula a atividade empreendedora dos fornecedores. Para a empresa, o valor que ela própria cria é a possibilidade de existência em longo prazo, a remuneração aos investidores acima da média do setor e a reputação de ser uma empresa inovadora, ética e justa.

2. **Como poderia ser descrito o sistema de criação de valor da montadora Da Vinci?**

   Esse sistema poderia ser descrito de forma gráfica, explicitando os principais elementos estratégicos que garantem a proposta de valor, como o *design* próprio, o preço atrativo, a produção terceirizada e a montagem dos veículos tendo em vista o propósito da empresa, que poderia ser definido como "veículos funerários de alto valor agregado". Dessa forma, o sistema de criação de valor da montadora Da Vinci poderia ser ilustrado conforme a Figura 4.4 a seguir.

Figura 4.4 – Sistema de criação de valor da Da Vinci Montadora

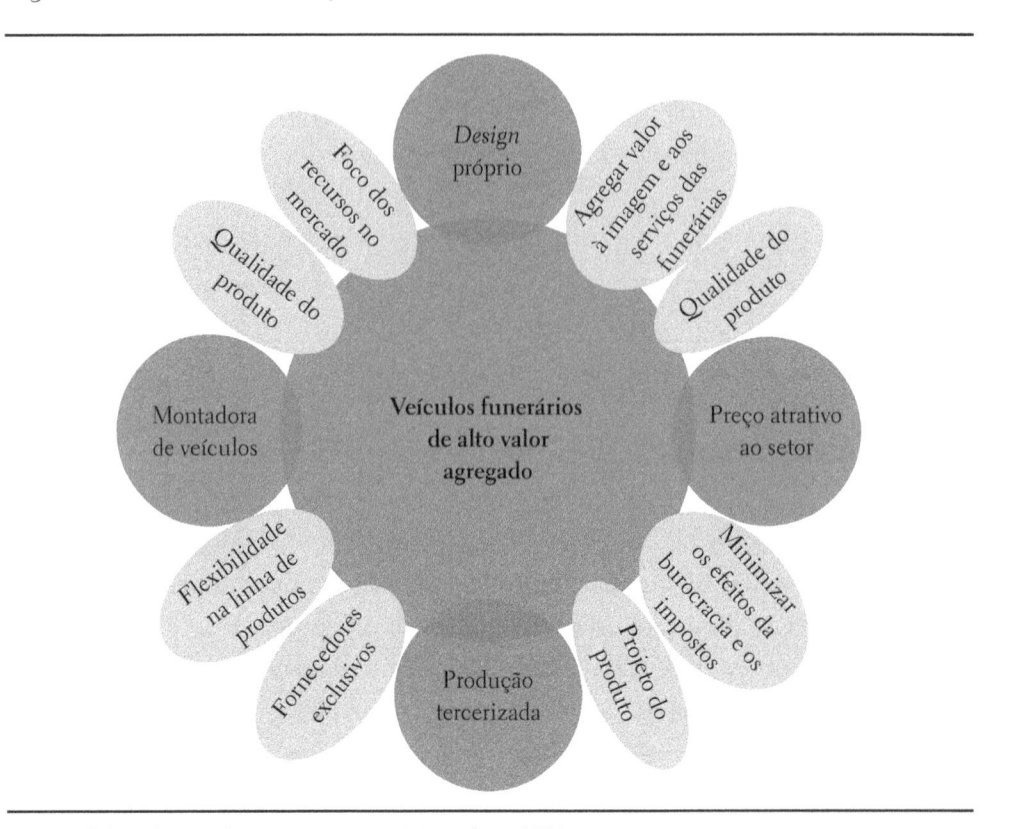

[Figura: diagrama circular com "Veículos funerários de alto valor agregado" no centro, rodeado por: Design próprio; Foco dos recursos no mercado; Agregar valor à imagem e aos serviços das funerárias; Qualidade do produto; Qualidade do produto; Preço atrativo ao setor; Minimizar os efeitos da burocracia e os impostos; Projeto do produto; Produção tercerizada; Fornecedores exclusivos; Flexibilidade na linha de produtos; Montadora de veículos.]

Fonte: Elaborado com base em Da Vinci Montadora, 2014.

3. Avalie como a prioridade *custo* das operações de produção de uma fábrica de roupas e de um hotel é influenciada (positiva ou negativamente) pelas demais prioridades competitivas.

Hotel – As demais prioridades afetam positivamente os custos: quando as operações forem velozes o suficiente para preparar os quartos para os hóspedes, reduzindo a necessidade de ampliações ou perdendo clientes, ou mesmo quando diminuírem as filas, com a redução da necessidade de mais funcionários para realizar as mesmas atividades; quando o nível de qualidade diminuir a necessidade de retrabalhos e, consequentemente, a perda de insumos – "fazer certo da primeira vez"; quando a flexibilidade permitir que a capacidade de atendimento aos hóspedes seja utilizada de maneira eficiente; e quando os serviços melhorarem a taxa de ocupação e a despesa média por hóspede e criarem um fluxo de vendas crescente com os clientes. Os impactos negativos são vistos quando esses exemplos ocorrem de forma contrária ao explicado.

Fábrica de roupas – A prioridade **custo** pode ser positivamente afetada das seguintes formas: à medida que a qualidade aumenta, reduz-se o retrabalho e, com isso, o desperdício de matéria-prima e tempo; a velocidade do processo de produção permite que os estoques sejam reduzidos e, consequentemente, os custos atrelados aos produtos em processo ou finalizados, como perdas, destinação de espaço físico e os custos incorridos na produção; a flexibilidade da produção pode contribuir com o decréscimo dos custos, por meio da redução dos lotes produzidos e da possibilidade de se aumentar a carteira de clientes. Da mesma forma que no exemplo do hotel, os impactos negativos são vistos quando esses exemplos ocorrem de forma contrária ao que explicamos.

– Questões para revisão

1. (Concurso IFRN, 2012) A administração estratégica é uma das áreas de estudos organizacionais que observa aspectos relativos à interação da organização com o ambiente (mercado). Um dos pilares dessa relação reside no setor de produção e operações das empresas. Dessa forma, o setor de produção é estudado pelos teóricos não só pelo seu aspecto operacional, mas, principalmente, pelo seu papel estratégico. Assinale a opção que traduz o caráter estratégico da área de produção nas organizações.

    a) A gestão estratégica de operações consiste em criar um padrão de decisões coerentes com a gestão estratégica, priorizando a alocação de recursos escassos, levando em conta os elementos estratégicos, já que a eficiência operacional é condição suficiente para êxito estratégico.

    b) O bom desempenho operacional está relacionado ao posicionamento estratégico da empresa na decisão de investimentos, mutuamente excludentes, como, por exemplo, o tipo de produto que se pretende produzir. Esse mecanismo é conhecido como *trade-off*.

    c) O bom desempenho operacional demandará que a empresa desenvolva eficiência em todos os critérios qualificadores, atingindo o maior número de carteira de clientes, de forma pulverizada, aumentando a sua capilaridade e diminuindo riscos. Esse mecanismo é conhecido como *trade-off*.

    d) As estratégias organizacionais devem estar alinhadas à sua estrutura. A independência entre essas dimensões da organização permite que a estratégia seja definida de forma isolada das condições estruturais.

2. (Fearp USP, 2012) Observe as frases:
    I. Para as empresas que concorrem diretamente em preço, o custo será seu principal objetivo de produção.
    II. As empresas que concorrem em outros aspectos, que não o preço, não estarão interessadas em manter seus custos baixos.
    III. Internamente, o desempenho de custo é auxiliado pelo bom desempenho de outros objetivos de desempenho.

    Marque a alternativa correta:
    a) Somente as afirmações I e III estão corretas.
    b) Somente as afirmações II e III estão corretas.
    c) Somente a afirmação I está correta.
    d) Somente as afirmações I e II estão corretas.
    e) Todas as afirmações estão corretas.

3. Haynes et al. (2005) dividiram as decisões estratégicas de operações em duas categorias: decisões estruturais e decisões infraestruturais. A respeito disto, assinale a alternativa correta:
    a) As decisões estruturais dizem respeito à capacidade de produção, fornecimento e integração vertical, instalações e tecnologia de processo.
    b) As decisões infraestruturais dizem respeito à capacidade de produção, fornecimento e integração vertical, instalações e tecnologia de processo.
    c) As decisões estruturais afetam as políticas e os sistemas de alocação de recursos e orçamento, de recursos humanos, de planejamento e controle do trabalho, de qualidade, de recompensa, de desenvolvimento de produtos e serviços e do modelo de gestão organizacional.
    d) As decisões infraestruturais dizem respeito às condições de competição da indústria, o que pode facilitar o aproveitamento de oportunidades e a minimização de ameaças.
    e) Nenhuma das alternativas anteriores está correta.

4. (Enade, 2012 – questão discursiva) O presidente de uma grande indústria de cosméticos e beleza reconhece que o momento econômico do país é extremamente favorável à expansão dos negócios da empresa. Ele propôs, então, ao Conselho de Administração, a expansão da organização, por meio da construção de uma nova fábrica na região central do país. Atualmente, a única fábrica da empresa está situada no Sul e atende à demanda de todo o

país. Porém, o presidente acredita que uma nova fábrica possibilitará ganhos de escala, menores custos para distribuição dos produtos e atendimento mais rápido e personalizado aos clientes. O Conselho de Administração concordou com a argumentação, mas solicitou um estudo mais detalhado ao presidente sobre o projeto. O presidente reconhece que a administração caracteriza-se pela interdisciplinaridade de conceitos e áreas, que, por sua vez, requer uma intensidade de trocas entre os especialistas de *marketing*, recursos humanos, finanças e produção, entre outros. Nesse sentido, para elaborar o projeto solicitado pelo Conselho, convocou inicialmente os diretores das seguintes áreas para discutir a expansão e o desenvolvimento do projeto: planejamento, recursos humanos, produção, *marketing* e finanças. Na reunião, os diretores solicitaram uma caracterização/contextualização do projeto de expansão, que ficou a cargo do diretor de planejamento. Pouco tempo depois, o diretor de planejamento apresentou aos outros diretores da empresa a caracterização do projeto em que constavam: objetivo, breve histórico da empresa, panorama e análise do cenário atual, levantamento das oportunidades e ameaças ao negócio, justificativa e proposição da expansão da fábrica de cosméticos na região central do país (Adaptado de Tavares, 2010).

Suponha que, após a entrega da caracterização do projeto apresentada pelo diretor de planejamento, o presidente da empresa tenha solicitado aos demais diretores que redigissem um plano que contivesse o papel estratégico e os objetivos das áreas funcionais para a realização do projeto de expansão da fábrica.

Com base nessa situação, elabore um texto dissertativo que contemple os seguintes aspectos: critérios críticos a serem analisados pela área de produção para a viabilização do projeto de expansão da fábrica.

5. No decorrer deste capítulo, verificamos dois modelos para análise da relação das operações com a estratégia organizacional. O primeiro deles, apresentado por Slack et al. (1999), refere-se aos diferentes papéis exercidos pelas operações na estratégia organizacional. O segundo modelo, de Hayes e Wheelwright (1984), identificou quatro estágios das operações em relação à estratégia organizacional. Apresente: a) sinteticamente os dois modelos; e b) a importância de ambos para a sua atuação como gestor de operações.

Questões para reflexão

> 2 Dois programas que exibem documentários muito interessantes sobre as operações de diferentes empresas são o Mundo S/A, do canal Globo News, e o MegaConstruções, do Discovery Brasil. Você pode procurar por esses programas na internet.

1. Com base na leitura de revistas de gestão e negócios, em documentários[2] sobre empresas ou mesmo avaliando pessoalmente as operações, procure identificar exemplos de empresas nas quais as operações exercem: a) o papel de apoio às estratégias; b) o papel de implementar as estratégias; e c) o papel de impulsionar as estratégias.

2. Utilizando as mesmas empresas pesquisadas, avalie em qual dos quatro estágios de contribuição com as estratégias se encontram suas operações.

3. Alguns autores atribuem a impossibilidade de atingir todos os critérios competitivos simultaneamente à existência de *trade-offs*. Realize uma breve pesquisa sobre o que são *trade-offs* nas escolhas de operações. Você pode iniciar a pesquisa pelo Google Acadêmico: <http://scholar.google.com.br>.

4. Você percebeu que as prioridades competitivas levarão os gestores a uma série de decisões estratégicas? Que tipos de decisões da função **produção** você considera terem impacto nos níveis de competitividade de uma organização? Continue a leitura desta obra para compreender essas questões.

capítulo 5

Taís Pasquotto Andreoli

Conteúdos do capítulo

- Desenvolvimento de novos produtos e processos.
- Ciclo de vida do produto: desenvolvimento, introdução, crescimento, maturidade, declínio.
- Estágios de desenvolvimento de novos produtos: geração de ideias; fontes internas e *brainstorming*; fontes externas, espionagem industrial e *benchmarking*; seleção de ideias; desenvolvimento do conceito e teste; estratégias de *marketing*; produto; preço; praça; promoção; análise comercial; perspectiva ou prospecção de cenários; desenvolvimento do produto; teste de mercado; comercialização.

Após o estudo deste capítulo, você será capaz de:

1. entender a complexidade e os fatores obrigatórios no desenvolvimento de novos produtos e processos;
2. analisar os diferentes estágios pelos quais um produto passa durante sua comercialização, compreendendo os esforços necessários e o que a organização deve fazer em cada fase;
3. detalhar os estágios do processo de desenvolvimento de um novo produto, analisando as variáveis que nele interferem e identificando as atividades que devem ser desempenhadas pela organização e os possíveis procedimentos a serem seguidos.

Desenvolvimento de novos produtos e processos

Neste capítulo, abordaremos a temática do desenvolvimento de novos produtos e processos. Inicialmente, questionamos: O que caracteriza um novo produto ou um novo processo? Como funciona o processo de desenvolvimento de novos produtos? Que fases envolvem? Que fatores devem ser considerados pela organização em cada uma dessas fases? Como o produto evolui no decorrer de sua comercialização? Qual deve ser o esforço organizacional em cada estágio de comercialização?

Trabalharemos essas questões no decorrer do capítulo.

5.1
Sobre o desenvolvimento

O ambiente atual dos negócios, marcado pela globalização, pelo acirramento da competitividade e pela proliferação da oferta, tem impactos diretos na atuação das organizações e nos produtos comercializados por elas. São cada vez mais constantes as mudanças nos hábitos dos consumidores, que demandam novos produtos com uma relação custo-benefício sempre mais vantajosa.

Com isso, as organizações deparam-se com um paradoxo referente ao desenvolvimento de novos produtos: por um lado, é um processo necessário para a manutenção e a atualização da organização diante das preferências do seu mercado consumidor; por outro, demanda altos investimentos e concentra grandes riscos.

Novos produtos não são necessariamente produtos revolucionários. Sob o ponto de vista do *marketing*, um novo produto é aquele que, de alguma forma, contribui para satisfazer uma nova necessidade ou um novo desejo dos consumidores. Dessa forma, a base determinante da conceituação de um novo produto é a **demanda**, e não necessariamente a oferta. Quaisquer melhorias ou revisões adicionadas a um produto já existente e que contribuam com benefícios à sua relação custo-benefício origina, conceitualmente, um novo produto.

A mesma lógica se aplica ao desenvolvimento de **novos processos**, assim conceituados devido à sua contribuição no aperfeiçoamento da relação custo-benefício do(s) produto(s) fabricado(s): ou agregam diferenciais a um produto existente ou reduzem o tempo e os custos de produção. Estudaremos esse tema de forma mais aprofundada no Capítulo 8, referente ao **arranjo físico** e ao **fluxo produtivo**.

5.2
Ciclo de vida dos produtos

Um conceito pertinente ao desenvolvimento de novos produtos é o *ciclo de vida dos produtos*, que analisa o volume de vendas e o lucro obtido com um produto em relação ao seu período de comercialização. Em um gráfico de lucratividade ou volume de vendas por tempo (Gráfico 5.1, a seguir), o ciclo de vida de um produto apresenta quatro estágios evolutivos em sua comercialização: introdução, crescimento, maturidade e declínio (Keller; Kotler, 2006).

Gráfico 5.1 – Ciclo de vida dos produtos

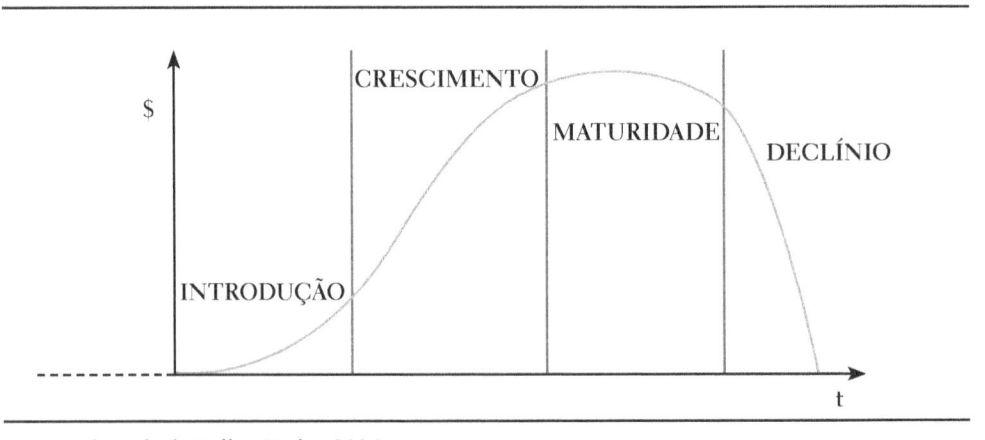

Fonte: Adaptado de Keller; Kotler, 2006.

Como principal contribuição, o ciclo de vida do produto evidencia que os produtos têm uma vida limitada, passando por diferentes fases durante sua comercialização, e que cada uma dessas fases exige esforço e ênfase organizacionais distintos. Isso significa que não é possível administrar um produto de forma homogênea desde sua introdução no mercado até seu declínio, uma vez que cada fase exige um direcionamento estratégico específico.

> *Para saber mais*
>
> O **ciclo de vida dos produtos** evidencia que estes têm uma vida limitada, passando por diferentes fases durante sua comercialização, e que cada uma dessas fases exige esforço e ênfase organizacionais distintos. Nesse sentido, recomendamos a você a leitura da seguinte obra:
>
> KELLER, K. L.; KOTLER, P. **Administração de marketing**. 12. ed. São Paulo: Pearson Prentice Hall, 2006.

5.2.1 Desenvolvimento

A fase de desenvolvimento antecede a comercialização do produto, pois trata-se de um estágio prévio ao lançamento deste no mercado. Por esse motivo, essa fase é ilustrada antes do gráfico do ciclo de vida do produto, que mensura o volume de vendas ou a lucratividade por tempo de comercialização. Como o produto ainda não foi lançado no mercado, ele ainda não está disponível ao consumidor – razão pela qual não apresenta vendas nem fornece lucratividade para a organização (Keller; Kotler, 2006).

Trata-se, portanto, de uma fase de **elaboração** do produto, na qual a organização deve realizar uma **pesquisa de mercado** em duas etapas. Primeiramente, deve-se **analisar o mercado consumidor**, levantando quais são as necessidades e os desejos do seu público-alvo. Procura-se saber o que os consumidores em potencial estão demandando, com quais características, especificações e relação custo-benefício. Em segundo lugar, é preciso **avaliar os concorrentes**, já existentes ou novos "entrantes" em potencial. Procura-se verificar se há um nicho de mercado não atendido pelos concorrentes ou se já existem empresas que atendem esses consumidores, mas que o fazem apresentando falhas, se os clientes não estão completamente satisfeitos ou mesmo se existe a ameaça de novos entrantes interessados em atuar nesse ramo de negócios.

Em um momento posterior, a organização deve se voltar para uma **análise interna**, avaliando sua capacidade produtiva e o possível resultado dessa produção, ou seja, deve-se verificar se ela é realmente capaz de produzir o que o mercado consumidor deseja e as condições demandadas por ele.

Assim, podemos observar que o principal esforço nessa fase diz respeito à elaboração do produto, estudando-se sua viabilidade de comercialização, ou seja, contrapondo as exigências do mercado consumidor às competências internas da organização.

Por exemplo: vamos supor que você queira abrir uma lanchonete próxima à sua faculdade, lançando um sanduíche diferenciado de picanha. Porém, antes disso acontecer, você precisa identificar se existem possíveis consumidores para esse produto, ou seja: Será que as pessoas desejam esse lanche? Em segundo lugar, é necessário verificar se existem lanchonetes ou estabelecimentos similares na proximidade que já oferecem isso e possam concorrer com você. Seu produto será realmente diferenciado ou facilmente copiado? E, por fim, se você de fato o produzir, essa comercialização será viável? Você conseguirá oferecer esse produto do jeito e com o preço que seus consumidores querem, sem sofrer muito impacto de concorrentes existentes ou potenciais e, ainda assim, ter rentabilidade financeira?

5.2.2 Introdução

Se o estudo de viabilidade que analisamos anteriormente se mostrar positivo, o produto é, enfim, lançado ao mercado, em sua fase de **introdução**. Dessa forma, essa fase consiste no início da comercialização do produto no mercado, quando se trabalha com uma estimativa de vendas, com base nas pesquisas de mercado desenvolvidas na fase anterior. É a fase mais arriscada do ciclo de vida do produto e demanda altos investimentos. Como se trata de um produto novo no mercado, o consumidor ainda não tem muito conhecimento sobre ele, portanto, não se sabe se ele será aceito ou não. Por isso, é um estágio que se caracteriza por vendas iniciais baixas, com lento crescimento (Keller; Kotler, 2006).

O principal esforço nessa fase deve se concentrar nas ações de *marketing*, a fim de se divulgar e tornar o produto conhecido e atrativo para seus consumidores. Além disso, devemos nos atentar para a administração da logística e dos canais de distribuição, garantindo que o produto seja escoado e chegue a todo o seu mercado consumidor em potencial.

Retomando o exemplo anterior do lanche de picanha diferenciado, após o estudo de viabilidade ter se mostrado positivo, você finalmente decidiu e conseguiu abrir sua lanchonete e comercializar seu lanche. No entanto, por se tratar de algo novo, as pessoas ainda não sabem que esse produto existe nem que ele está disponível. Sendo assim, nessa fase você deve investir em *marketing* para divulgar seu produto, buscando atrair o interesse dos consumidores.

5.2.3 Crescimento

Com uma gestão de *marketing* eficaz, o produto passa a ser conhecido pelo consumidor e começa a ser aceito por ele, entrando na fase de **crescimento**. Sendo assim, essa fase caracteriza-se pelo crescimento nas vendas e na lucratividade, além da expansão do mercado da organização. Como o mercado passa a ser atrativo, a organização deve atentar para a possibilidade de entrada de novos concorrentes que desejem se beneficiar de um mercado aquecido (Keller; Kotler, 2006).

A principal ênfase dessa fase concentra-se em decisões de planejamento da produção, com a preocupação sobre o equilíbrio entre a oferta e a demanda. Isto é, como se trata de uma fase de aumento rápido e crescente das vendas, a organização deve analisar e ajustar sua capacidade produtiva, considerando um possível incremento da quantidade produzida ou uma expansão do arranjo fabril.

Entretanto, de nada adianta realizar um bom trabalho de desenvolvimento e introdução do produto, com um *marketing* eficaz, somado a uma capacidade produtiva adequada na fase de crescimento, se, quando o consumidor for comprar o produto no varejo, por exemplo, ele estiver em falta. Por isso, a organização também deve administrar a logística e os canais de distribuição, fazendo com que o produto chegue aos pontos de venda e esteja sempre disponível ao seu público-alvo.

Ainda no exemplo da lanchonete, nesta fase, o seu lanche diferenciado de picanha estaria vendendo bastante, com vários consumidores frequentando o estabelecimento e levando conhecidos consigo. Como se caracteriza por um aumento rápido nas vendas, você deve concentrar a atenção na sua capacidade produtiva, ou seja, a preocupação deve ser conseguir produzir de forma satisfatória todos os lanches que estão sendo pedidos pelos consumidores.

5.2.4 Maturidade

Quando o produto consolida-se no mercado, sendo aceito e consumido pelo público-alvo da organização, inicia-se a fase de **maturidade**. Trata-se de um estágio em que as vendas acontecem de forma automática, sem demandar muito investimento em *marketing*, e os lucros da organização tornam-se estáveis (Keller; Kotler, 2006).

Nessa fase, o esforço organizacional deve ser direcionado para a manutenção da qualidade e da reputação do produto perante o mercado consumidor. Outra possibilidade concentra-se nas decisões de *marketing* em relação a promoções ou novas oportunidades de posicionamento do produto, a fim de se manter o alto volume de vendas; por exemplo, propondo-se novos usos ou estendendo-o a novos segmentos. Essa estratégia permite o processo conceituado de **reciclo**, que consiste na reversão de um estágio ruim por meio de investimento em *marketing*. Com isso, se a organização perceber que as vendas estão desacelerando, com o risco de o produto entrar na fase de declínio, ela pode investir em *marketing* e retornar o produto à fase de maturidade.

Por exemplo: se o lanche diferenciado de picanha já caiu no gosto dos seus consumidores, ou seja, eles já o conhecem, gostam dele e o compram, seu estabelecimento tem de manter a qualidade do produto. Além disso, possíveis promoções também auxiliam a alavancar ainda mais as vendas, como realizar uma oferta de preço promocional para quem comprar batatas com o lanche.

5.2.5 Declínio

O último estágio do ciclo de vida do produto é a fase de **declínio**, que ocorre quando o produto atinge seu ponto de saturação e deixa de ser procurado pelos consumidores. Trata-se de uma fase com vendas mínimas e de baixa lucratividade para a organização.

Essa queda na procura por parte dos consumidores pode ocorrer por três motivos distintos (Keller; Kotler, 2006). O primeiro se refere à **saturação** do produto em si, que atende a uma necessidade não mais demandada pelos consumidores; é o caso, por exemplo, dos orelhões públicos, que se tornaram ociosos com o surgimento e a propagação dos aparelhos celulares. O segundo aponta para uma necessidade que ainda é demandada pelos consumidores, mas que ocasionou o surgimento de **novos produtos** que agregam melhor relação custo-benefício; como exemplo, podemos citar os disquetes e, depois, os CDs e os DVDs: ainda existe a necessidade de armazenamento móvel de dados, mas foram desenvolvidas opções melhoradas para isso, como *pen-drives* e HDs externos que excedem a capacidade de armazenamento dos produtos mais antigos. O terceiro diz respeito a uma **mudança nos hábitos do consumidor**, que passa a demandar **produtos substitutos**. Ou seja, ainda existe a necessidade inicial do consumidor, mas a forma de consumo tornou-se diferente; um exemplo disso é a ociosidade dos filmes em DVD e, como consequência, das locadoras físicas: com o fenômeno da internet, surgiram novas opções de entretenimento, como é o caso do *Netflix*, um portal *on-line* que permite a compra e o consumo de diversos filmes e séries, sem que o consumidor tenha que sair da comodidade de sua residência.

Como se caracteriza pela baixa lucratividade, quando na fase de declínio, a organização deve tomar uma decisão das três possíveis (Keller; Kotler, 2006): a primeira, mais drástica, é considerar uma possível **retirada do produto do mercado**, encerrando suas atividades; a segunda consiste no estudo de **reformulação** das características do produto, a fim de que ele se ajuste às novas condições demandadas pelo mercado consumidor; por fim, a terceira consiste no **aumento dos investimentos em *marketing***, para criar um reciclo, uma reversão do estágio de declínio para a fase de maturidade do produto.

Também devemos pontuar que nem todos os produtos passam, necessariamente, por todas essas fases e nem todas as fases têm o mesmo período de duração. Um produto que é lançado no mercado mas não tem boa aceitação do consumidor, por exemplo, não passa pela fase de maturidade, indo da fase de introdução diretamente para o declínio. Por outro lado, um produto que é introduzido e rapidamente adotado pelo consumidor tem uma fase de crescimento bastante curta, entrando logo na fase de maturidade.

No Quadro 5.1, a seguir, apresentamos uma síntese das características de todas as fases do ciclo de vida dos produtos.

Quadro 5.1 – Síntese do ciclo de vida dos produtos

Fase	Característica	Principal esforço
Desenvolvimento	Elaboração	Estudo de viabilidade
Introdução	Lançamento	*Marketing*
Crescimento	Conhecimento e aceitação	Capacidade produtiva; equilíbrio oferta-demanda
Maturidade	Estabilidade e vendas automáticas	Qualidade e reputação
Declínio	Saturação do produto	Retirada; reformulação; investimento em *marketing*

Dito isso, passemos à análise dos estágios de desenvolvimento de novos produtos.

5.3
Estágios de desenvolvimento de novos produtos

Outra abordagem, mais detalhada e pertinente à fase de elaboração[1] de um produto, é proposta por Kotler e Armstrong (2003), que apontam oito estágios de desenvolvimento de novos produtos: geração de ideias; seleção de ideias; desenvolvimento do conceito e teste; estratégia de *marketing*; análise comercial; desenvolvimento do produto; teste de mercado; e comercialização, como veremos a seguir.

[1] A fase de elaboração é similar à de desenvolvimento, mas na primeira o processo é mais detalhado.

5.3.1 Geração de ideias

Esta fase refere-se à **busca sistemática por novas ideias ou novidades**. A organização deve ter em vista que são necessárias muitas ideias para que apenas uma delas seja de fato aproveitada. Kotler e Armstrong (2003) citam como exemplo as indústrias farmacêuticas, que chegam a precisar de mais de 6 mil ideias para cada novo produto comercial de sucesso. Ainda que seja de grande complexidade, essa indústria evidencia a problemática na geração de ideias para a posterior seleção de poucas delas que sejam realmente significativas para a organização. São diversas as possíveis fontes de ideias, que podem ser internas ou externas:

   a. **Fontes internas** – São fontes cujas informações podem ser coletadas por meio de sucessivos *brainstormings* com os próprios **funcionários e dirigentes** de uma organização. É importante deixar um canal de comunicação aberto para que os funcionários sintam-se à vontade e até motivados para contribuir com suas opiniões.
   b. **Fontes externas** – Entre essas fontes estão os **consumidores**, que devem ser constantemente monitorados por meio de pesquisas de mercado, a fim de se descobrir possíveis insatisfações e/ou novos hábitos e necessidades.

Os **concorrentes** também devem ser analisados de forma contínua, para que a organização saiba quais são os produtos disponíveis atualmente no mercado, assim como quais são os projetos ou as pretensões de futuros lançamentos. Destacam-se duas práticas de *marketing* com o mesmo objetivo de analisar a atuação dos concorrentes: a espionagem industrial e o *benchmarking*.

A **espionagem industrial** consiste em uma prática ilícita para se obter informações confidenciais dos concorrentes, sem que haja a autorização ou o conhecimento deles. O ***benchmarking***, por outro lado, é uma prática lícita, que ocorre pela análise de informações disponíveis no mercado, como é o caso de produtos já comercializados.

Outros *stakeholders* também são fontes potenciais de informações, como os **fornecedores**, que podem desenvolver novos insumos, melhorados ou mais baratos, e o **governo** e o **meio ambiente**, com a aplicação de novas leis ou a exigência de novas condutas socioambientais que interferem na prática das organizações.

Retomando o conceito, *stakeholders* são todos os agentes de interesse ou influência para uma organização, que podem ser fornecedores, concorrentes, consumidores, sociedade, meio ambiente e governo.

5.3.2 Seleção de ideias

Esta fase concentra esforços na seleção das **poucas e melhores ideias** diante das inúmeras produzidas na fase anterior (Kotler; Armstrong, 2003). Devem ser estabelecidos **critérios** que atestem a viabilidade das ideias, tais como: baixos custos de implementação e operação, baixa complexidade de produção e margem de lucro rentável. Quanto mais específicos e explicitados os critérios, de preferência em termos numéricos, mais fácil será o processo de seleção.

5.3.3 Desenvolvimento do conceito e teste

Como resultado da fase anterior, a organização deverá ter em mãos opções reduzidas de ideias, que devem ser convertidas em conceitos de produtos. O **conceito de produto** consiste em uma versão detalhada da ideia, apresentada em termos significativos para o público-alvo. Dessa forma, devem-se pontuar quais são os possíveis atrativos para os consumidores e as relações custo-benefício. Elaborar conceitos alternativos para um mesmo produto também é interessante, pois isso amplia a possibilidade de oferta, que posteriormente será colocada para votação e teste com uma parcela do mercado consumidor.

Por exemplo: vamos supor que uma indústria de cosméticos decida lançar um novo xampu no mercado, com uma fórmula direcionada para a prevenção e o combate à queda capilar. Alguns diferentes conceitos de produto podem ser desenvolvidos com base nessa ideia, selecionada dentre tantas possíveis:

- **Opção 1** – Embalagem de 200 g de xampu antiqueda com aroma neutro, custando R$ 4,00.
- **Opção 2** – Embalagem de 200 g de xampu antiqueda com aroma cítrico, custando R$ 5,00.
- **Opção 3** – Embalagem de 200 g de xampu antiqueda e extrabrilho com aroma cítrico, custando R$ 6,00.
- **Opção 4** – Embalagem de 500 g de xampu antiqueda com diversidade de aromas, custando R$ 9,00.

Após o teste de mercado, inicia-se a fase de elaboração de estratégias de *marketing*, que descreveremos a seguir.

5.3.4 Estratégias de *marketing*

A definição da estratégia de *marketing* deve concentrar os esforços de decisão em relação aos **4Ps do *marketing*,** propostos por McCarthy, em 1960, e popularizados por Kotler (2000), que são: **produto**, **preço**, **praça** e **promoção**. O **produto** já estava sendo trabalhado aqui em termos de conceitos, que discutimos na fase anterior.

O *marketing* deve decidir acerca do **preço** a ser praticado pela organização, tendo como base tanto os custos de produção e comercialização quanto o valor que o consumidor está disposto a pagar pelo produto. Ou seja, se o consumidor está disposto a pagar R$ 1.000,00 (mil reais) por um celular à prova d'água, a organização tem de avaliar se o custo de produzir e comercializar esse celular será inferior a esse preço.

Assim, torna-se pertinente a distinção entre três constructos: custo, preço e valor do produto. O **custo** é a verba destinada à produção de determinado produto, que decorre dos insumos produtivos a serem utilizados (peças e materiais, mão de obra, espaço físico, infraestrutura e maquinaria, entre outros). O **preço** do produto é o valor que a organização decide praticar no mercado, de acordo com seu posicionamento e seu mercado-alvo pretendido. Por fim, o **valor** do produto é estabelecido pelo consumidor, segundo a relação de custo-benefício, ou seja, quantos benefícios o produto lhe fornecerá perante o custo que ele terá para adquiri-lo.

Na **praça**, deve-se planejar a distribuição do produto no mercado-alvo, como e onde ele será entregue e vendido, traçando-se uma estimativa do volume de vendas e da participação de mercado da organização. Nessa parte da estratégia de *marketing*, concentram-se todos os esforços de **logística**, com as ações e decisões relacionadas à distribuição, ao transporte, ao estoque e armazenamento e à seleção dos pontos de venda. Também deve ser pensada a questão da **logística reversa**, ou seja, como os dejetos dos produtos serão recolhidos do meio ambiente pela organização e os fins a que serão destinados (por exemplo, um programa de reciclagem).

Em relação à **promoção**, a organização deve decidir sobre as principais estratégias de divulgação do produto (publicidade, propaganda, promoção de vendas, entre outras) e também sobre as ações de relacionamento que realizará com seus consumidores. Definir uma identidade para o produto torna-se essencial nessa fase, razão pela qual se deve buscar uma mensagem simples e unificada, independentemente do meio de divulgação adotado. Isso reduz a probabilidade de haver ruídos no processo de comunicação entre a organização e seu mercado consumidor, tornando a oferta de fácil compreensão, com apelos de venda diretos e benefícios facilmente perceptíveis.

5.3.5 Análise comercial

Com o conceito do produto testado e as estratégias de *marketing* definidas, ocorre a fase de análise comercial do produto, na qual se avaliará, de fato, a atratividade comercial da proposta. Essa análise abrange um estudo de estimativas de vendas, com o objetivo de calcular uma projeção dos lucros que poderão ser auferidos ao longo do tempo de comercialização do produto (Kotler; Armstrong, 2003).

Como o desenvolvimento de novos produtos requer grandes investimentos, a organização deve considerar quanto **tempo de comercialização** – com base no volume de vendas esperado – é necessário para que o produto custeie os investimentos iniciais e pague seus custos de produção. Se a estimativa de retorno atender aos propósitos da organização, o produto entra na fase de desenvolvimento em si.

5.3.5.1 Perspectiva ou prospecção de cenários

Uma ferramenta que pode ser utilizada pelas organizações na fase de análise comercial é a perspectiva ou prospecção de cenários ou **cenários prospectivos**, que consiste em se traçar mais de um planejamento, de acordo com a situação esperada pela organização. Essa ferramenta propõe que a organização não deve se planejar apenas para a situação mais provável de se acontecer, ou a considerada mais realista, o que é a prática usual do mercado, mas também **considerar outros cenários**, nos quais a situação seja muito bem-sucedida ou totalmente malsucedida. Ou seja, com o propósito de se evitar possíveis surpresas e contornar contingências, a ferramenta propõe que esse planejamento seja realizado de mais outras duas formas: para um cenário extremamente otimista e para um bastante pessimista.

Por exemplo: ao analisar todos os dados, a organização definiu que terá uma estimativa de vendas de 10 mil produtos por mês, auferindo um lucro de R$ 10,00 (dez reais) por produto, que somará R$ 100.000,00 (cem mil reais) de lucro ao mês. Sendo assim, ela desenvolverá todo o planejamento que discutimos anteriormente tomando como base esses dados, que caracterizam o cenário mais realista ou mais provável de se acontecer.

Entretanto, e se alguma coisa der errado? E se o consumidor não gostar do produto, ou um concorrente lançar um produto similar, ou mesmo a organização encontrar barreiras quanto à legislação? Para se prevenir dessas contingências, a organização deve traçar um cenário pessimista, com baixo volume de vendas, por exemplo, de 5 mil produtos por mês.

Mas, e se as coisas derem certo? E se o produto se tornar popular rapidamente ou se discussões benéficas forem levantadas devido à prática socioambiental da organização, ou mesmo se os fornecedores conseguirem baratear os insumos produtivos? Para ser capaz de se adequar previamente a essa situação, a organização deve projetar um cenário otimista, com um volume de vendas acima do esperado, digamos, por exemplo, de 15 mil produtos por mês.

Dessa forma, ao traçar três cenários distintos e realizar um planejamento de cada um deles, a organização torna-se mais flexível diante de possíveis instabilidades, sejam elas positivas, sejam negativas.

5.3.6 Desenvolvimento do produto

Como resultado de todos os esforços empreendidos nas fases anteriores, a organização pode começar a fase de desenvolvimento do produto em si. Para tanto, deve conferir ênfase ao **processo produtivo**, atentando para que tudo ocorra conforme o planejado. Um protótipo inicial pode ser produzido isoladamente, com o objetivo de testá-lo em relação aos parâmetros traçados pela organização e compará-lo ao conceito de produto selecionado (Kotler; Armstrong, 2003).

5.3.7 Teste de mercado

O teste de mercado funciona como uma **antecipação da reação esperada** com a introdução do produto no mercado, utilizando-se, para isso, de um nicho de mercado específico ou de uma seleção de alguns consumidores-alvo (Kotler; Armstrong, 2003). Por ser mais restrito, demanda menos investimentos e permite que a empresa atualize suas previsões de venda e projeções de lucro de acordo com os resultados obtidos. As estratégias de *marketing* também podem ser revisadas para direcionar e adaptar as condições oferecidas às necessidades do mercado consumidor.

5.3.8 Comercialização

Com o resultado positivo do teste de mercado e as possíveis adaptações decorrentes dele, a organização, enfim, pode **introduzir o produto no mercado**, o que dá início ao seu ciclo de vida.

-Síntese

A demanda por constantes inovações tornou-se obrigatória no atual contexto de negócios, marcado pela acirrada concorrência e pela busca por competitividade. Nesse sentido, é cada vez maior a necessidade do **desenvolvimento** e do **lançamento de novos produtos**, o que permite que as organizações sejam capazes de captar e manter seu mercado consumidor. Entretanto, ao mesmo tempo que consiste em uma necessidade para a manutenção e a atualização da organização perante o mercado, também configura-se como um processo arriscado, que requer altos investimentos.

Na tentativa de reduzir os riscos envolvidos nesse processo, sugerimos algumas etapas, as quais são conceituadas como **estágios de desenvolvimento de novos produtos**: geração e seleção de ideias, desenvolvimento do conceito e teste, estratégias de *marketing*, análise comercial, desenvolvimento do produto, teste de mercado e comercialização.

Além disso, concluído o processo de desenvolvimento e lançamento do produto no mercado, a organização deve atentar para o **gerenciamento** desses produtos durante o tempo de sua **comercialização** no mercado. Evidencia-se, assim, a importância de se compreender as diferentes fases pelas quais os produtos passam durante seu período de comercialização, desde a introdução, o crescimento e a maturidade, até o seu declínio. Com isso, a organização é capaz de compreender as necessidades de cada fase do ciclo de vida do produto e pode direcionar adequadamente os esforços e gerenciar o produto de forma mais eficiente.

-Exercícios resolvidos

1. **Em que consiste cada fase do ciclo de vida dos produtos e qual deve ser o principal esforço da organização em cada uma delas?**

   Na fase de introdução, como o mercado consumidor ainda não tem muitas informações sobre o produto, a organização deve investir em *marketing*, para divulgá-lo e vendê-lo. Na fase de crescimento, quando as vendas começam a aumentar, deve-se atentar para a capacidade produtiva da organização, a fim de se garantir um equilíbrio entre a oferta e a demanda. Na maturidade, as vendas tornam-se estáveis e o produto consolida-se no mercado, devendo a organização trabalhar para garantir a qualidade e a boa reputação do produto no mercado. Por fim, no declínio, quando as vendas se reduzem, a organização deve decidir entre três opções: a retirada do produto, a reformulação de suas características ou o reinvestimento em *marketing* para tentar um reciclo.

2. **Em relação aos estágios de desenvolvimento dos produtos, a fase de estratégias de *marketing* refere-se ao planejamento em relação aos 4Ps propostos por Kotler (2000). Quais são eles e quais são as ações pertinentes a cada um deles?**

   O **produto**, que engloba ações como as características físicas do produto, a composição e as especificações, entre outras; o **preço**, concernente à margem de lucro esperada pela organização diante do que o mercado consumidor está disposto a pagar; a **praça**, que envolve todas as ações referentes à distribuição e à seleção dos pontos de vendas; por fim, a **promoção**, referente a todas as ações e ferramentas de divulgação a serem praticadas pela organização.

–Questões para revisão

1. Um produto novo tem de ser necessariamente revolucionário.
   ( ) Verdadeiro.
   ( ) Falso.

2. Que fase não aparece ilustrada no gráfico do ciclo de vida dos produtos?
   a) Fase de desenvolvimento.
   b) Fase de introdução.
   c) Fase de crescimento.
   d) Fase de maturidade.
   e) Fase de declínio.

3. Qual é a principal contribuição da análise do ciclo de vida do produto?

4. São estágios do desenvolvimento de novos produtos: geração de ideias; seleção de ideias; desenvolvimento do conceito e teste; estratégia de *marketing*; análise comercial; desenvolvimento do produto; teste de mercado; e comercialização. Essa afirmação é:
   ( ) Verdadeira.
   ( ) Falsa.

5. Vimos que nem todos os produtos passam, necessariamente, por todas as fases do seu ciclo de vida. Exemplifique um caso em que aconteceu essa supressão de fase(s).

–Questões para reflexão

Conforme o ciclo de vida dos produtos, estes passam por diferentes fases durante sua comercialização, desde sua introdução no mercado até sua retirada. Além disso, existe uma fase que antecede esse ciclo, a fase de **desenvolvimento**, na qual o produto é elaborado para, posteriormente, ser de fato disponibilizado no mercado. Com base nisso:

1. Identifique exemplos de produtos que se encontram nas mais variadas fases do seu ciclo de vida (desenvolvimento, introdução, crescimento, maturidade e declínio).

2. Descreva as principais ações das organizações em cada uma dessas etapas, justificando sua resposta.

capítulo 6

Rony Ahlfeldt

Conteúdos do capítulo

- Integração vertical.
- Planejamento da capacidade.
- Localização das operações.
- Métodos para localização.

Após o estudo deste capítulo, você será capaz de:

1. compreender as escolhas estratégicas de integração vertical da cadeia de suprimentos;
2. estabelecer a conciliação entre a capacidade agregada das operações e a sua demanda agregada;
3. identificar os principais critérios das decisões de localização das operações e seus respectivos impactos nos negócios.

Decisões sobre integração vertical, capacidade e localização das operações

Para Slack et al. (1999, p. 147), "é útil considerar as organizações como fazendo parte de uma rede de clientes e fornecedores". Essa consideração nos leva a **três decisões estratégicas** sobre o melhor projeto para a rede de fornecimento, as quais envolvem a **integração vertical**, a **capacidade** e a **localização** das operações. Além de importantes, são decisões interdependentes, como veremos ao longo deste capítulo.

Para contextualizar seu entendimento sobre esses três tópicos, inicie com a leitura do caso ilustrativo a seguir e, posteriormente, utilize essas informações para tornar sua aprendizagem mais significativa.

–Estudo de caso

Subway®: a maior rede de lanchonetes do mundo

A rede de *fast food* norte-americana Subway®, com 39 mil unidades, é hoje a maior cadeia de lojas desse tipo no mundo. O Brasil, com 1,1 mil lojas, é o quinto maior mercado da empresa, e nos próximos 10 anos a rede tem o objetivo de crescer 700% no país. A maior parte desse crescimento está direcionada para a instalação de lojas nas cidades do interior, com população com mais de 35 mil habitantes. Segundo os dirigentes da empresa, apesar do custo dos imóveis ser muito menor do que nas capitais, o retorno sobre o investimento é o mesmo.

Empresas especializadas no setor avaliam que nessas cidades já existe demanda para os produtos Subway® e que o desafio é tirar os clientes das lanchonetes locais. Por outro lado, para franquias como o McDonald's, esse tamanho de cidade não comporta o alto investimento necessário para abrir uma loja da rede.

Seguindo uma tendência mundial, o crescimento no Brasil também se dará por meio do aumento da quantidade de lojas dentro de outros estabelecimentos, como postos de gasolina, universidades, hipermercados, hotéis e até mesmo em hospitais. Dois fatores são fundamentais para a escolha desse tipo de localização: aproveitar o fluxo de consumidores já existente e a possibilidade de montar uma loja Subway® em espaços [com metragem] a partir de 30 m², o que não é possível aos seus principais concorrentes.

Fonte: Adaptado de IstoÉ Dinheiro, 2013.

O caso Subway® apresenta alguns desafios importantes aos gestores de operações. Em face dos objetivos estratégicos, eles devem tomar decisões de forma a garantir o alcance destes. Nesse caso, o objetivo de alto índice de crescimento das operações no Brasil ocasiona a necessidade de se tomar pelo menos dois tipos de decisões estratégicas que afetam as operações: a **capacidade de produção** para atendimento aos clientes e a **localização** mais adequada dessa nova capacidade. Nas próximas seções, discutiremos essas e outras questões.

6.1
Integração vertical

Integrar verticalmente para frente, para trás ou terceirizar? Essas três decisões afetam o nível de integração vertical de uma rede de operações. A seguir, veremos do que isso se trata.

A rede ou cadeia de suprimentos (*supply chain*) da qual uma organização faz parte envolve desde os produtores de matéria-prima até o consumidor final, em dois **fluxos opostos** que integram toda a rede – o fluxo de valor agregado e o fluxo de informações das necessidades (Laugeni; Martins, 2005). O **fluxo progressivo de valor agregado** são aquelas atividades ao longo da cadeia produtiva necessárias para construir, produzir, montar ou entregar o produto ou serviço. Elas agregam valor ao inserir novos componentes no produto, melhorando sua qualidade, alterando sua localização para torná-lo mais acessível ao próximo cliente da cadeia, disponibilizando-o no tempo adequado ao cliente, fornecendo informações relevantes, entre outras questões que, na visão do cliente, tornam a relação preço *versus* benefício favorável.

O **fluxo de informações** ocorre no sentido oposto ao do valor agregado, levando as necessidades dos clientes para seu fornecedor imediato ou para toda a cadeia, conforme ilustramos na Figura 6.1.

Figura 6.1 – Fluxos da rede de suprimentos

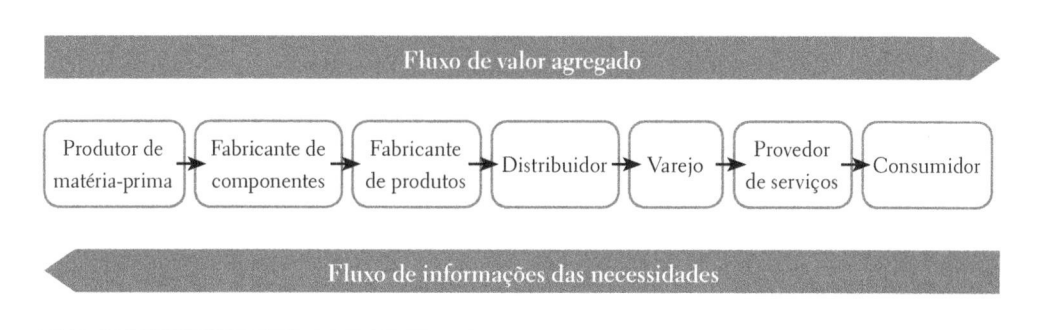

```
Fluxo de valor agregado →

Produtor de matéria-prima → Fabricante de componentes → Fabricante de produtos → Distribuidor → Varejo → Provedor de serviços → Consumidor

← Fluxo de informações das necessidades
```

Fonte: Adaptado de Brown et al., 2005; Laugeni; Martins, 2005.

Entretanto, questionamos: O que é **integração vertical** e o que ela tem a ver com a cadeia de suprimentos?

Uma empresa deve decidir de forma estratégica quais etapas, atividades ou processos da cadeia de suprimentos irá executar "em casa", ou seja, com seus próprios recursos, e quais irá terceirizar, ou seja, delegar para outras empresas (Corrêa; Corrêa, 2004). Essa decisão deu origem à famosa interrogação *make or buy?*, que significa *fazer ou comprar?* Essa decisão tem impacto em uma série de variáveis, como qualidade, custos, tempo de resposta, investimento, controle de processos e informações sigilosas, aquisição de tecnologia, aprendizagem organizacional, bem como em assegurar a vantagem competitiva.

Assim, quanto mais uma organização decide fazer por conta própria, **maior o nível** de integração vertical em sua cadeia. Por outro lado, quanto mais etapas ou atividades da cadeia ela delega a terceiros, **menor seu nível** de integração vertical.

A integração vertical pode ocorrer via aquisição de fornecedores, pela **integração vertical para trás**, ou pela **integração vertical para frente**, com a aquisição de clientes (Slack et al., 1999; Corrêa; Corrêa, 2004). Porém, nem toda integração ocorre por aquisição: algumas organizações podem criar novas empresas em diferentes etapas de sua cadeia, passando a concorrer com seus antigos fornecedores ou clientes. Um exemplo é a decisão do Grupo Alpargatas – que controla as marcas de calçados Rainha, Havaianas®, Topper, Mizuno® e Timberland®, entre outras – de criar uma loja própria, chamada Meggashop, para vender seus produtos no sistema *outlet*, ou seja, pontas de estoque e produtos descontinuados.

Vejamos outros exemplos de decisões que tiveram impacto no nível de integração vertical:

- O sistema de franquias utilizado pelo Subway® e outras redes de *fast food*, empresas de cosméticos, como O Boticário, e de chocolates, como a Cacau Show. O nível de verticalização é menor quando se utiliza o sistema de franquias para chegar ao consumidor. Com isso, utilizar esse sistema permite uma rápida expansão dos canais de vendas, sem requerer muito investimento da empresa franqueadora.
- Por outro lado, um fabricante ou fornecedor de serviços pode comprar as lojas de seus franqueados, como fez há alguns anos a operadora de telecomunicações Vivo. Esse é um processo de verticalização para frente. O objetivo da Vivo era melhorar a qualidade de relacionamento com seus consumidores por meio do controle total das operações de vendas nessas lojas.
- A Apple é uma empresa com alto nível de verticalização, pois projeta e produz tanto o *hardware* quanto o *software* de seus produtos, como o iPad e o iPhone. Além disso, mantém lojas próprias para comercializar diretamente com os consumidores. Esse nível de verticalização possibilita, entre outras coisas, assegurar a qualidade de produção, mas também guardar segredos industriais que podem ser fonte de vantagens competitivas.
- A Ford Motor Company, na época de Henry Ford (início do século XX), era uma empresa altamente integrada, pois, além de projetar e produzir os veículos Modelo T, era responsável pela extração de minério de ferro e pela produção de pneus para os automóveis. Essa estratégia de verticalização estava alinhada aos objetivos de produção em larga escala, e, como na época não existiam fornecedores desse porte e com a velocidade requerida pela Ford, a decisão foi produzir praticamente tudo por conta própria.

Realize uma pesquisa nos *sites* das empresas citadas nos exemplos anteriores e em matérias publicadas sobre suas estratégias para conhecer um pouco mais sobre o processo de integração vertical adotado por cada uma delas.

> *Para saber mais*
>
> Observe as perguntas e o comando indicado na sequência:
> 1. Quais são os benefícios da terceirização? O que uma organização pode ganhar com a terceirização de etapas ou atividades de sua cadeia produtiva?
> 2. Em contrapartida, por que uma organização não terceirizaria algumas das atividades de sua cadeia? Quais são os benefícios de integrar verticalmente?
>
> Você pode iniciar a busca de respostas a essas questões lendo os seguintes artigos:
>
> BERNSTORFF, V. H. Terceirização: problema ou solução? In: ENCONTRO DA ASSOCIAÇÃO NACIONAL DE PÓS-GRADUAÇÃO E PESQUISA EM ADMINISTRAÇÃO – ENANPAD, 23., 1999, Foz do Iguaçu. **Anais**... Foz do Iguaçu: EnAnpad, 1999. Disponível em: <http://www.anpad.org.br/diversos/trabalhos/EnANPAD/enanpad_1999/RH/1999_RH28.pdf>. Acesso em: 11 jun. 2014.
>
> SILVA, W. R. da. Terceirização *versus* integração vertical: teoria e prática. **RAE – Revista de Administração de Empresas**, v. 37, n. 3, p. 138, 1997. Disponível em: <http://bibliotecadigital.fgv.br/dspace/bitstream/handle/10438/3083/P00174_1.pdf?sequence=1>. Acesso em: 11 jun. 2014

6.2
Planejamento da capacidade

Uma vez que foram decididos pela organização os objetivos estratégicos, os produtos e os serviços a serem produzidos e disponibilizados (vimos isso no Capítulo 4) e o nível de integração vertical da cadeia de produção que ela pretende obter, é hora de decidir sobre a **capacidade de produção**. Segundo Peci e Sobral (2008, p. 270), "O planejamento da capacidade de produção está estritamente relacionado com as expectativas acerca da demanda futura da empresa". Assim, essa decisão visa garantir que a organização será capaz de atender à demanda de seus clientes.

Questionamos: Você sabe o que é *capacidade* de um sistema produtivo e como ela é medida?

Slack et al. (1999, p. 254) definiram *capacidade* como "o máximo nível de atividade de valor, adicionado em determinado período de tempo, que o processo pode realizar sob condições normais de operação". Temos, assim, duas importantes variáveis – **escala das operações** e **tempo** – e uma condicionante – as **condições das operações**.

Imagine que você precisa planejar as vendas de ingressos para um espetáculo cultural (um *show* ou uma peça teatral) e, consequentemente, os custos e o lucro. Sem saber quanto é capaz de produzir, ou seja, quantas pessoas consegue receber por espetáculo, como você anunciará aos consumidores o espetáculo, a data e o horário, e como vai se preparar para recebê-los?

O teatro que você administra tem mil lugares, portanto, esse é o número máximo de espectadores para o evento. Contudo, lembre-se de que essa é apenas uma das variáveis – a capacidade de atendimento em determinado período de tempo. Ou seja, de uma única vez, você pode receber mil pessoas, mas quanto tempo dura o espetáculo? Quantas vezes por dia, por semana ou mês você pode oferecer o serviço para outras pessoas? Essa é a variável **tempo**.

Sua capacidade também deve ser avaliada segundo **condições** das operações (condicionantes). Por exemplo: se alguns lugares estiverem indisponíveis ao público, em virtude de manutenção ou por medidas de segurança, sua capacidade será reduzida.

Neste caso para reflexão, a capacidade instalada já está dada pelo tamanho do auditório/teatro. Porém, isso não significa que você conseguirá vender todos os ingressos. Assim, antes de "olhar para dentro" e verificar a capacidade, é necessário estimar a demanda pelos produtos e/ou serviços, atividade que denominamos de *previsão (ou projeção) de demanda* ou de vendas. Isso porque uma capacidade muito maior do que a demanda resultará em um alto custo fixo; por outro lado, se a capacidade não atender à demanda, resultará em perda de vendas, queda nos lucros e imagem negativa por parte dos consumidores.

A projeção da demanda fornecerá informações valiosas sobre o quanto se estima que os clientes comprarão dos produtos e/ou serviços ao longo do tempo. Segundo Moreira (2008, p. 293), esse "é um processo racional de busca de informações acerca do valor das vendas futuras de um item ou de um conjunto de itens".

Prever a demanda é um exercício de antecipação de um evento futuro e, como tal, é impossível acertar 100% da previsão. O que devemos procurar é reduzir a incerteza e obter um dado que mais se aproxime da realidade futura e permita a orientação das nossas ações no presente. Diante disso, existem diferentes métodos para previsão da demanda; Moreira (2008, p. 294) classificou-os em dois tipos de abordagens, segundo "o tipo de instrumentos e conceitos que formam a base da previsão". Assim, os métodos foram divididos por esse autor em:

1. **Qualitativos** – Realizados com base em julgamentos das pessoas consideradas, de alguma forma, conhecedoras do mercado ou do comportamento das vendas, como a equipe de vendas, os executivos de diversas áreas da empresa, os consumidores ou mesmo os especialistas no assunto (pesquisadores, profissionais do mercado e consultores, entre outros).
2. **Quantitativos** – Nele se utilizam modelos matemáticos para a previsão do futuro da demanda. Esse tipo de método divide-se em dois tipos: os **causais**, que chegam à previsão da demanda tendo por base seu vínculo com certas variáveis internas ou externas à organização relacionadas às vendas (por exemplo: o crescimento econômico, o surgimento de produtos substitutos etc.); e as **séries temporais**, que se utilizam de dados do passado para estimar os comportamentos futuros (Moreira, 2011).

Assim, para definirmos a capacidade, é necessário saber mensurá-la. Apresentamos, na Figura 6.2, um resumo de termos importantes para o entendimento das medidas da capacidade das operações. Em seguida, o Quadro 6.1 traz exemplos de medidas de capacidade para diferentes organizações.

Figura 6.2 – Termos relativos às medidas de capacidade das operações

Capacidade
- É a produção máxima que pode ser realizada pelas operações. Pode ser medida como a quantidade de produtos ou serviços que "saem" da empresa.

Demanda
- É a quantidade de um bem que os compradores desejam e podem comprar (Mankiw, 2010).

Capacidade do projeto
- É a capacidade informada pelos fabricantes dos equipamentos, conhecida também como *capacidade teórica*.

Capacidade efetiva ou real
- É a capacidade apresentada pelos equipamentos, descontados todos os tempos de parada, como *set up* e manutenções.

(continua)

(Figura 6.2 – conclusão)

Volume de produção

- É quanto a organização está produzindo no período avaliado. *Capacidade*, diferentemente, é quanto o sistema pode produzir. Uma organização pode operar no máximo de sua capacidade, e, quando isso ocorre, o volume de produção atingiu a capacidade.

Capacidade nominal

- Produção média verificada durante um longo período. Às vezes, é desaconselhável atingir a capacidade máxima, sendo a nominal o volume mais indicado de produção sem sobrecarregar os recursos.

Nível operacional ótimo

- Também chamada de *capacidade ótima*, ou seja, é aquela na qual se obtém o menor custo unitário médio.

Fonte: Adaptado de Laugeni; Martins, 2005; Davis; Aquilano; Chase, 2001.

Segundo Moreira (2011), há dois tipos de medidas de capacidade das operações, as medidas baseadas na **produção** e as medidas baseadas em **insumos**. A primeira é mais utilizada para empresas de manufatura, enquanto a segunda é mais adequada para avaliar a capacidade de empresas de serviços, conforme exemplos que apresentamos no Quadro 6.1.

Quadro 6.1 – Exemplos de medidas de capacidade de produção e de insumos

Organização de manufatura	Medida de capacidade de produção
Fábrica de cimento	Toneladas de cimento/dia
Usina hidrelétrica	Megawatts-hora
Montadora de automóveis	Carros produzidos/mês
Siderúrgica	Toneladas de aço/mês
Fazenda	Toneladas de grãos/ano
Granja	Ovos/dia
Organização de serviços	**Medida de capacidade de insumos**
Escola e estacionamento	Número de vagas
Cinema	Número de assentos
Hotel ou hospital	Número de leitos
Restaurante	Número de mesas
Consultório médico	Horas disponíveis do médico

Fonte: Adaptado de Moreira, 2008, p. 142.

Observe, a seguir, o exemplo da hidrelétrica de Itaipu, a respeito da medida de capacidade de produção de uma operação.

–Estudo de caso

Itaipu, a maior usina hidrelétrica do mundo em geração de energia

A usina de Itaipu é, atualmente, a maior usina hidrelétrica do mundo em geração de energia. Com 20 unidades geradoras e 14.000 MW de potência instalada, fornece 17% da energia consumida no Brasil e 75% do consumo paraguaio.

Itaipu produziu, em 2013, um total de 98.630.035 megawatts-hora (98,6 milhões de MWh), quebrando seu próprio recorde mundial de produção de energia, que ocorreu em 2012, com a geração de 98.287.128 megawatts-hora (MWh).

Fonte: Itaipu Binacional, 2014.

Haynes et al. (2005) identificaram três estratégias de capacidade que tornam as organizações mais aptas a gerenciar as constantes flutuações de demanda. Existe a **estratégia reativa**, com a qual a organização aguarda o aumento da demanda para reagir depois, aumentando sua capacidade. Nesse caso, as operações deverão ser ágeis o suficiente em relação às mudanças e ter processos e estruturas flexíveis. O risco disso é não conseguir aproveitar o aumento da demanda antes de seus concorrentes e perder vendas e participação de mercado. Nesse sentido, existem empresas que "esperam para ver o que acontece" para, então, reagir. Um exemplo recente é o evento esportivo da Copa do Mundo Fifa no Brasil, em 2014, no qual em cidades-sede como Curitiba, que não são fortes destinos turísticos, muitos comerciantes aguardaram que se concretizasse a chegada dos turistas para, então, aumentar a capacidade de atendimento em seus restaurantes. Outros, que se anteciparam, podem ter ficado com a maior parte da demanda para si mesmos.

Uma organização pode adotar também a **estratégia de acompanhamento** quando aumenta ou reduz sua capacidade, conforme ocorrem mudanças na demanda. Porém, não se tratam de adições ou subtrações muito grandes de capacidade. Nesse caso, o risco é a grande instabilidade no processo produtivo; por outro lado, a vantagem é reduzir as perdas nas vendas e os estoques. Um caso que ilustra esse tipo de estratégia é o de um vendedor de sorvetes que atua na época da temporada de verão em uma cidade do litoral. Por não ter muito dinheiro em caixa ou mesmo estrutura para armazenagem, ele compra apenas uma pequena quantidade de sorvetes e, conforme percebe um aumento do fluxo de pessoas no litoral e das vendas, passa a adquirir mais produtos para revender. Os riscos que ele corre são o de seus fornecedores não terem produtos para lhe entregar, o de um aumento nos preços ou mesmo o de que concorrentes mais bem preparados conquistem seu mercado. Daí surge a necessidade de contrapor essa limitação à agilidade em repor estoques ou de conquistar a preferência dos clientes, de modo que estes estejam dispostos a esperar para comprar do mesmo vendedor.

Para ajustar a capacidade na estratégia de acompanhamento da demanda, Slack et al. (1999) consideram que as organizações podem lançar mão das seguintes ações: a equipe de operações pode realizar horas extras; realocar pessoal em outras atividades, quando tiverem tempo ocioso em períodos de baixa produção; variar o tamanho da força de trabalho (ajustar o contingente conforme a demanda); subcontratar capacidade com outras empresas; e gerenciar a demanda distribuindo-a uniformemente ao longo do tempo (também chamada de *gestão de filas*). Todas essas ações podem ser, em alguma medida, adotadas pelo nosso vendedor de sorvetes do exemplo anterior. Procure refletir sobre outros tipos de negócios, como isso poderia ser feito e quais seriam as vantagens.

Por fim, a **estratégia de antecipação** é realizada com base na previsão de demanda crescente. Nesse caso, a organização amplia sua capacidade antes que a demanda se efetive, estando preparada para absorver o crescimento. Certamente, o risco que a organização corre é o de não haver o crescimento esperado. Voltando ao exemplo do mundial da Fifa no Brasil, em 2014, muitos hotéis foram construídos ou reformados de forma antecipada, com a expectativa de determinada demanda, pois não seria possível, durante o evento da Copa, aumentar a capacidade desse tipo de empreendimento. Em algumas cidades, como no Rio de Janeiro, a estratégia foi bem-sucedida, com taxa de ocupação média de 93,1% durante o mundial. Em São Paulo, por outro lado, essa taxa ficou entre 58% e 62%, sendo mais baixa do que os 72% do mesmo período no ano anterior (Velasco, 2014).

Para o investimento em ampliação da capacidade, os incrementos podem ser basicamente de dois tipos, a depender da estratégia e do tipo de operação (Figura 6.3, a seguir). A organização pode realizar **pequenos incrementos** de sua capacidade ao longo do tempo, de forma a acompanhar a demanda, ou seja, aumentar gradualmente sua capacidade. Geralmente, essa alternativa é conveniente para operações intensivas em mão de obra ou nas quais os equipamentos permitam pequenos aumentos de capacidade. Outra forma é o **aumento da capacidade** por meio de grandes incrementos ou "saltos". Siderúrgicas e gráficas de grande porte, empresas intensivas em tecnologia, em face do tipo de equipamento que utilizam, precisam fazer investimentos de alto volume de uma só vez (Slack et al.,1999; Corrêa; Corrêa, 2004).

Figura 6.3 – Incrementos de capacidade ao longo do tempo

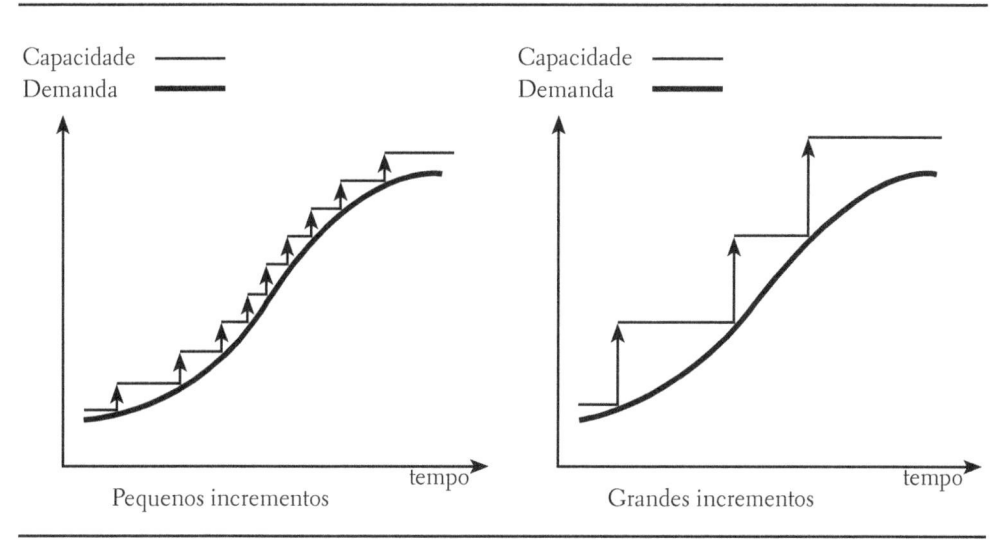

[Gráficos: Pequenos incrementos / Grandes incrementos]

Fonte: Corrêa; Corrêa, 2004, p. 429.

Em posse dessas informações sobre demanda e capacidade, cabe ao gestor das operações planejá-las. Isso significa que ele deve projetar o **nível ótimo de capacidade** para atender à demanda com menor incremento de custo (Davis; Aquilano; Chase, 2001). Como todo processo de planejamento, as decisões sobre capacidade devem ter o horizonte de longo, médio e curto prazos. Decisões estratégicas certamente são as de longo prazo, sendo necessário, para o caso do planejamento da capacidade, seguir as etapas relacionadas na sequência (Davis; Aquilano; Chase, 2001, p. 262):

a. prever a demanda para cada linha de produto;
b. prever a demanda de cada produto que compõe uma linha;
c. mensurar a necessidade de mão de obra e bens de produção adequada à demanda prevista;
d. projetar, ao longo do tempo (cronograma), a disponibilidade de mão de obra e equipamentos.

> **Para saber mais**
>
> Sugerimos que você exercite suas habilidades em prever a demanda e, consequentemente, planeje a capacidade das operações de sua organização utilizando o Simulador Gestão da Produção 1 (GP1), desenvolvido pelo Laboratório de Simulação de Sistemas de Produção (LSSP) da Universidade Federal de Santa Catarina (UFSC).
>
> No *site* do LSSP, você encontrará o simulador (arquivo Excel) e o manual de instruções. É simples e rápido de aprender, mas você se surpreenderá com as relações que será capaz de estabelecer entre a previsão de demanda e o planejamento da produção e da capacidade. Acesse:
>
> LSSP – Laboratório de Simulação de Sistemas de Produção. **Série gestão da produção (GP)**. 2014. Disponível em: <http://lssp.deps.ufsc.br//index_arquivos/GP.htm>. Acesso em: 11 jun. 2014.

Planejar a capacidade de um sistema de operações é, portanto, fator crítico para a execução das estratégias da organização. Essa atividade tem impacto significativo em praticamente todos os critérios competitivos, como os custos, a capacidade de resposta às demandas dos clientes e até mesmo a de ser percebido como um fornecedor confiável e de qualidade.

6.3
Localização das operações

Seguindo com nossa explicação sobre decisões estratégicas de projeto da rede de operações – e uma vez que você já compreendeu como se configura a cadeia diante das decisões de integração vertical, para frente e para trás, e foi capaz de definir a capacidade necessária para que as operações alcancem os objetivos estratégicos da organização –, discutiremos, agora, a base das decisões sobre **onde** as unidades operacionais devem ser dispostas geograficamente. Para isso, avaliaremos os impactos desse tipo de decisão sobre a estratégia geral da organização, bem como os critérios e métodos que suportam a escolha da localização.

Veja o exemplo de ampliação de capacidade que apresentamos a seguir:

– Estudo de caso

BMW decide construir primeira fábrica na América Latina

O Grupo BMW, um dos maiores fabricantes de carros e motos de luxo do mundo, com mais de 96 mil colaboradores e presente em mais de 140 países, decidiu construir sua primeira fábrica na América Latina, no município de Araquari, Santa Catarina.

A empresa se nacionalizou em 1995, porém somente quase 20 anos depois passará a produzir algumas linhas de veículos no país. Para isso, o Grupo BMW está investindo 200 milhões de euros. A capacidade instalada será de aproximadamente 32 mil veículos por ano, considerando dois turnos de trabalho de oito horas por dia.

Alguns dos critérios utilizados pela BMW para a escolha de Araquari são a infraestrutura de importação e exportação de Santa Catarina – a cidade é vizinha ao Porto de São Francisco do Sul e também de Joinville, que abriga o mais importante polo industrial do setor metal-mecânico do estado, o qual poderá fornecer produtos e serviços à nova fábrica. Outras questões logísticas, como o acesso à BR-101, a curta distância da cidade de São José dos Pinhais (PR) – menos de 180 km –, onde existem diversas empresas do setor automotivo, e a colonização alemã em parte da região também foram levados em consideração.

Fontes: BMW do Brasil, 2014; Azevedo, 2013; PE Desenvolvimento, 2014.

Pelo volume de investimentos e o impacto das operações da BMW no Brasil, e possivelmente em toda a América Latina, a decisão sobre a localização da nova fábrica requer muita análise e a utilização de critérios racionais. O gosto pessoal e a familiaridade com a região, apesar de interferirem em muitos processos de escolha, não são os critérios mais adequados para esse tipo de decisão.

Mesmo sendo o valor despendido para a construção de uma nova fábrica considerado alto para qualquer padrão, isso não significa que um investimento mil vezes menor, realizado por uma padaria, por exemplo, não seja estratégico e de alto impacto para essa pequena empresa. O que devemos levar em consideração nesses casos é o quanto a decisão causará impacto no futuro das operações e do negócio como um todo (Arbache et al., 2007; Ballou, 2006). Por isso, discutiremos as formas e os critérios que auxiliam, por um lado, a redução dos riscos desse processo e, por outro, o aproveitamento de oportunidades de desenvolvimento e ganhos competitivos.

Pensar sobre a localização não é uma exclusividade das instalações industriais de manufatura: essa decisão deve ser cuidadosamente planejada também para as instalações que abrigam as atividades administrativas da empresa, para organizações prestadoras de serviços, agroindústrias e empresas públicas. De acordo com Moreira (2008, p. 160), são pelo menos três os motivos que levam uma organização a decidir sobre sua localização:

a. **Alterar as instalações atuais** – Neste caso, é identificada a possibilidade de a empresa se expandir no local atual, o que, em geral, é menos oneroso. Pode também haver a necessidade de se procurar outro local que suporte o crescimento, seja construindo novos espaços, seja comprando ou alugando imóveis.

b. **Adicionar uma nova unidade, mas mantendo a atual** – Nesta decisão, é necessário avaliar o impacto sobre as operações, os custos de deslocamento e as possibilidades de integração entre as unidades. Alguns exemplos são: as universidades com muitos *campi* ou polos de ensino; a ampliação da quantidade de pontos de venda de uma rede de supermercados; e a construção de uma nova unidade industrial que abrigue uma parte do processo antes executado integralmente na localização que ficou "pequena".

c. **Abrir uma nova sede, fechando a atual** – Neste caso, deve ser realizada uma reflexão sobre os motivos do fechamento da unidade e da abertura da nova: O mercado está em declínio na primeira localização e é promissor na nova? A unidade antiga não comporta o crescimento e a tecnologia atual e precisa ser desativada? Foi o que fez, por exemplo, a Tubos Tigre S.A., que, há alguns anos, construiu uma unidade industrial totalmente nova, mais moderna, no distrito industrial de Joinville, e desocupou totalmente a unidade antiga, que era localizada quase no centro da cidade e tinha mais de 40 anos.

Por outro lado, apesar de esses motivos indicarem a necessidade de uma nova localização, por conta de expansão ou acréscimo de unidades, eles dependem de um conjunto de fatores a serem levados a efeito. Laugeni e Martins (2005, p. 35) classificaram os fatores que influenciam na localização em ***externos*** e ***internos***, ou seja, aqueles que dependem do local e aqueles que são importantes para os objetivos organizacionais. Porém, esses autores advertem que somente os requisitos relacionados a essas duas questões – realmente relevantes para o negócio – sejam considerados para a decisão (Laugeni; Martins, 2005).

Corrêa e Corrêa (2004) apresentam alguns dos principais critérios de escolha da localização, conforme o tipo de organização. Nas **organizações manufatureiras**, a localização afetará os custos com mão de obra, logística e insumos – como energia, matéria-prima e água. Uma fábrica de eletrodomésticos, por exemplo, deve avaliar se, na região onde pretende implementar uma unidade fabril, há mão de obra qualificada para atuar em seu segmento, se o valor do salário da região é compatível com sua estrutura de custos, se o fornecimento de energia elétrica é confiável e apresenta custos baixos, o quão próximo de rodovias, ferrovias, portos e aeroportos está o terreno e, por fim, se há facilidade para acessar os canais de recebimento de mercadorias e escoamento de sua produção.

Nas **organizações de serviços**, os principais impactos da localização ocorrem em relação à facilidade ou dificuldade para o cliente em acessar os serviços, a quantidade de clientes que trafegam no seu entorno, as características da vizinhança e a infraestrutura de serviços públicos, como transporte, calçamento e segurança. De acordo com Corrêa e Caon (2002), no caso das empresas de serviços, esses "fatores locacionais" são os mais importantes para a seleção da região e do imóvel. Voltando ao exemplo do Subway®, a decisão sobre localização das lojas deve levar em consideração locais de alta concentração de pessoas, se a renda média da população é compatível com os preços cobrados pelas lanchonetes e se há fácil acesso à loja, tanto para pedestres quanto para veículos. O custo do terreno e da construção também devem ser levados em conta.

Observe, na Figura 6.4, um resumo dos principais fatores que afetam a localização das operações. Considere que esses são fatores genéricos e uma espécie de *check list*, mas tais critérios terão maior ou menor peso ou impacto dependendo das características e dos objetivos de cada negócio. Em outras palavras, um mesmo critério pode ser avaliado de modo diferente por empresas diferentes que atuam no mesmo segmento. Em seguida, apresentaremos alguns métodos que auxiliam na escolha da localização com base, inclusive, nesses fatores.

Figura 6.4 – Fatores que afetam a localização das operações

Proximidade de fontes/fornecedores de suprimentos

- Suprimento principal: operações de extrativismo, pesca ou mineração.
- Perecibilidade do produto: laticínios, refrigerados ou alimentos à base de frutas.
- Custo de transporte: quando matérias-primas são mais caras ou difíceis de transportar do que os produtos acabados.

Oferta de mão de obra na região

- A região oferece mão de obra qualificada e em número suficiente?
- O custo da mão de obra é menor do que em outros locais?
- Quanto mais dependente de grande quantidade de mão de obra ou de profissionais com conhecimentos específicos, mais crítico será este fator.

(continua)

(Figura 6.4 – conclusão)

Proximidade dos clientes

- Quando o custo de transporte do produto acabado for mais caro, volumoso ou difícil do que da matéria-prima: produtoras de embalagens.
- Quando o produto for perecível: floriculturas ou peixarias.
- Quando o cliente participa das operações: salões de beleza e consultórios médicos.
- Quando dependem de facilidade de acesso: supermercados, postos de combustível e restaurantes.

Ambiente físico e de negócios

- A organização deve avaliar o peso de cada um dos aspectos do ambiente físico e de negócios, em relação a sua atuação e seus objetivos.
- Há disponibilidade de espaço físico na região? Com que custo e qualidade? Atende às necessidades futuras de expansão dos negócios?
- Qual a oferta, a qualidade e o custo das "utilidades", como água, energia, telecomunicações e serviços públicos?
- É possível obter incentivos fiscais? Há possibilidade de instalar-se em uma zona franca?
- Que restrições a legislação impõe aos negócios?
- Quais são os efeitos e as condições ambientais?
- Qual é a dificuldade ou facilidade de acesso à infraestrutura logística?

Qualidade de vida para os colaboradores

- A região oferece condições favoráveis à atração e à retenção de colaboradores?
- Oferece estrutura de lazer, segurança, transporte, moradia e serviços de qualidade?
- Existem escolas de qualidade para os filhos dos colaboradores?
- O ambiente natural (clima e topografia) é agradável?

Impacto e relacionamento com a comunidade local

- O seu negócio causará que tipo de impacto sobre a rotina da comunidade do entorno?
- Quanto precisará investir para estabelecer uma boa relação? Redução de emissões de poluentes, resíduos e ruídos? Publicidade favorável à empresa?
- Em algumas regiões do Brasil, a produção das usinas de açúcar e álcool gera odores desagradáveis nas a regiões urbanas. Produtores de suínos também causam esses problemas às comunidades, além dos dejetos.
- Centros de eventos, praças esportivas e insituições de ensino causam grande impacto no trânsito local.

Internacionalização dos negócios

- A organização pretende expandir seus negócios além das fronteiras do país de origem? Precisará compreender e se adaptar a legislação, estrutura, cultura, forma de fazer negócios e outros aspectos nos diferentes países?
- Qual percentual mínimo do produto deve ser produzido no país? Ou seja, quanto o país exige em termos de nacionalização do produto?
- Como é o nível de estabilidade político-econômica da região ou país?

Fonte: Adaptado de Corrêa; Corrêa, 2004; Davis; Aquilano; Chase, 2001.

Observe que vários fatores podem ser importantes para uma mesma empresa. Para uma escola, por exemplo, tanto a proximidade dos clientes quanto das fontes de mão de obra qualificada são fatores críticos para a localização.

Para saber mais

Conheça o exemplo da Região Metropolitana de Campinas (SP), que atraiu investimentos empresariais pela infraestrutura, oferta de mão de obra e proximidade com grandes mercados e que oferece alto índice de qualidade de vida aos colaboradores.

Inicie sua pesquisa lendo a reportagem da revista *Exame*:

KEDOUK, M. et al. Interior paulista é uma ótima opção para crescer na carreira. **Exame.com**, 10 out. 2013. Disponível em: <http://exame.abril.com.br/revista-voce-sa/edicoes/185/noticias/interior-paulista-crescimento-e-empregos?page=1>. Acesso em: 11 jun. 2014.

Para ilustrar o que foi tratado até aqui sobre localização, apresentamos a Figura 6.5, que mostra o fluxo do processo de seleção de alternativas de localização.

Figura 6.5 – Processo de seleção de alternativas de localização das operações

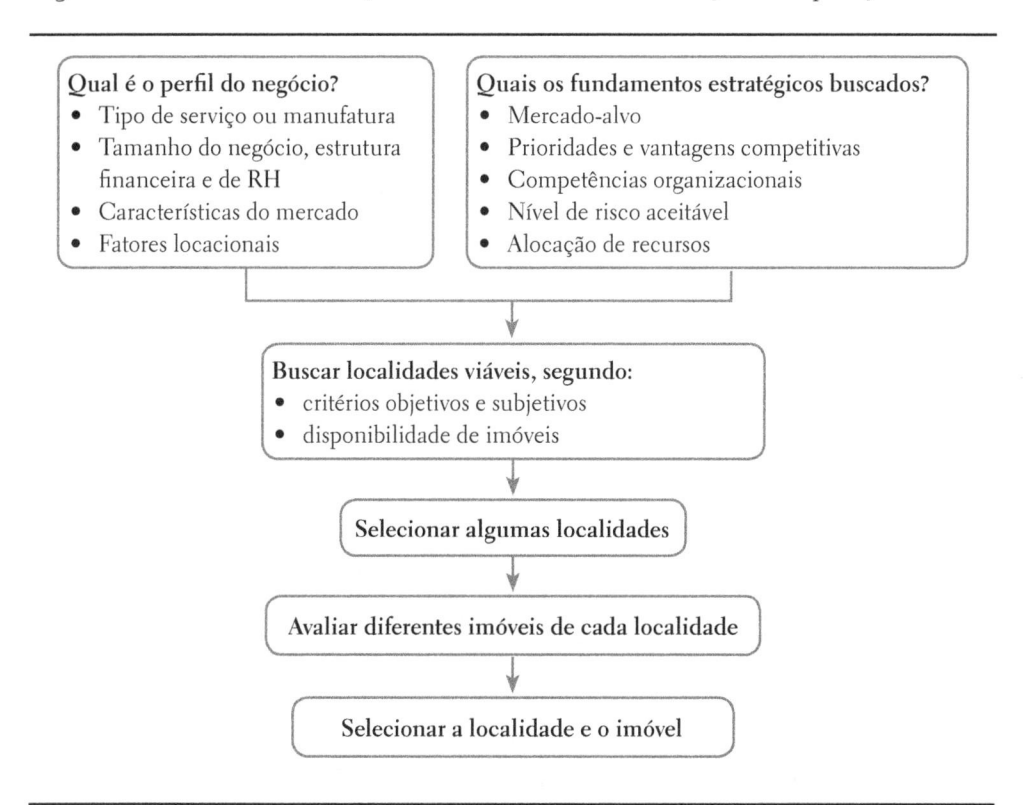

Qual é o perfil do negócio?
- Tipo de serviço ou manufatura
- Tamanho do negócio, estrutura financeira e de RH
- Características do mercado
- Fatores locacionais

Quais os fundamentos estratégicos buscados?
- Mercado-alvo
- Prioridades e vantagens competitivas
- Competências organizacionais
- Nível de risco aceitável
- Alocação de recursos

↓

Buscar localidades viáveis, segundo:
- critérios objetivos e subjetivos
- disponibilidade de imóveis

↓

Selecionar algumas localidades

↓

Avaliar diferentes imóveis de cada localidade

↓

Selecionar a localidade e o imóvel

Fonte: Adaptado de Corrêa; Caon, 2002, p. 296.

Após a análise do esquema anterior, vamos aprender sobre os métodos utilizados para se escolher mais objetivamente o local para as instalações de operações.

6.3.1 Métodos para localização

Com base nos fatores que discutimos anteriormente, vamos conhecer agora algumas das metodologias mais utilizadas para decisão sobre a localização de unidades de produção ou serviços. Em geral, esses métodos auxiliam a conciliar fatores internos e externos e quantitativos e qualitativos. Segundo Peci e Sobral (2008), as abordagens mais comuns para selecionar a localização focam na relação custo-benefício, ou seja, realizam uma ponderação de diversos fatores a respeito dos locais avaliados (Arbache et al., 2007; Fleury; Fleury, 2007). Nesse caso, o método utilizado denomina-se *ponderação dos fatores*.

Esse método, provavelmente o mais utilizado entre todos, permite a decisão sobre a escolha da localização tanto para plantas industriais quanto para operações varejistas e de serviços (Corrêa; Corrêa, 2004). Também conhecido como *método da ponderação qualitativa*, ele é utilizado aplicando-se uma ponderação entre os diversos fatores de impacto na escolha da localização. Esses fatores são definidos pela própria empresa – não há uma regra, pois o cálculo depende de cada negócio, conforme vimos anteriormente –, a qual dará um peso diferente para cada um, conforme a importância que cada fator tem para a localização de suas unidades.

Entenda o método de ponderação de fatores por meio do passo a passo que apresentamos a seguir:

- **1º passo** – Selecione os fatores mais importantes para a localização da unidade; lembre-se dos fatores apresentados na Figura 6.4.
- **2º passo** – Estabeleça um peso para cada fator, de modo que se possa diferenciá-los em grau de importância. Por exemplo: o fator "proximidade com fontes de insumos", na avaliação da empresa, é mais importante do que o fator "custo do imóvel". Desse modo, podemos atribuir peso 20 para um e peso 15 para outro, e assim por diante, até completarmos 100.
- **3º passo** – Selecione as localidades (regiões, cidades, endereços ou mesmo imóveis). Em geral, a empresa já excluiu aquelas localidades que não atendem aos requisitos básicos e, neste momento, avaliará entre três e cinco locais. No entanto, nada impede que sejam mais ou menos localizações.
- **4º passo** – Avalie cada localidade segundo os fatores selecionados e atribua uma nota de 0 a 10 para cada um destes.
- **5º passo** – Faça o cálculo da ponderação, ou seja, multiplique a nota de cada fator pelo peso (grau de importância).

- **6º passo** – Compare as notas e tome a decisão sobre a localização mais adequada.

Após a análise dos passos citados, veja o exemplo da aplicação do método que apresentamos na Tabela 6.1.

Tabela 6.1 – Exemplo de aplicação do método de ponderação dos fatores

Fator locacional	Peso (importância)	Notas ponderadas por fator		
		Loc. A	Loc. B	Loc. C
Custo e acesso a fornecedores	30	5 × 30 = 150	8 × 30 = 240	7 × 30 = 210
Custo e qualidade de mão de obra	15	8 × 15 = 120	3 × 15 = 45	6 × 15 = 90
Proximidade dos clientes	10	10 × 10 = 100	4 × 10 = 40	8 × 10 = 80
Ambiente físico e de negócios	20	6 × 20 = 120	3 × 20 = 60	8 × 20 = 160
Qualidade de vida para os colaboradores	15	8 × 15 = 120	6 × 15 = 90	3 × 15 = 45
Comunidade local	10	6 × 10 = 30	10 × 10 = 100	5 × 10 = 50
Totais	100	670	575	635

Fonte: Adaptado de Corrêa; Corrêa, 2004, p. 403.

No caso ilustrativo representado na Tabela 6.1, os avaliadores consideraram que o fator "custo e acesso a fornecedores" tem grau de importância 30. Em contrapartida, o fator "proximidade dos clientes", apesar de ser importante, é menos relevante do que o anterior. Perguntamos: De onde vêm esses pesos? Eles advêm dos direcionamentos estratégicos anteriormente estabelecidos pela organização e das características do negócio.

A escolha dos fatores pode ser mais genérica, como o ambiente físico e de negócios, ou mais específica, como os incentivos fiscais. Também dependerá da característica do negócio, pois os fatores que influenciam a decisão de instalação de uma indústria de produção de veículos diferem dos critérios para um parque de diversões ou para um *shopping center*, por exemplo.

Observe que, no exemplo da Tabela 6.1, a "Localização A" recebeu a maior pontuação ponderada. Isso não significa que a empresa escolherá automaticamente esse local. No entanto, esse cálculo servirá de subsídio para a decisão, que tem grande impacto estratégico.

Poderia ainda ter ocorrido um "empate técnico", ou seja, as notas das localidades podem ficar muito próximas e, nesse caso, a organização utiliza algum critério para o desempate, como a proximidade dos fornecedores. Além disso, pode surgir um fato novo em meio ao processo de escolha, como algum incentivo fiscal ou uma catástrofe natural ou econômica, o qual implicará mudança de decisão.

Dentre os outros métodos de avaliação de localização, destaca-se, na literatura especializada e na prática empresarial, o **método do centro de gravidade**, segundo o qual "procura-se avaliar o local de menor custo para a instalação da empresa, considerando fornecimento de matérias-primas e os mercados consumidores" (Laugeni; Martins, 2005, p. 41). Em outras palavras, esse método permite avaliar o ponto central mais adequado a uma nova unidade de uma rede de organizações (clientes e fornecedores) já existente (Moreira, 2008). É uma técnica que auxilia, por exemplo, na escolha da localização de centros de distribuição ou depósitos, de modo que sejam instalados em um ponto geográfico no qual, consideradas as variáveis "volume de operações" e "distância de clientes ou fornecedores", sejam reduzidos os custos de transporte e o tempo de deslocamento das mercadorias.

Um exemplo de aplicação desse método é a escolha de centros de distribuição de uma rede de supermercados no Estado do Pará. Digamos que a rede tenha lojas distribuídas por todo o estado, mas o maior volume de vendas, e, portanto, de movimentação de mercadorias entre o armazém e as lojas, está concentrado na região de Belém e das cidades de Castanhal e Ananindeua. De modo a reduzir o tempo de entrega e os custos de transporte, o centro de distribuição será instalado em um ponto mais próximo a essa região, mas que facilite o acesso às demais lojas da rede, localizadas em outras regiões do Pará. Uma alternativa é instalar centros regionais de distribuição, porém o que deve ser avaliado é o custo de mais unidades de logística de armazenagem e distribuição.

Também podemos utilizar outros métodos para a escolha da localização de operações, mas a lógica será muito parecida com os dois que mencionamos aqui. Ou seja, a organização deve identificar os fatores que são mais importantes para localizar suas unidades e avaliar o custo e o benefício de cada localização, seja em função da proximidade das fontes de fornecimento ou dos clientes, seja do acesso à mão de obra qualificada, à infraestrutura e aos serviços públicos de qualidade. De qualquer modo, a decisão terá impacto significativo sobre o negócio e sua capacidade de competir e, portanto, deve ser muito bem avaliada.

> *Para saber mais*
>
> Aprenda mais sobre as metodologias para a localização de operações lendo estudos de caso publicados em artigos de revistas e congressos acadêmicos. Recomendamos os seguintes:
>
> BRAGUETTA, M. B. et al. A decisão estratégica da localização e o surgimento dos tecnopolos: o caso de São José dos Campos. **Revista de Administração Mackenzie**, v. 8, n. 3, p. 11-31, 2007. Disponível em: <http://editorarevistas.mackenzie.br/index.php/RAM/article/view/135/135>. Acesso em: 11 jun. 2014.
>
> KATO, H.; PARENTE, J. Estratégias de localização. **GV Executivo**, v. 7, n. 5, p. 66-69, set./out. 2008. Disponível em: <http://rae.fgv.br/sites/rae.fgv.br/files/artigos/5356.pdf>. Acesso em: 11 jun. 2014.
>
> LEAL JÚNIOR, I. C. et al. Estudo para implementação de um sistema de roteirização e um novo centro de distribuição para uma empresa de água mineral do sul de Minas Gerais. In: SIMPÓSIO DE EXCELÊNCIA EM GESTÃO E TECNOLOGIA – Seget, 9., 2012, Resende. **Anais...** Resende: Seget, 2012. Disponível em: <http://www.aed.aedb.br/seget/artigos12/35416327.pdf>. Acesso em: 11 jun. 2014.
>
> SIEGLER, J.; SILVA, R. T. P.; VILLAR, C. B. Estratégias de operações internacionais, decisões de localização e responsividade: estudo exploratório em uma multinacional de commodities. In: SIMPÓSIO DE ADMINISTRAÇÃO DA PRODUÇÃO, LOGÍSTICA E OPERAÇÕES – Simpoi, 15., 2012, São Paulo. **Anais...** São Paulo: FGV, 2012. Disponível em: <http://www.simpoi.fgvsp.br/arquivo/2012/artigos/E2012_T00299_PCN76232.pdf>. Acesso em: 11 jun. 2014.

– Síntese

Neste importante capítulo, tratamos de **três decisões estratégicas** que causam impacto na cadeia ou rede de produção das organizações. A **integração vertical** diz respeito à decisão de fazer ou comprar, ou seja, o que a organização considera que deve produzir por conta própria e o que pode terceirizar, criando uma rede de fornecimento. Alguns elementos pautam esse tipo de decisão, entre eles a confidencialidade de informações e processos, o nível e o controle de qualidade esperados, a centralidade do processo em termos de contribuição para a proposta de valor, os custos, o acesso a terceiros que tenham condições de atender às necessidades ou as competências da organização para produzir. A verticalização pode ocorrer **para frente**, quando se buscam meios de distribuir os produtos ou serviços, ou **para trás**, para se obter maior controle sobre a produção de matérias-primas ou componentes dos produtos.

Por outro lado, as decisões sobre a **capacidade de produção** dizem respeito a quanto produzir, de forma a atender a demanda dos clientes em determinado período de tempo. Portanto, o planejamento da capacidade está diretamente relacionado a quanto uma organização espera vender em um determinado período, isto é, à **previsão da demanda**. Essa previsão pode ser obtida por fontes qualitativas, que, em geral, são pessoas envolvidas com o setor de negócios, como vendedores, especialistas, pesquisadores, ou por fontes quantitativas, ou seja, por meio do comportamento histórico das vendas.

Por fim, discutimos a questão sobre **onde instalar as operações**. Existem diversos métodos para subsidiar essa decisão, mas os mais utilizados são o de **ponderação dos fatores** e o do **centro de gravidade**. O primeiro é aplicado com a definição dos principais critérios e do seu nível de importância quanto à nova localidade, como o próprio imóvel, a cidade, o bairro etc. O segundo método procura localizar uma unidade fabril ou um centro de distribuição em um ponto central entre a rede de produção e distribuição, para minimizar os custos de deslocamento e maximizar a eficiência do sistema.

–Exercícios resolvidos

1. Avalie a proposta da Prefeitura Municipal de Curitiba (PR) de agrupar uma série de serviços em um único espaço físico.

> A atual gestão da cidade de Curitiba viu a possibilidade de resolver um problema próprio: centralizar todos os órgãos do Poder Executivo, hoje espalhados em sedes locadas pela cidade, na área de 55.300 m² ocupada pelo estádio de futebol do Paraná Clube, conhecido como Vila Capanema.
>
> O centro da prefeitura teria um edifício de 10 pavimentos em uma área construída de 100.000 m². Além do terreno da Vila Capanema, o projeto aglutinaria 11 imóveis ao lado, que somam 19.700 m², hoje administrados pelo Instituto do Patrimônio Histórico e Artístico Nacional (Iphan) e que serão cedidos à prefeitura.
>
> A proposta prevê, ainda, a construção de uma nova Câmara de Vereadores, hoje localizada em um prédio histórico no centro da cidade.
>
> O valor total do Centro Administrativo é estimado entre R$ 350 milhões e R$ 450 milhões e seria pago com a economia feita em aluguéis, taxas e serviços de condomínios, que deixariam de ser gastos nos prédios que hoje a prefeitura usa para abrigar suas estruturas administrativas.

Fonte: Adaptado de Brum, 2014.

A decisão, ao que indica o texto, está alinhada aos principais critérios de escolha que estudamos neste capítulo. A Prefeitura de Curitiba procura ganhar eficiência por meio da aglutinação dos serviços, ou seja, busca promover aos usuários o aumento da qualidade, em um único endereço, de uma série de serviços que possivelmente mantêm relação entre si. Assim, deixaria de pagar aluguéis, podendo investir em estruturas novas e construídas em função das necessidades dos serviços e processos públicos. Ao que tudo indica, a localização, em termos geográficos, parece apropriada, pois é próxima ao centro da cidade, o que facilita o deslocamento das pessoas que precisam de transporte coletivo, mas, ao mesmo tempo, não fica na região de maior movimento.

2. **Identifique os principais critérios para a localização das seguintes operações:**
    a) Operações de mineração, como as da Mineradora Vale ou da Cimentos Votorantim

O principal critério é a proximidade da fonte de matérias-primas, devido ao volume de produção e aos custos de extração. Outra questão é que a matéria-prima é substancialmente reduzida durante o processo de produção; portanto, seriam evitados muitos deslocamentos com grandes volumes.

    b) Empresa fabricante de garrafas plásticas (PET) para refrigerantes ou água mineral

Como ocorre a expansão volumétrica do produto à medida que é processado, faz mais sentido que as operações sejam localizadas mais próximo dos pontos de consumo.

    c) Fabricante de aeronaves, como a Embraer

A proximidade de ampla fonte de mão de obra qualificada é o principal critério de escolha. A produção depende muito de mão de obra e, por isso, a região de São José dos Campos (SP), berço do Instituto Tecnológico de Aeronáutica (ITA) é estratégica, apesar de a maioria dos clientes estarem nos EUA ou na Europa.

3. **(Enade, 2012) A Brasil Indústria de Calçados é uma empresa de sapatos que pretende aumentar sua participação no mercado. A empresa deseja conquistar novos mercados, aumentar suas vendas e melhorar sua competitividade na indústria calçadista. Seu diretor-executivo está indeciso em implementar uma entre as seguintes estratégias sugeridas por seu gerente de planejamento: (1) integração vertical; (2) integração horizontal; (3) crescimento interno horizontal; e (4) crescimento interno vertical.**

Considerando as estratégias sugeridas pelo gerente de planejamento ao diretor-executivo, é correto afirmar que:

A decisão pela estratégia de integração vertical levaria a Brasil Indústria de Calçados a adquirir outra empresa que produz componentes para a fabricação de seus produtos atuais. Com isso, o diretor-executivo teria controle maior da qualidade de seus vários processos produtivos. Ao adotar a estratégia de crescimento interno horizontal, o diretor-executivo da Brasil Indústria de Calçados pode decidir criar novas empresas que operem em negócios similares ao seu. Nesse sentido, será possível aumentar as vendas, alcançar maior participação de mercado e ser mais competitivo na indústria calçadista.

Questões para revisão

1. (Enade, 2012) O planejamento e as decisões relativas à capacidade produtiva são estratégicos e vitais para a empresa, pois exercem forte influência sobre sua rentabilidade. Uma empresa com excesso de capacidade produtiva tem uma demanda inferior à sua capacidade máxima. Por outro lado, uma empresa com limitação de capacidade produtiva apresenta demanda potencial por seus produtos superior à sua capacidade instalada. Nessas duas situações, a rentabilidade das empresas não está sendo otimizada. A esse respeito, um aspecto importante que as empresas devem levar em consideração é o instante em que se dá o incremento de capacidade. Por exemplo, o incremento de capacidade pode antecipar-se ou seguir-se ao aumento de demanda, conforme mostram os gráficos a seguir.

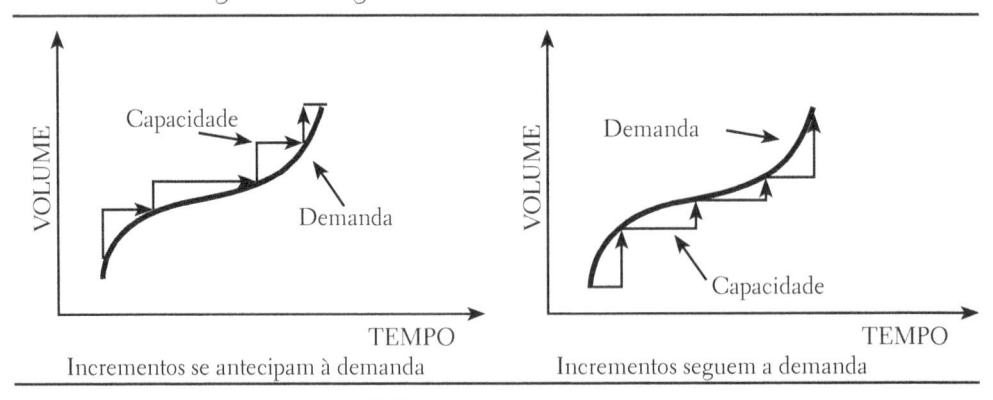

Fonte: Adaptado de Gianesi; Corrêa, 2010.

Considerando a influência das políticas quanto ao instante de se incrementar a capacidade nos critérios competitivos, conforme descrito anteriormente, avalie as afirmações que se seguem.

I. A política de seguimento à demanda faz com que a organização opere muito próximo da capacidade máxima instalada, o que contribui para garantir excelência no serviço prestado aos clientes.

II. A decisão sobre o momento em que se dá o incremento de capacidade em relação ao aumento de demanda deve levar em consideração o nível de utilização dos recursos, o instante de desembolso, os riscos ao desempenho em velocidade e ao nível de serviços e o custo unitário decorrente de utilização da capacidade.

III. Do ponto de vista econômico, a política de seguimento à demanda para incremento da capacidade é recomendável quando se deseja postergar ao máximo o desembolso de capital e a organização opera com menor custo unitário de utilização da capacidade, já que a nova quantidade de capacidade será totalmente utilizada.

IV. O investimento em capital na política de incrementar a capacidade antes do aumento de demanda é antecipado, o que faz com que o sistema opere sem ociosidade e com menor custo unitário de utilização da capacidade, contribuindo também para que o nível dos serviços prestados aos clientes seja melhor.

É correto apenas o que se afirma em:
a) I.
b) II.
c) I e IV.
d) II e III.
e) III e IV.

2. (Enade, 2009) Você é consultor e estuda o mercado de esmagamento de soja no Brasil. Os produtos comercializados nesse mercado são farelo de soja e óleo vegetal. As plantações de soja estão espalhadas por todo o interior do país. A margem de lucro dos produtos é muito pequena e a logística é um custo significativo da operação. O transporte é feito via modal rodoviário e o volume de soja colhida é muito superior ao volume somado de farelo e óleo. Para ter um desempenho sustentável em longo prazo, é necessário que as empresas tenham:

I. Grande volume de esmagamento.
II. Proximidade de centros de plantação de soja.

III. Frota de transporte próprio.

IV. Localização perto de uma grande capital metropolitana.

Estão corretas somente as afirmativas:
a) I e III.
b) II e III.
c) I e II.
d) III e IV.
e) I e IV.

3. Em relação aos termos utilizados para planejar ou avaliar a capacidade das operações, relacione a primeira coluna com a segunda.

A	Demanda		É a capacidade informada pelos fabricantes dos equipamentos, conhecida também como *capacidade teórica*.
B	Capacidade		Também chamada de *capacidade ótima*, ou seja, é aquela na qual se obtém o menor custo unitário médio.
C	Capacidade do projeto		É a quantidade de um bem que os compradores desejam e podem comprar.
D	Capacidade efetiva ou real		É quanto a organização está produzindo no período avaliado. Capacidade, diferentemente, é quanto o sistema pode produzir. Uma organização pode operar no máximo de sua capacidade; quando isso ocorre, o volume de produção atingiu a capacidade.
E	Capacidade nominal		É aquela que os equipamentos apresentam, descontados todos os tempos de parada, como *set up* e manutenções.
F	Volume de produção		Produção média verificada durante um longo período. Às vezes, é desaconselhável atingir a capacidade máxima, sendo a nominal o volume mais indicado de produção sem sobrecarregar os recursos.
G	Nível operacional ótimo		É a produção máxima que pode ser realizada pelas operações. Pode ser medida como a quantidade de produtos ou serviços que "saem" da empresa.

4. (Enade, 2009) A Guarani S.A. produz circuitos impressos (*chips*) para computadores. Atualmente cogita investir em um novo equipamento de manufatura de circuito impresso, integrado ao sistema *Enterprise Resource Planning* (ERP) da empresa, que permitirá gerar automaticamente pedidos de componentes para seus fornecedores com maior rapidez e agilidade. Esse investimento será desembolsado de uma única vez no momento da instalação e proporcionará:
- a diminuição do estoque de matérias-primas;
- o aumento da capacidade de produção;

- a melhoria da qualidade do produto final; e
- a redução em 30% da necessidade de mão de obra direta empregada ligada ao Sindicato dos Montadores de Componentes Eletrônicos.

O custo de capital da empresa é 20% a.a., e a taxa interna de retorno associado à aquisição do novo equipamento é de 30% a.a. O equipamento atual poderá ser vendido por um valor residual. O gerente-geral da Guarani S.A. está em dúvida se deve investir ou não nesse novo equipamento e se foram levados em conta na análise todos os fatores relevantes para o processo de tomada de decisão. Você foi contratado como consultor para auxiliá-lo nessa tomada de decisão. A sua tarefa consiste em verificar se a análise financeira foi realizada de forma adequada e em apontar as principais consequências da decisão em algumas áreas-chave da empresa.

a) Quais fatores (componentes de fluxo de caixa) devem ser incluídos na análise financeira para efetuar o cálculo da TIR do investimento?

b) Quais são os impactos dessa decisão na área de produção da empresa?

5. Este capítulo tratou das decisões sobre integração vertical (comprar ou fazer), planejamento da capacidade (quanto produzir e com qual estratégia) e localização das operações (critérios para escolha do local para instalar as operações da empresa). São decisões importantes e que você deve ser capaz de tomar ao longo de sua carreira profissional. Portanto, estabeleça aqui uma relação entre essas três decisões e a estratégia organizacional.

Questões para reflexão

1. Com base no texto sobre a lanchonete Subway®, que apresentamos no início deste capítulo, reflita sobre as seguintes questões:

    a) A rede Subway® expande-se por meio de **franquias**. Como essa decisão influencia o nível de integração vertical das operações?

    b) Quais são os critérios de escolha da rede Subway® para a localização das novas lojas? Quais desses critérios são **externos** (oportunidades e ameaças) e quais são **internos** à empresa (influenciados por suas forças e/ou fraquezas)?

    c) Por que o Subway® terá mais facilidade que seus concorrentes para crescer no interior do país e instalar lojas dentro de outras empresas?

    d) No caso apresentado, existem trechos que trazem informações sobre a demanda pelos produtos da empresa? Qual é a relação deles com a localização das lojas e com a capacidade instalada?

capítulo 7

Rony Ahlfeldt

Conteúdos do capítulo

- Decisões sobre processos em operações: processos organizacionais; volume e variedade nas operações; tipos de processo produtivo; tecnologia de processo.
- Organização do trabalho em operações: projeto do trabalho; mecanismos de coordenação do trabalho; ergonomia.

Após o estudo deste capítulo, você será capaz de:

1. diferenciar os tipos de processos produtivos com base no volume, na variedade e nas tecnologias de operações;
2. identificar os elementos que constituem a organização do trabalho, de modo a estabelecer seus mecanismos de coordenação;
3. reconhecer, entre os fatores do local e do ambiente de trabalho, aqueles que devem ser adaptados ao ser humano para gerar mais produtividade, reduzir danos físicos e mentais ao trabalhador e possibilitar melhor qualidade de vida no trabalho.

Decisões sobre processos e organização do trabalho em operações

Neste capítulo, estudaremos mais um importante conjunto de decisões que contribuem para a implementação das estratégias de operações em uma organização, seja ela de manufatura, seja de serviços. No Capítulo 5, você verificou como se desenvolve um produto ou serviço; agora é hora de entender os processos necessários para a produção em termos de volume – Você se lembra de como determinar a capacidade (Capítulo 6)? –, variedade, ou seja, diferentes opções ou modelos que podem ser produzidos em um mesmo sistema de operações, e tecnologia empregada – que varia da artesanal à mecanizada.

Além disso, passamos a discutir o **elemento humano** nesse processo, a necessidade de coordenação das atividades e as adaptações do ambiente ao trabalhador. Você deve ser um gestor completo – por isso, realize atentamente a leitura e as atividades propostas neste capítulo para compreender a inter-relação dessas decisões com as que estudamos até aqui.

7.1
Decisões sobre processos em operações

Em determinado momento, o gestor de operações precisará decidir sobre os métodos de produção que deverá empregar (Peci; Sobral, 2008). Essa escolha envolve a determinação do processo de produção, ou seja, **a forma como os produtos e serviços serão produzidos.**

7.1.1 Processos organizacionais

O que são **processos** e para que servem os **processos organizacionais**? Champy e Hammer (1994, p. 54) definem *processo* como "um grupo de atividades realizadas numa sequência lógica, com o objetivo de produzir um bem ou um serviço que tem valor para um grupo específico de clientes". Portanto, o conceito de *processo* está vinculado à noção de **fluxo de atividades de trabalho que ocorrem de maneira sistematizada e com um propósito.**

Se retomarmos a ideia de **sistemas de produção** que apresentamos no Capítulo 2 (Figura 2.1), teremos a compreensão de que um sistema é composto por processos, que produzem o fluxo de entradas, transformações, saídas e retroalimentação (*feedback*). Nesse sentido, questionamos: Você consegue imaginar esse fluxo nas operações de uma organização? É possível uma organização sem processos?

De acordo com Gonçalves (2000, p. 7),

> Todo trabalho importante realizado nas empresas faz parte de algum processo. Não existe um produto ou um serviço oferecido por uma empresa sem um processo empresarial. Da mesma forma, não faz sentido existir um processo empresarial que não ofereça um produto ou um serviço. Na concepção mais frequente, processo é qualquer atividade ou conjunto de atividades que toma um *input*, adiciona valor a ele e fornece um *output* a um cliente específico. [grifo do original]

As organizações, como informa o próprio título do artigo de Gonçalves (2000), "são grandes coleções de processos". Nesse artigo, o autor distingue os processos empresariais em três categorias básicas:

1. **Processos de negócio** – São os processos que geram os produtos e/ou serviços aos clientes externos, os quais consideramos como a essência do negócio. Para tanto, recebem suporte dos demais processos internos. Exemplos: vendas, distribuição e atendimento ao cliente.
2. **Processos organizacionais** – Também chamados de *processos de integração organizacional*, fornecem suporte aos processos de negócio por meio da coordenação dos subsistemas da organização. Exemplos: compras, planejamento organizacional e treinamento e desenvolvimento (T&D).

3. **Processos gerenciais** – Como o próprio nome diz, são os processos administrativos, ou seja, processos de estabelecimento de metas, controle e mensuração do desempenho, entre outros.

> *Para saber mais*
>
> Quando uma organização decide implementar um *software* de gestão empresarial do tipo *Enterprise Resource Planning* (ERP), uma de suas primeiras atividades é conhecer os processos de negócios. Isso ocorre porque esse tipo de *software* causa grande impacto sobre toda a gestão do negócio e, consequentemente, em seus processos.
>
> Realize uma pesquisa sobre as principais soluções em ERP no Brasil e verifique sua relação com os processos organizacionais:
>
> IFS APPLICATIONS – Software de ERP para negócios dinâmicos. Disponível em: <http://www.ifsworld.com/pt-br>. Acesso em: 11 jun. 2014.
>
> MICROSOFT DYNAMICS ERP – Soluções de planejamento de recursos empresariais. Disponível em: <http://www.microsoft.com/pt-br/dynamics/erp.aspx>. Acesso em: 11 jun. 2014.
>
> ORACLE BRASIL – Hardware and Software, Engineered to Work Together. Disponível em: <http://www.oracle.com/br/index.html>. Acesso em: 11 jun. 2014.
>
> SAP – Software & soluções; aplicativos de negócios & TI. Disponível em: <http://www.sap.com/brazil/index.html>. Acesso em: 11 jun. 2014.
>
> TOTVS – Soluções softwares de gestão para o seu negócio. Disponível em: <http://www.totvs.com>. Acesso em: 11 jun. 2014.

Portanto, um sistema de produção é um grande processo de negócios formado por vários outros pequenos microprocessos. O grande processo é o conjunto de todas as entradas de recursos, como equipamentos, matérias-primas, mão de obra, pedidos dos clientes e *softwares*, entre outros; além disso, engloba o uso de alguns desses recursos para transformar os demais em produtos e serviços e a distribuição dos resultados desse processo para os clientes. Os dados coletados no ambiente sobre a aceitação dos produtos, o nível de satisfação dos clientes, a quantidade vendida e as mudanças das necessidades de consumo são utilizados para retroalimentar os processos – e, em última análise, o sistema.

São exemplos de pequenos processos de produção o desenvolvimento de produtos e serviços (que vimos no Capítulo 5); o processo de compra de insumos; o processo de produção de um produto específico; o processo de manutenção de equipamentos, e assim por diante. Dentro desses processos existem o que denominamos de *microprocessos*, como a negociação com um fornecedor específico ou a solicitação de um serviço de manutenção de máquinas.

Destacamos aqui exemplos de processos em operações que provavelmente são os que conseguimos visualizar mais facilmente e nos quais percebemos seu início e fim. Entretanto, existem outros processos na organização nos quais não fica tão claro onde começam ou terminam nem vemos seus resultados em termos materiais – como aqueles relacionados ao desenvolvimento das pessoas.

Você já deve ter concluído que a decisão sobre a forma como produzir, ou seja, o **processo de produção,** é de grande importância para a organização e para seu futuro. Essas decisões causam impacto em outros processos internos e no relacionamento com clientes, fornecedores e demais *stakeholders*. Agora, veremos os principais elementos dos processos em operações.

7.1.2 Volume e variedade das operações

Para tomar decisões sobre o processo mais adequado às operações, é essencial o conhecimento sobre duas variáveis que diferenciam os processos de produção e influenciam os objetivos estratégicos das operações: o **volume** e a **variedade** dos produtos e/ou serviços produzidos (Chambers; Johnston; Slack, 2009). Essa perspectiva de análise nos faz compreender que todas as decisões importantes e, portanto, estratégicas, deverão considerar o volume, ou seja, a **quantidade** de produtos e serviços produzidos por um sistema de produção, conforme verificamos no Capítulo 6, sobre capacidade.

Variedade, por seu turno, significa a **gama de diferentes produtos e/ou serviços** que um sistema é capaz de fabricar. Nesse caso, pode-se tratar tanto da produção de diferentes linhas de produtos quanto da personalização ou do nível de diferenciação entre eles, que podem, inclusive, ser exclusivos para cada cliente.

Contextualize seu entendimento sobre o assunto lendo o caso das Bicicletas Ciclég Ltda. e avaliando as variáveis **volume** e **variedade**.

–Estudo de caso

Ciclég: *bikes* por encomenda

Criada por dois irmãos na cidade de Pinhais, Região Metropolitana de Curitiba (PR), a Ciclég aproveita a demanda crescente no país por bicicletas personalizadas, com cores e acessórios à escolha dos clientes.

A empresa oferece quatro modelos básicos diferentes, que podem ser customizados ao gosto do freguês. A meta é vender 100 bicicletas por mês.

As bicicletas são feitas sob encomenda e o cliente pode escolher entre 40 cores diferentes, inclusive personalizando cada parte da bicicleta, como quadro, garfo, bagageiro, cobre corrente, para-lamas traseiro e dianteiro. Além disso, é possível selecionar o tipo de freio (contrapedal ou *v-break*), câmbio e pneu.

Fontes: Cardoso, 2014; Ciclég, 2014.

Nas organizações com grande volume de produção, as tarefas tendem a ser repetitivas e padronizadas em procedimentos, rotinas e ferramentas. Essas empresas organizam seus processos dessa forma com o objetivo de obter ganhos de produtividade, alcançar grande fatia de mercado ou muitos mercados, bem como reduzir sistematicamente os custos fixos, que são diluídos entre as várias unidades produzidas (Chambers; Johnston; Slack, 2009).

São exemplos de sistemas com **grande volume de produção**: as grandes montadoras da indústria automobilística, como Renault, Volkswagen e Ford; as cadeias de *fast food*, como Burger King®, McDonald's e Bob's; as produtoras de eletroeletrônicos em larga escala, como Brastemp e Consul (Whirlpool Latin America), LG, Samsung e Electrolux; as mineradoras e petrolíferas com o porte da Vale, Petrobras e ExxonMobil; os grandes varejistas, como Walmart, Casas Bahia, Magazine Luiza; as construtoras, como MRV Engenharia, Gafisa e Rossi; as indústrias de bens de consumo, como Ambev, Coca-Cola, Unilever, Procter & Gamble; as empresas de telefonia, como Vivo, Claro, Telefônica; as empresas de transporte coletivo; entre outros segmentos e organizações.

Em relação à Ciclég – caso que apresentamos anteriormente –, qual é o seu volume de produção? Certamente é uma empresa com volume pequeno, uma vez que o processo é artesanal e customizado. A empresa produz apenas quando vende, ou seja, sem a formação de estoque do produto finalizado.

Além dos exemplos que mencionamos de organizações com grande volume de produção, exploraremos com mais detalhes o caso do Restaurante Madalosso. Fique atento aos grandes números desse estabelecimento localizado na cidade de Curitiba (PR).

– Estudo de caso

Restaurante Madalosso: o maior da América Latina

Um caso bastante atípico de negócio de grande volume de produção é o do Restaurante Madalosso, localizado num bairro de imigrantes italianos, Santa Felicidade, em Curitiba (PR). Em 1995, esse restaurante foi eleito pelo *Guinness Book* com o título de maior restaurante das Américas, com um total de 4.645

lugares e área total de 7.671 m². Não é comum que restaurantes trabalhem com um volume tão grande de produção, mas essa estratégia parece funcionar muito bem para o Madalosso.

Fonte: Adaptado de Restaurante Madalosso, 2014.

Por outro lado, existem empresas que trabalham com pequeno volume de produção, mas são capazes de oferecer **ampla variedade de produtos e serviços** aos clientes. Essa variedade permite mais flexibilidade para atender às diferentes necessidades ou mesmo oferecer maior valor agregado aos clientes, por permitir-lhes possibilidades de escolha. Porém, a falta de padronização ou a grande quantidade de processos diferentes para fabricar uma linha tão diversificada aumenta os custos e pode causar, inclusive, variabilidade na qualidade dos produtos.

São exemplos de sistemas com grande variedade de produtos e/ou serviços: fabricantes de móveis personalizados; redes de táxis; produtos artesanais em geral; alfaiates; prestadores de serviços de manutenção residencial; fabricantes de bens por encomenda (como a Ciclég); pequenas construtoras e reformadoras de imóveis; entre outros. Apesar dos exemplos que citamos, nem todas as empresas que trabalham com uma grande variedade são da área de serviços e de pequeno porte. Esses são os exemplos mais fiéis aos conceitos, mas grandes empresas, como a Unilever, produzem e vendem uma grande variedade de produtos. A diferença é a **flexibilidade** que essas grandes empresas em geral não possuem para atender necessidades específicas dos clientes, pois **seu foco é o volume**.

Além das variáveis **volume** e **variedade**, Corrêa e Corrêa (2004) apresentam pelo menos mais três elementos importantes que diferenciam os processos produtivos: **recurso dominante**, **forma de incrementar a capacidade** e **critério competitivo da organização**. Apresentamos, na Figura 7.1, esses elementos, bem como a tipologia de processos formada com eles – a qual discutiremos no próximo tópico deste capítulo.

Figura 7.1 – Aspectos segundo os quais os processos produtivos se diferenciam

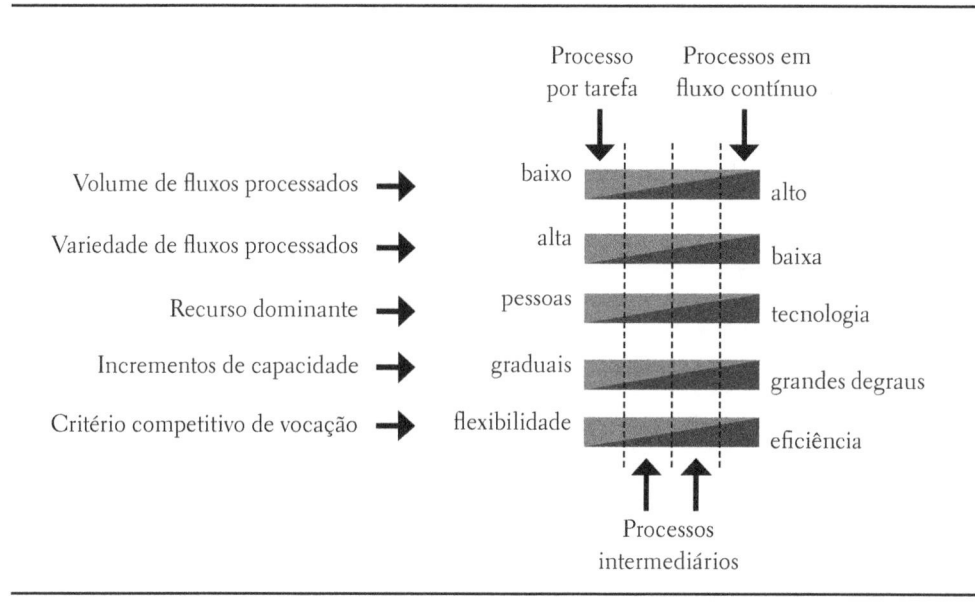

		Processo por tarefa	Processos em fluxo contínuo
Volume de fluxos processados →	baixo		alto
Variedade de fluxos processados →	alta		baixa
Recurso dominante →	pessoas		tecnologia
Incrementos de capacidade →	graduais		grandes degraus
Critério competitivo de vocação →	flexibilidade		eficiência
		Processos intermediários	

Fonte: Corrêa; Corrêa, 2004, p. 333-334.

Assim, o volume e a variedade são duas importantes variáveis dos processos produtivos e devem ser identificados com precisão pelos gestores, de modo a definir as bases de suas decisões. Entre essas decisões estão as relacionadas a como produzir de modo mais eficiente, o que estudaremos no próximo tópico.

7.1.3 Tipos de processos produtivos

O objetivo das organizações, ao definirem os processos de produção, consiste em alcançar a maior eficiência possível com o menor custo, apesar dos *trade-offs* existentes entre volume e variedade. Desse modo, conforme vimos na Figura 7.1, a combinação das variáveis **volume** e **variedade** com os outros três aspectos da produção (recurso dominante, incremento e critério competitivo) nos fornece alguns tipos de processos de produção. Esses processos fazem parte de um *continuum* que, em um sentido, vai do menor ao maior volume de produção e, no sentido oposto, da maior à menor variedade. A Figura 7.2 apresenta os tipos de processos de manufatura (na primeira linha) e de serviços (na segunda linha), além do *continuum* volume *versus* variedade. Em seguida, explicaremos cada um dos tipos de processos produtivos.

Figura 7.2 – Tipos de processos de manufatura e de serviços – volume × variedade

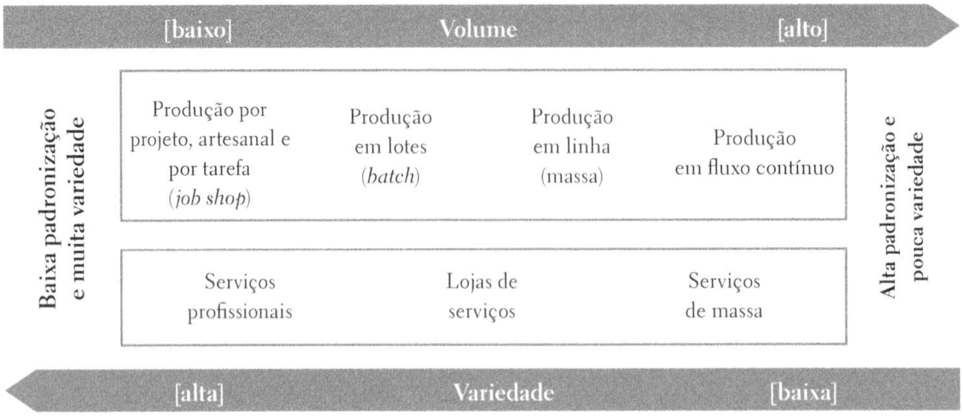

	[baixo]	Volume		[alto]	
Baixa padronização e muita variedade	Produção por projeto, artesanal e por tarefa (*job shop*)	Produção em lotes (*batch*)	Produção em linha (massa)	Produção em fluxo contínuo	Alta padronização e pouca variedade
	Serviços profissionais	Lojas de serviços	Serviços de massa		
	[alta]	Variedade		[baixa]	

Fonte: Adaptado de Corrêa; Corrêa, 2004; Peci; Sobral, 2008.

Os tipos básicos de **processos de produção nas operações de manufatura** são (Corrêa; Corrêa, 2004; Peci; Sobral, 2008):

a. **Produção por tarefa (*job shop*)** – É a produção de bens em volumes ou lotes praticamente unitários, mas com grande variedade de produtos. Para ter tamanha flexibilidade, os roteiros de fabricação são variados e os equipamentos e demais recursos não são dedicados, ou seja, servem para a produção de vários produtos diferentes. Exemplos: móveis por encomenda e metalúrgicas que atendem a pedidos especiais.

b. **Produção por lotes** – A fabricação ocorre em lotes de produtos, o que quer dizer que são produzidos dois ou mais produtos por vez. Com isso, o volume é um pouco maior do que a produção por tarefa e a variedade é um pouco menor, mas ainda se mantém a possibilidade de produzir uma ampla variedade ao mesmo tempo em que se reduz o custo fixo com a economia de escala. Exemplos: produção de roupas, peças estampadas para automóveis e restaurantes do tipo *self-service*.

c. **Produção em massa ou linha** – Produção em grande volume e com pouca variedade, realizada em um processo sequencial de montagem chamado de *linha de produção*. O processo é padronizado e repetitivo, de forma a ganhar em produtividade e, consequentemente, ter custos cada vez mais baixos. Geralmente, quando se fala de uma fábrica, a primeira imagem que nos vem à mente são as linhas de produção de automóveis, refrigerantes, computadores ou móveis em larga escala.

d. **Produção contínua** – Como o nome diz, é o tipo de processo produtivo praticamente ininterrupto, como se toda a fábrica fosse uma única máquina na qual a linha de montagem não tem momentos de parada entre as etapas do processo. Geralmente, nesse caso a fabricação é automatizada. O volume, portanto, é altíssimo e a variedade tende a ser inexistente. São exemplos: as refinarias de petróleo, as siderúrgicas e as indústrias que produzem água mineral envasada.

Temos também certos tipos de **processos de produção de operações de serviços**. Os conceitos são os mesmos dos processos de manufatura e a literatura em geral também apresenta mais do que três tipos. No entanto, considerando que os demais são apenas variantes, apresentaremos os três a seguir (Corrêa; Corrêa, 2004; Peci; Sobral, 2008):

a. **Serviços profissionais** – São empresas como as de consultoria e advocacia, ou seja, serviços especializados que se personalizam conforme as necessidades dos clientes. As prestadoras atendem a poucos clientes por vez, mantêm uma relação muito intensa com eles e conseguem oferecer uma ampla variedade nas formas de executar seus serviços.

b. **Lojas de serviços** – A maioria das operações de serviços encontra-se nesta classificação. É o caso das financeiras, universidades, hotéis, padarias, restaurantes e lojas de varejo em geral. São empresas de serviços com relativo grau de contato com os clientes, volume e variedade de serviços considerados intermediários. Em face do contato com o consumidor, esse tipo de processo é capaz de oferecer algum grau de personalização aos serviços.

c. **Serviços de massa** – São empresas de serviços que atendem a um grande volume de clientes por dia. Os serviços são padronizados e oferecem pouca variedade ou flexibilidade na oferta. Procuram utilizar cada vez mais tecnologia nos processos, reduzindo o grau de contato direto com o consumidor e enfocando atividades de *back office*[1]. Exemplos: empresas de telefonia, transporte coletivo urbano, distribuidoras de energia elétrica, empresas de saneamento, de grandes espetáculos (esportivos e culturais) e alguns órgãos públicos, como a Receita Federal.

Você já deve ter percebido o nível de complexidade das decisões sobre os processos de produção. O efeito de qualquer outra decisão organizacional, como de *marketing* ou finanças, pode influenciar diretamente no seu volume e/ou sua variedade. Em decorrência disso, o relacionamento com os clientes, o nível de serviços, a qualidade dos produtos, os custos e os preços dependem dessas decisões. Assim, o planejamento estratégico, bem como os objetivos de longo prazo e a definição

---

[1] Segundo Corrêa e Caon (2002, p. 66), "as atividades que ocorrem sem contato com o cliente são chamadas de atividades de 'retaguarda' ou de *back office*".

das prioridades competitivas (custo, qualidade, flexibilidade, velocidade e serviço) devem ser levados em consideração no planejamento dos processos, de modo que estejam totalmente alinhados.

Recomendamos que você releia o Capítulo 2, sobre **sistemas de produção**, para realizar a conexão com os conceitos deste capítulo e maximizar seu aprendizado sobre essas temáticas. Ambos serão importantes para a compreensão do conteúdo do capítulo seguinte – arranjo físico e fluxos produtivos.

7.1.4 Tecnologia de processos

À medida que as organizações foram crescendo e se modernizando, novas tecnologias foram incorporadas aos seus processos operacionais. Qualquer máquina, equipamento ou artefato que contribua para a transformação dos *inputs* em *outputs* é considerado como **tecnologia de processos** (Slack et al., 1999). Geralmente, quanto maior o volume de produção desejado pela organização, mais intensiva em capital, ou seja, em equipamentos (máquinas de comando numérico computadorizado, robôs, esteiras automáticas, empilhadeiras etc.), sua operação deve ser. Do uso de ordenhadeiras mecânicas em fazendas de produção de leite até o satélite e o ambiente virtual de aprendizagem que proporcionam o ensino a distância a uma grande quantidade de alunos, a tecnologia contribui para o aumento da produtividade, a redução de custos e a adição de valor aos processos.

Tanto empresas que trabalham com pequeno volume, que em geral são intensivas em mão de obra, quanto as operadoras de serviços (com pequeno ou grande volume) utilizam tecnologias para melhorar seus processos e serviços – seja uma clínica odontológica capaz de realizar radiografia panorâmica, seja uma empresa de transporte público que realiza o controle automático da quantidade de passageiros transportados pela emissão de sinal de rádio entre a catraca de cada ônibus e a sede da companhia.

Diversos são os tipos de tecnologias para o **processamento de materiais**. Slack et al. (1999) identificaram inúmeras aplicações para processar plásticos, tecidos, metais e outros materiais. Entre elas, destacamos a conformação, a formação, o corte, o molde e as ligadoras, além do uso de eletroerosão e *laser* para o corte de materiais.

O que distingue uma tecnologia da outra, em geral, são as formas de controle dos equipamentos, o deslocamento dos materiais e a organização dos sistemas de produção. Desse modo, as principais tecnologias de processamento de materiais são: as **máquinas de controle** ou comando numérico computadorizado, conhecidas pela sigla CNC; o uso de robôs, para manuseio (deslocamento de peças, como para-brisas de automóveis), processos (perfuração e corte, por exemplo) ou montagem de peças ou produtos inteiros; os veículos guiados automaticamente (*Automatic Guided Vehicle Systems* – AGVs); e os sistemas flexíveis de manufatura (*Functional Movement Systems* – FMS) (Slack et al., 1999).

> *Para saber mais*
>
> Saiba mais sobre as tecnologias de processamento de materiais assistindo aos vídeos indicados a seguir. Procure aprofundar seus conhecimentos sobre as aplicações tecnológicas nos processos produtivos, por meio dos diferentes exemplos de automação e tecnologia nas operações.
>
> AUTO MOTO TV. **Toyota Factory in Mississippi, USA.** 2011. Disponível em: <http://www.youtube.com/watch?v=hg5RlapdEtE>. Acesso em: 11 jun. 2014.
>
> CREFORM CORPORATION. **Automated Guided Vehicles**. 2010. Disponível em: <http://www.youtube.com/watch?v=ZpEs46gdrb4>. Acesso em: 11 jun. 2014.
>
> GLOBO RURAL. **O caminho da laranja**. 2012. Disponível em: <http://www.youtube.com/watch?v=Y-wJPDXGe_M>. Acesso em: 11 jun. 2014.
>
> MOVTECH TECNOLOGIA. **Mini torno CNC 5 ferramentas**. 2010. Disponível em: <http://www.youtube.com/watch?v=3iewSLLHEk0>. Acesso em: 11 jun. 2014.
>
> TELECURSO 2000. **Automação – 16 máquinas CNC**. 2012. Disponível em: <http://www.youtube.com/watch?v=uBSf7BWduqU>. Acesso em: 11 jun. 2014.
>
> TOYOTA FORKLIFT. **Toyota's Automated Guided Vehicles (AGVs)**. 2013. Disponível em: <http://www.youtube.com/watch?v=7xvP645fVnI>. Acesso em: 11 jun. 2014.

Gonçalves (2000) considera que a tecnologia impacta e, muitas vezes, até impõe a forma de se realizar o trabalho de cada indivíduo. Imagine uma linha de montagem de automóveis: qualquer alteração nos equipamentos e processos afeta a forma como cada trabalhador desempenha suas atividades. Além disso, também pode promover mudanças na forma como o grupo (ou mesmo as organizações) realiza as atividades em conjunto. Daí a importância de conhecermos adequadamente os processos e avaliarmos os possíveis efeitos das mudanças tecnológicas.

Diante do impacto e das incertezas que a tecnologia pode trazer aos processos e à organização como um todo, Slack et al. (1999, p. 182) propõem que os gestores de operações utilizem uma espécie de *checklist* para refletir sobre questões fundamentais a respeito das tecnologias de processos:

- O que a tecnologia faz e o que é diferente de outras tecnologias similares?
- Como ela faz isso? Isto é, quais características particulares da tecnologia são usadas para desempenhar suas funções?
- Que benefícios a tecnologia usada dá para a operação produtiva?
- Que limitações a tecnologia usada traz para a produção?

Esses autores consideram, ainda, que todas as tecnologias podem ser avaliadas em três dimensões, conforme mostramos na figura a seguir.

Figura 7.3 – Dimensões de avaliação das tecnologias

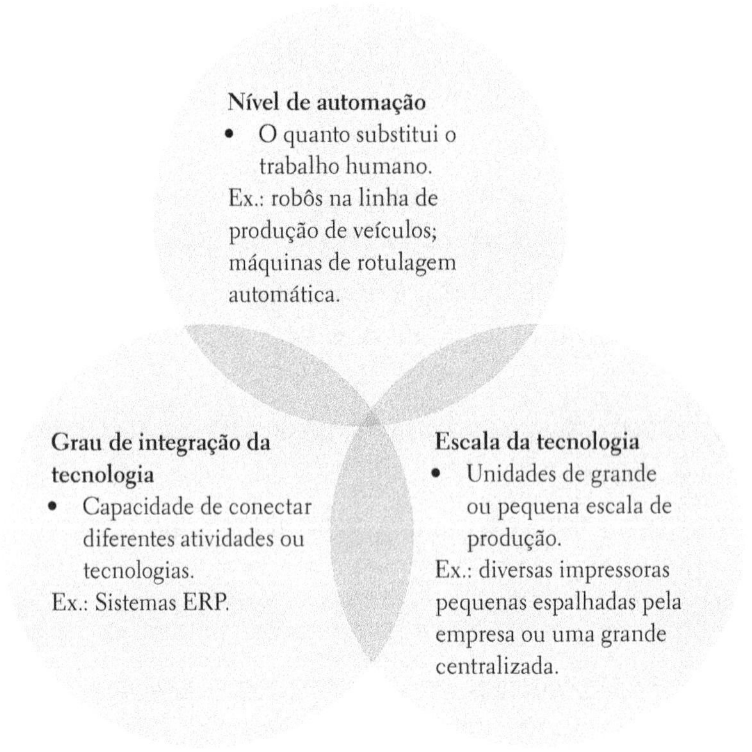

Nível de automação
- O quanto substitui o trabalho humano.
Ex.: robôs na linha de produção de veículos; máquinas de rotulagem automática.

Grau de integração da tecnologia
- Capacidade de conectar diferentes atividades ou tecnologias.
Ex.: Sistemas ERP.

Escala da tecnologia
- Unidades de grande ou pequena escala de produção.
Ex.: diversas impressoras pequenas espalhadas pela empresa ou uma grande centralizada.

Fonte: Adaptado de Slack et al., 1999.

Assim, avaliar a aplicação das tecnologias, quanto ao nível de automação, integração e escala, nos processos de operações contribui para que a área passe dos estágios iniciais de apoio à estratégia para estágios mais avançados, nos quais as operações não apenas apoiam, mas são responsáveis pelas vantagens competitivas.

7.2 Organização do trabalho em operações

Assim como a tecnologia, os sistemas, os procedimentos e as instalações são elementos essenciais nos processos de produção, o **fator humano** é outra importante variável que contribui decisivamente para a eficiência e a eficácia dos processos (Slack et al., 1999). Portanto, cabe ao gestor de operações compreender a forma adequada de organizar o trabalho humano e o impacto causado por este.

A divisão do trabalho, por exemplo, é fortemente influenciada pelas tecnologias e instalações e pelo perfil da mão de obra. Por outro lado, ela impacta os relacionamentos entre as pessoas e entre a organização e os demais subsistemas externos ou internos.

Projetar o trabalho, levando em consideração esses e outros elementos presentes no ambiente organizacional é uma das decisões mais complexas para os gestores de operações. A combinação entre o elemento humano e os sistemas técnicos torna o futuro imprevisível e, em consequência, de difícil controle.

7.2.1 Projeto do trabalho

Para aumentar as chances de previsibilidade, recomendamos que as operações desenvolvam um **projeto do trabalho**. Davis, Aquilano e Chase (2001, p. 327) entendem o projeto do trabalho como "tarefas e sequências que devem ser executadas e que estão relacionadas com o trabalho atribuído a cada indivíduo".

Algumas práticas organizacionais têm afetado diretamente o projeto do trabalho, que corresponde ao estabelecimento de processos e à alocação de pessoas. Dentre elas, destacamos: o aumento da automatização dos processos; a redução significativa do número de pessoas, em termos hierárquicos ou funcionais; a estruturação da produção em redes organizacionais, nas quais diversas empresas participam do mesmo processo de produção; as estratégias corporativas de aquisições, reestruturações de negócios, parcerias estratégicas, *joint ventures*[2] e fusões; e a internacionalização[3].

Com isso, o desafio de projetar o trabalho nas operações é grande. De modo a fornecer um guia para o início desse desafio, Slack et al. (1999) apresentam perguntas críticas sobre os elementos do projeto do trabalho. A base para a combinação desses elementos encontra-se no **critério competitivo** que a organização especificou em suas intenções estratégicas, conforme vimos no Capítulo 4, ou seja, **qualidade**, **custo**, **flexibilidade**, **rapidez** ou **serviço**.

---

[2] Segundo Hitt, Ireland e Hoskisson (2008, p. 247), "uma *joint venture* é uma aliança estratégica em que duas ou mais empresas criam uma empresa juridicamente independente para dividir alguns de seus recursos e capacitações, a fim de desenvolver uma vantagem competitiva".

[3] Ainda conforme Hitt, Ireland e Hoskisson (2008, p. 211), "uma estratégia internacional é aquela por meio da qual a empresa vende seus produtos ou serviços fora da esfera de seu mercado local".

Tendo isso em mente, deve-se projetar o trabalho procurando respostas para os seguintes questionamentos (Slack et al., 1999, p. 204):

- Que habilidades são necessárias para que os processos atinjam seus objetivos?
- Onde alocar as pessoas?
- Que tarefas lhes devem ser atribuídas?
- Em que sequência?
- Alguém mais deve participar do processo?
- Como realizar a interface das pessoas com as instalações?
- Que condições ambientais devem ser garantidas?
- Qual o nível de autonomia de cada indivíduo, função ou grupo?

Observe que essas questões lhe ajudarão a tomar as decisões mais qualificadas para projetar o trabalho e alocar as pessoas certas nas funções certas. Portanto, cabe ao gestor de operações identificar, avaliar e combinar adequadamente esses elementos, de modo a obter processos eficientes, eficazes e que sejam capazes de reduzir os impactos negativos sobre a vida das pessoas, seja por reduzirem o nível de conflito, seja por proporcionarem qualidade de vida física e mental no trabalho ou estimularem o desenvolvimento de pessoas e equipes.

7.2.2 Coordenação do trabalho

Neste ponto, chegamos ao clássico problema da administração de empresas: **Como dividir e coordenar o trabalho humano?** No fundo, é essa pergunta que tentamos responder quando direcionamos nossa atenção para o papel do **elemento humano** nos processos organizacionais.

Mintzberg (2003) lançou um olhar interessante sobre essa questão e indicou cinco formas de se coordenar o trabalho (Figura 7.4). Cada forma de coordenação é implementada à medida que variarem a quantidade de pessoas no processo, o grau de complexidade das tarefas, o nível de formalização e o grau de centralização das decisões (Mintzberg, 2003; Hall, 2004).

Cada mecanismo de coordenação do trabalho é apresentado de maneira resumida na Figura 7.4. O direcionamento das flechas indica o aumento da quantidade de pessoas, da complexidade, da formalização e da descentralização das decisões. Observe que novos mecanismos de coordenação são incorporados aos processos sem que os anteriores sejam descartados. Nas grandes e complexas organizações, como a Petrobras, encontraremos todas as formas de coordenar o trabalho.

De forma diferente ocorre em uma pequena empresa que, por exemplo, produz artesanato e é constituída por duas pessoas, na qual, provavelmente, apenas o ajustamento mútuo será utilizado como forma de coordenar o trabalho entre essas pessoas.

Figura 7.4 – Cinco mecanismos de coordenação do trabalho

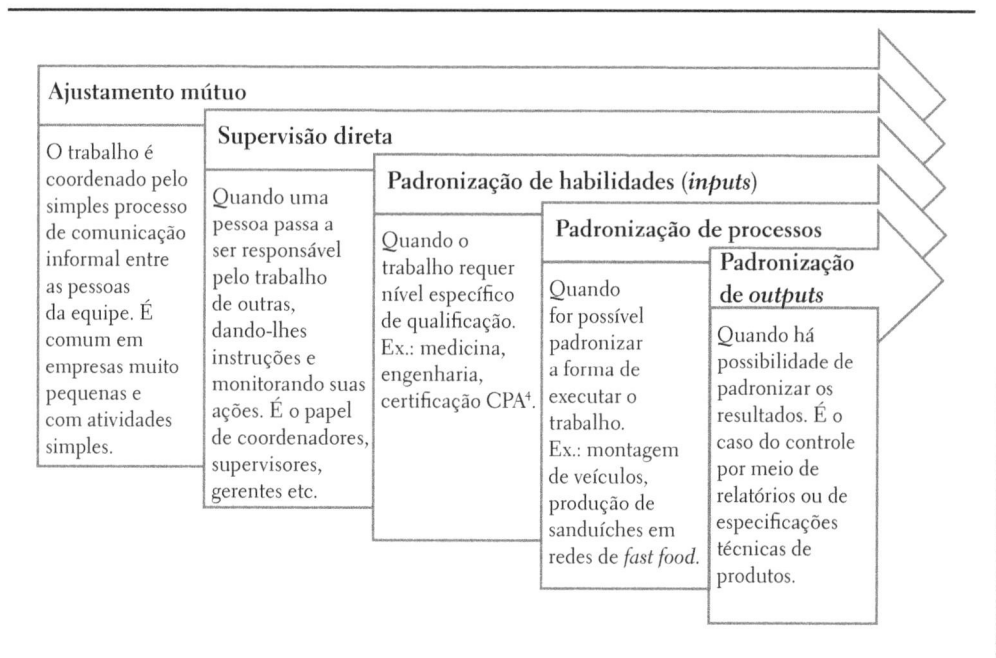

Ajustamento mútuo
O trabalho é coordenado pelo simples processo de comunicação informal entre as pessoas da equipe. É comum em empresas muito pequenas e com atividades simples.

Supervisão direta
Quando uma pessoa passa a ser responsável pelo trabalho de outras, dando-lhes instruções e monitorando suas ações. É o papel de coordenadores, supervisores, gerentes etc.

Padronização de habilidades (inputs)
Quando o trabalho requer nível específico de qualificação. Ex.: medicina, engenharia, certificação CPA[4].

Padronização de processos
Quando for possível padronizar a forma de executar o trabalho. Ex.: montagem de veículos, produção de sanduíches em redes de fast food.

Padronização de outputs
Quando há possibilidade de padronizar os resultados. É o caso do controle por meio de relatórios ou de especificações técnicas de produtos.

Fonte: Adaptado de Mintzberg, 2003.

[4] A certificação CPA a que se refere a Figura 7.4 trata-se de uma certificação profissional da Associação Brasileira das Entidades dos Mercados Financeiro e de Capitais (Anbima) para profissionais que comercializam produtos de investimento no mercado financeiro, como gerentes de agências bancárias (Anbima, 2014).

Quanto à **divisão**, à **coordenação** e ao **controle do trabalho humano**, observamos dois movimentos diferentes nas empresas. Por um lado, há segmentos nos quais cada vez mais são estabelecidos **procedimentos formais e padronizados** para a execução do trabalho. Esse é o caso da produção em larga escala de produtos nos quais não há necessidade de mão de obra altamente qualificada. Por outro lado, os segmentos de alta tecnologia, pesquisa, prestadoras de serviços profissionais etc. optam por exercer a coordenação por meio do **investimento em habilidades e padronização de outputs** ou pelo **ajustamento mútuo**, dando mais liberdade criativa aos indivíduos.

> **Para saber mais**
>
> Para ampliar seus conhecimentos, realize uma pesquisa sobre as práticas de gestão de pessoas, em especial a divisão do trabalho e os mecanismos de coordenação e controle utilizados por grandes empresas de tecnologia localizadas no Vale do Silício, na Califórnia (EUA), como Google, Facebook®, Apple e HP. Procure também conhecer as práticas de empresas do setor automobilístico no Brasil.
>
> Recomendamos as seguintes fontes para iniciar sua pesquisa:
>
> CAMPOS, E. Por dentro do Google. **Época Negócios,** 2014. Disponível em: <http://epocanegocios.globo.com/Revista/Common/0,,ERT91431-16355,00.html>. Acesso em: 22 jul. 2014.
>
> MELO, L. de. As ideias de Ford que ainda valem, 150 anos após ele nascer. **Exame.com**, 1º ago. 2013. Disponível em: <http://exame.abril.com.br/negocios/noticias/as-ideias-de-ford-que-ainda-valem-150-anos-apos-ele-nascer?page=2>. Acesso em: 11 jun. 2014.
>
> NASCIMENTO, R. P. Flexibilidade produtiva e o modelo de competência: estudo de caso no setor automobilístico brasileiro. In: ENCONTRO NACIONAL DE ENGENHARIA DA PRODUÇÃO – Enegep, 23., 2003, Ouro Preto. **Anais...** Ouro Preto: Enegep, 2003. Disponível em: <http://www.abepro.org.br/biblioteca/enegep2003_tr0113_1052.pdf>. Acesso em: 11 jun. 2014.
>
> Sugerimos, também, que você faça uma nova leitura de alguns tópicos do Capítulo 1 que dizem respeito às teorias da administração (Taylorismo, Fayolismo, Fordismo, Hawthorne e Toyotismo). Essas teorias fornecem a base para a compreensão do projeto do trabalho nas organizações, em especial a respeito da divisão do trabalho e do estudo de tempos e movimentos, muito utilizado em ambientes fabris.

7.2.3 Ergonomia

Outro elemento importante para projetar a organização do trabalho é a **ergonomia**, isto é, os **aspectos fisiológicos** (relativos ao corpo humano) do projeto do trabalho (Slack et al., 1999; Laugeni; Martins, 2005).

A ergonomia tem como ponto de partida a concepção de que o trabalho (ambiente, processos e tecnologias) deve adequar-se ao trabalhador, e não o contrário. Essa área de estudos avalia as condições físicas do local de trabalho e sua relação com as pessoas.

A ergonomia apresenta duas grandes áreas de atuação para adequar o trabalho às pessoas: o **local** de trabalho e o **ambiente** de trabalho (Slack et al., 1999;

Laugeni; Martins, 2005). Esses dois elementos, quando inadequados às pessoas, podem resultar em fadiga, baixo desempenho, danos físicos e até mentais.

    a. **Local de trabalho** – São as tecnologias e os métodos de trabalho utilizados fisicamente pelas pessoas. Exemplos: cadeiras e mesas; telas de computadores, teclados e *mouse*; máquinas de produção industrial; métodos para prestar serviços de manutenção; e processos que levem à repetição exaustiva de movimentos.

    b. **Ambiente de trabalho** – Envolve questões como temperatura e ventilação, umidade relativa do ar, iluminação e ruídos, que podem influenciar a execução do trabalho e a saúde dos trabalhadores.

Para orientar o trabalho de acordo com critérios e padrões internacionalmente aceitos, foram criadas normas (nacionais e internacionais) que asseguram que o trabalho seja adequado ao trabalhador. As mais conhecidas no Brasil são emitidas e controladas pelo Instituto Nacional de Metrologia, Qualidade e Tecnologia (Inmetro) – é o caso da Norma Regulamentadora 17 (Brasil, 1990).

Há, também, um conjunto de normas britânicas internacionalmente utilizadas para garantir o cumprimento dos requisitos relacionados ao Sistema de Gestão de Saúde e Segurança Ocupacionais (SSO). Esse conjunto é o Occupational Health and Safety Assessment Services – OHSAS 18001, ou Série de Avaliação da Segurança e Saúde no Trabalho.

Para saber mais

Sobre normas de saúde e segurança no trabalho, consulte os seguintes *sites*:

NR 17 – Ergonomia e outras sobre segurança e saúde no trabalho

BRASIL. Ministério do Trabalho e Emprego. Portal MTE. **Legislação**: normas regulamentadoras. 2014. Disponível em: <http://portal.mte.gov.br/legislacao/normas-regulamentadoras-1.htm>. Acesso em: 22 jul. 2014.

BRASIL. Norma Regulamentadora 17: ergonomia. **Diário Oficial da União**, Brasília, DF, 26 nov. 1990. Disponível em: <http://portal.mte.gov.br/data/files/FF8080812BE914E6012BEFBAD7064803/nr_17.pdf>. Acesso em: 22 jul. 2014.

OHSAS 18001

OHSAS 18001. **The Health and Safety & OHSAS Guide**. 2014. Disponível em: <http://www.ohsas-18001-occupational-health-and-safety.com>. Acesso em: 11 jun. 2014.

WIKIPEDIA. **OHSAS 18001**. Disponível em: <http://pt.wikipedia.org/wiki/OHSAS_18001>. Acesso em: 11 jun. 2014.

—Síntese

Com este capítulo, retomamos e demos continuidade ao conteúdo do Capítulo 2 e preparamos você, leitor, para o Capítulo 8. Por quê? Porque, com ele, agregamos informações de nível estratégico sobre os tipos de processos produtivos e as variáveis que servem de base para as decisões. Você certamente compreendeu o quanto os processos e sistemas de produção são influenciados pelo volume de *output* e pela variedade de produtos e serviços que fornecem aos clientes.

Vimos que um processo produtivo é capaz de produzir uma ampla variedade de produtos e serviços, quando está organizado por **tarefa** ou no **sistema de serviços profissionais**. Por outro lado, esse processo pode gerar grande volume de *output*. No outro extremo, encontram-se os processos de produção e serviços de massa e fluxo contínuo, os quais são próprios para gerar grandes volumes de *output* com custos mais baixos, mas pouca variedade de produtos e/ou serviços. Essa é a lógica dos tipos de processos produtivos: quanto maior o volume a ser produzido, menor será a flexibilidade para proporcionar um portfólio variado aos clientes.

Esses processos produtivos dependem de algum **nível tecnológico** para transformar os recursos de produção em produtos e serviços. Em geral, os processos que visam produzir em larga escala são cada vez mais intensivos em capital (máquinas e equipamentos) e os processos de baixo volume e ampla variedade tendem a utilizar mais mão de obra. Entretanto, neste capítulo demonstramos que tecnologia não está apenas nas máquinas, mas também nos processos e no conhecimento especializado. Assim, mesmo as pequenas manufaturas ou prestadoras de serviços também têm investido em tecnologias, com ganhos de qualidade e competitividade.

No presente capítulo, também tratamos da **organização do trabalho em sistemas operacionais**. Evidenciamos que o projeto do trabalho é de extrema importância para proporcionar eficiência, eficácia e melhores condições às equipes de produção. Dentre os elementos do projeto, destacamos os **mecanismos de coordenação das atividades**, para assegurar o alcance conjunto dos objetivos. Seja por meio do ajustamento mútuo, da supervisão direta ou do treinamento, seja mediante a padronização de processos ou a padronização de *outputs*, trata-se de uma ferramenta essencial à gestão das equipes.

Por fim, mas não menos importante, discutimos os elementos de adequação do trabalho ao ser humano, ou seja, a **ergonomia**. Além de gerar efeitos positivos na produtividade e na qualidade, a aplicação dos conceitos da ergonomia ao trabalho beneficia a saúde física e mental dos trabalhadores, tornando as operações e os sistemas apropriados ao desenvolvimento humano.

Exercícios resolvidos

1. **Considere o caso das Bicicletas Ciclég, apresentado logo no início deste capítulo, e avalie a relação entre volume e variedade de produção de bicicletas dessa empresa.**

Duas informações demonstram claramente o pequeno volume de produção da Ciclég. Um deles é o foco da empresa na produção de bicicletas por encomenda e personalizadas, o que é um indicador de que ela não produzirá grandes quantidades. Outro dado é a meta da empresa de chegar a 100 bicicletas produzidas por mês. Apenas para se ter uma ideia de grandeza, segundo dados da Abraciclo (2012), em 2011, o Brasil produziu 4,63 milhões de bicicletas. Ou seja, a quantidade da Ciclég é realmente baixa (artesanal). Por outro lado, a empresa oferece amplas possibilidades de personalizar as bicicletas, seja com cores diferentes em diferentes partes da mesma bicicleta, seja pela inclusão de acessórios ou peças diferentes, conforme as preferências do consumidor. Essas possibilidades permitem muitas combinações, resultando em ampla variedade, apesar de a empresa não oferecer modelos muito diferentes de bicicletas – seu foco é a personalização do mesmo modelo.

2. **Utilizando o mesmo caso das Bicicletas Ciclég, pela descrição apresentada no texto, que tipo de processo produtivo é utilizado por essa empresa? Avalie por que ela decidiu por esse processo.**

Pela descrição, e considerando a relação entre volume e variedade, podemos afirmar que a produção é por tarefa ou, no máximo, por pequenos lotes de peças. Essa decisão deve-se à estratégia de oferecer produtos personalizados aos clientes e à fabricação própria de peças, como o garfo e o quadro.

Questões para revisão

1. (Fearp USP, 2012) Assinale a alternativa correta:

   Embora as operações sejam similares entre si na forma de transformar recursos de *input* em *output* de bens e serviços, apresentam diferenças importantes em quatro aspectos importantes, **exceto** em:
   a) Volume do *output*.
   b) Variedade do *output*.
   c) Variação da demanda do *output*.
   d) Grau de "visibilidade" envolvido na produção do *output*.
   e) Dimensão tempo.

2. Você é gestor de operações de uma organização de manufatura de pequeno porte que vem crescendo significativamente nos últimos três anos. Chegou o momento de expandir as operações e você está diante de decisões que causarão impacto no nível tecnológico de seus processos. O objetivo é fazer a introdução de equipamentos controlados por computador e automatizar o setor de embalagem de itens de baixo valor financeiro. Porém, a introdução de mudanças tecnológicas no processo produtivo traz alto grau de incerteza. De modo a reduzir esse grau de incerteza, quais perguntas críticas você deveria ser capaz de responder antes de tomar suas decisões?

3. As duas principais variáveis que determinam o tipo de processo de manufatura de uma organização são o **volume** e a **variedade**. Os processos são classificados em um *continuum*, que vai do menor volume ao maior volume de *outputs*. Assinale a alternativa que apresenta corretamente os tipos de processos produtivos de manufatura, na sequência correta, iniciando com os processos de pequeno volume e grande variedade e finalizando com os processos de grande volume e pequena variedade.
   a) Produção por tarefa (*job shop*) → produção por lotes → produção em massa ou linha → produção contínua.
   b) Produção por lotes → produção por tarefa (*job shop*) → produção em massa ou linha → produção contínua.
   c) Produção contínua → produção em massa ou linha → produção por lotes → produção por tarefa (*job shop*).
   d) Produção em massa ou linha → produção por tarefa (*job shop*) → produção por lotes → produção contínua.
   e) Produção por lotes → produção em massa ou linha → produção por tarefa (*job shop*) → produção contínua.

4. Neste capítulo, discutimos uma clássica questão da administração de empresas: Como dividir e coordenar o trabalho humano? Apresente um pequeno texto no qual você argumente sobre o impacto desse problema na gestão de operações e que ações podem ser realizadas para resolver ou, pelo menos, reduzir o problema da divisão e coordenação do trabalho.

5. A ergonomia apresenta duas grandes áreas de atuação para adequar o trabalho às pessoas: o local de trabalho e o ambiente de trabalho (Slack et al., 1999; Martins; Laugeni, 2005). Esses dois elementos, quando inadequados às pessoas, podem resultar em fadiga, baixo desempenho, danos físicos e até mentais.

Com relação às áreas de atuação da ergonomia, relacione as colunas:

LT	Local de trabalho		Tecnologias e métodos de trabalho utilizados fisicamente pelas pessoas
			Temperatura, ventilação e umidade relativa do ar
			Cadeiras e mesas
			Iluminação e ruídos
AT	Ambiente de trabalho		Métodos para prestar serviços de manutenção
			Telas de computadores, teclados e *mouse*
			Máquinas de produção industrial

—Questões para reflexão

Imagine os seguintes local e ambiente de trabalho: uma empresa ou unidade de *call center*, na qual trabalham, ao mesmo tempo, mil operadores. Agora, reflita sobre as seguintes questões:

1. Qual é o tempo médio que cada um dos funcionários fica sentado, atendendo chamadas telefônicas?
2. Qual é a temperatura média do ambiente e o quanto ele é ventilado?
3. Quantos movimentos iguais as pessoas executam todos os dias?
4. O quanto e de que forma os equipamentos e *softwares* de computação e comunicação estão adequados ao corpo humano?
5. Qual é o nível de conflito com os clientes e com os supervisores?
6. Quanta pressão recebe um trabalhador como este e qual é o seu nível de estresse?
7. O cargo que ele ocupa tem um conteúdo rico e motivador?
8. Seu salário é adequado para lhe oferecer uma vida digna?
9. Ele tem possibilidades reais de evolução na carreira?
10. O quanto as habilidades que ele desenvolve com esse trabalho o ajudarão em outras funções?

Pense sobre essas questões quando for tomar decisões sobre o projeto do trabalho de suas operações, quaisquer que sejam elas.

capítulo 8

Taís Pasquotto Andreoli

Conteúdos do capítulo

- Conceitos básicos dos arranjos físicos.
- Deficiências e/ou motivos para revisão.
- Principais objetivos dos arranjos físicos.
- Princípios dos arranjos físicos.
- Fatores críticos de escolha dos arranjos físicos.
- Tipos de arranjos físicos: posicional (ou por posição fixa); funcional (ou por processo); linear (ou por produto); celular (ou por grupos); combinado ou misto.
- Análise volume *versus* variedade *versus* custo unitário.
- Métodos específicos para o planejamento dos arranjos: SLP; Immer; Nadler; Apple; Reed.

Após o estudo deste capítulo, você será capaz de:

1. compreender o conceito de arranjo físico, seus objetivos e sua contribuição para as organizações;
2. entender o processo de desenvolvimento de um arranjo físico, analisando os fatores críticos de escolha do arranjo e os princípios norteadores a serem seguidos;
3. examinar os tipos básicos de arranjos físicos, compreendendo as principais características, vantagens e limitações de cada arranjo, quando se recomenda que sejam utilizados, e exemplos de sua aplicação.

Arranjo físico e fluxo produtivo

O conceito de *arranjo físico* apresenta uma facilidade de compreensão meramente aparente, pois é grande a complexidade para se obter planejamento e implementação de um arranjo físico adequado às necessidades produtivas de uma organização.

Então, perguntamos: O que é arranjo físico? Como saber se o arranjo físico está adequado ou não? Como ele contribui para a atuação de uma organização? Quais princípios devem ser seguidos? Quais fatores devem ser analisados? Existem tipos mais comuns de arranjos físicos? Quais são as características de cada um? Quando eles devem ser aplicados? Quais métodos ou procedimentos a organização deve seguir para desenvolver seu arranjo físico?

Na sequência, analisaremos as respostas a essas questões.

8.1
Conceitos básicos dos arranjos físicos

O **arranjo físico** ou *layout* refere-se à organização e à disposição física dos diversos recursos necessários ao processo produtivo, tanto os materiais, definindo-se a localização de máquinas, equipamentos e instalações, quanto os humanos, posicionando a mão de obra de acordo com a função a ser desempenhada e atentando para as condições básicas desse trabalho. Sendo assim, o arranjo físico procura a combinação mais adequada dos diversos elementos produtivos, harmonizando-os e integrando-os no espaço disponível para isso. Trata-se, portanto, da manifestação física de um tipo de processo ou da somatória de vários processos em determinado espaço, tendo em vista a facilidade no fluxo produtivo.

> O arranjo físico ou *layout* refere-se à organização e à disposição física dos diversos recursos necessários ao processo produtivo, como máquinas, equipamentos, instalações, matérias-primas e mão de obra.

8.1.1 Deficiências ou motivos para revisão de arranjos

Inicialmente, questionamos: Como saber quando um arranjo físico apresenta deficiências e/ou deve ser revisto pela organização?

O primeiro motivo que pode levar a essa revisão não se refere necessariamente a uma deficiência no arranjo físico adotado pela organização, mas sim à necessidade de **adaptação** para abarcar uma **nova situação**, como um novo processo, um fluxo diferente ou mesmo a fabricação de um novo produto. Esse também é o caso quando a organização se depara com a necessidade de expandir ou reduzir sua área de instalações. Assim, o arranjo físico deve ser revisto sempre que houver quaisquer mudanças no processo produtivo, a fim de garantir fluidez contínua ao novo fluxo.

Os outros motivos possíveis têm relação direta com as atuais deficiências do arranjo físico, como quando o processo produtivo acumula uma demora excessiva no tempo de produção, apresentando gargalos ou demoras no deslocamento e na reposição de peças. Também podem ocorrer evidências de que a organização tem um fluxo de trabalho confuso, com excesso de decisões errôneas e consultas desnecessárias, além dos fluxos secundários criados informalmente para encobrir isso. Ou, ainda, quando o ambiente de trabalho em si é mal planejado, apresenta locais de acumulação de funcionários, dificulta a passagem ou não oferece condições mínimas adequadas à produtividade (iluminação, ventilação, acústica de ruídos, temperatura e umidade). Outro fator pode ser a falta de segurança, como a proximidade da área de descarte de lixo tóxico, nocivo e/ou inflamável à área produtiva ou a inexistência de saídas de emergência.

8.1.2 Objetivos do planejamento dos arranjos físicos

Dessa forma, podemos elencar alguns objetivos principais do planejamento do arranjo físico. De acordo com Chambers, Johnston e Slack (2009), são eles:

- utilização eficiente do espaço físico disponível;
- revisão constante do fluxo de trabalho, com a análise dos tempos e movimentos dos funcionários;
- eliminação de gargalos e pontos críticos de espera e demoras desnecessárias;
- facilidade na entrada, na movimentação e na saída (fluxos) dos recursos produtivos;
- redução dos ciclos e tempos de produção;
- minimização de transporte e movimentação interna de materiais;
- revisão de atividades que não agregam valor e ênfase àquelas que, de fato, são significativas em termos de valor e impacto;
- aumento da produtividade;
- redução dos custos de manuseio e operação;
- facilidade de manutenção e supervisão;
- utilização eficiente da mão de obra;
- facilidade de integração e comunicação entre funcionários, quando necessário;
- incorporação de medidas de qualidade e condições adequadas de trabalho;
- aumento da flexibilidade para possíveis revisões e adaptações futuras.

Para atingirmos esses objetivos, o planejamento do arranjo físico deve ser pautado por certos **princípios norteadores**, que discutiremos a seguir.

8.2 Princípios dos arranjos físicos

Segundo Olivério (1985, p. 179), existem alguns **princípios** básicos norteadores do processo de desenvolvimento e adequação dos arranjos físicos: "integração, mínima distância, obediência ao fluxo de operações, uso do espaço, satisfação e segurança e flexibilidade".

O primeiro princípio é o da **integração**, que consiste na harmonização do conjunto, no trabalho do todo em direção a um objetivo final. Cabe, aqui, o conceito de *sinergia*, que propõe que o todo é maior do que a soma das suas partes (Olivério, 1985). Isso significa dizer que, por exemplo, se dez pessoas trabalharem individualmente, quando somarmos esse resultado, essa somatória será menor do que se elas tivessem trabalhado juntas. Isso acontece porque, ao trabalharem juntas, de forma integrada, há o compartilhamento de informações e a troca de conhecimentos, assim como é eliminada a repetição de tarefas e a possibilidade de retrabalho. Esse conceito também evidencia a importância das partes menores, que têm impacto direto no resultado final, sendo fundamental que estejam alinhadas e integradas para o alcance dos objetivos. Dessa forma, ao garantir a integração dos recursos e fluxos produtivos, o arranjo físico contribui para um processo sinérgico e eficiente.

O segundo princípio, da **mínima distância**, pauta-se pela redução do transporte ao mínimo necessário (Olivério, 1985). O transporte de insumos produtivos, de mercadorias em processo ou mesmo de funcionários nada produz nem acrescenta; pelo contrário, repercute em tempo ocioso de espera e/ou gargalo, atrasando e agregando custos desnecessários à produção. Dessa forma, esse princípio propõe que apenas os movimentos indispensáveis devem ser autorizados e mantidos pela organização, reduzindo-se ao mínimo a distância entre operações subsequentes.

Em terceiro lugar, temos o princípio da **obediência ao fluxo de operações**, ou seja, o planejamento do arranjo físico, com a disposição de máquinas, equipamentos e pessoas, deve obedecer às exigências do processo a ser desempenhado pela produção, procurando, tanto quanto possível, coincidir com a sequência lógica das operações (Olivério, 1985). Sendo assim, a ordenação do arranjo deve evitar possíveis cruzamentos ou retornos de operações e, da mesma forma, eliminar eventuais obstáculos que causem interferências e congestionamentos.

O princípio do **uso do espaço** evidencia a importância de se aproveitar as três dimensões da área de produção, priorizando as atividades mais relevantes em espaços maiores e separando as atividades mais esporádicas em espaços mais afastados (Olivério, 1985). Fazer uso de elevadores ou esteiras rolantes também facilita a locomoção de mercadorias, realizada, assim, de forma mais eficiente.

O quinto princípio, da **satisfação e segurança**, tem como premissa o fato de que o trabalhador satisfeito, cujas condições de trabalho são atendidas e respeitadas, é capaz de produzir maior quantidade com mais qualidade (Olivério, 1985). Com isso, não apenas se consegue reduzir de forma significativa a possibilidade de eventuais acidentes como também se contribui para motivar os funcionários, tendo em vista a gestão da produtividade.

Por fim, o princípio da **flexibilidade** preza pela capacidade da organização de se adaptar constantemente às novas exigências produtivas (Olivério, 1985). Com a globalização e o acirramento da competitividade, torna-se cada vez mais necessário que as organizações inovem perante seus concorrentes, a fim de conquistar seu mercado consumidor. Sendo assim, o arranjo físico deve ser flexível para atender a possíveis mudanças no processo produtivo, seja pela introdução de uma nova operação, seja pelo lançamento de um novo produto ou pela revisão do processo até então praticado.

8.3
Fatores críticos de escolha dos arranjos físicos

Ao decidir por um arranjo físico básico ou pela combinação de arranjos, a organização deve levar em consideração algumas características inerentes a ela e ao tipo de produção a ser desempenhado. Denominamos essas características de *fatores críticos de escolha* no planejamento do arranjo físico, que são: material, maquinário, mão de obra, movimentação, armazenamento, serviços auxiliares, instalação construída e mudança (Laugeni; Martins, 2005).

Em relação aos **materiais**, são considerados todos os objetos manipulados durante o processo produtivo, como as matérias-primas, as peças, os produtos em processamento e os produtos finais, entre outros (Laugeni; Martins, 2005). Sobre esse fator, a organização deve considerar suas dimensões, características físicas (como peso e formato), quantidades e variedades. Além disso, o processo de produção deve ser detalhado, especificando-se a sequência que os materiais deverão seguir e o tempo a ser despendido.

O **maquinário** envolve todas as máquinas, os equipamentos e as ferramentas a serem utilizados na produção e em atividades complementares a ela, como manutenção e transporte (Laugeni; Martins, 2005). A organização deve realizar um registro de todo o seu maquinário, levantando as seguintes informações: identificação do equipamento (nome, características e funcionalidades); destinação das áreas e alocação dos funcionários que irão utilizá-lo; cronograma da manutenção e listagem dos suprimentos necessários; e análise do tempo de vida previsto, considerando a utilização programada pela organização. De posse dessas informações, deve-se traçar o posicionamento do equipamento em função do processo, definindo o dimensionamento da área necessária para cada máquina (quando fixa) ou fluxo de transporte (quando móvel).

A **mão de obra** engloba todo o pessoal direto e indireto da organização (Laugeni; Martins, 2005). Em relação a esse fator, a organização deve se preocupar com as condições de trabalho, tanto em termos de iluminação, ruídos, limpeza, segurança e ventilação como em relação às necessidades físicas dos funcionários, atentando para a disposição de bebedouros, banheiros, sala de descanso e refeitório. Mais importante ainda, a **qualificação** e a necessidade de **treinamento** e **capacitação** devem ser levados em conta.

A **movimentação** refere-se ao transporte necessário entre as operações, o que envolve os vários percursos, inerentes à produção, de materiais, pessoas e informações (Laugeni; Martins, 2005). Para tanto, deve-se analisar as **distâncias** dos fluxos, especificando o **espaço** e os tipos de **transporte** a serem utilizados, como a necessidade de corredores mais largos ou instalação de esteiras rolantes. A questão do **manuseio** de materiais também deve ser especificada, planejando-se a frequência e estimando-se o tempo e os custos necessários para isso.

O **armazenamento** diz respeito a qualquer necessidade de estocagem dos materiais envolvidos na produção, até mesmo àquelas esperas intermediárias que ocorrem entre uma operação e outra (Laugeni; Martins, 2005). De posse das informações referentes aos materiais utilizados, a organização deve tomar decisões relacionadas aos locais e métodos de armazenamento, considerando também eventuais cuidados especiais. Calcular a quantidade e o tempo de estocagem demandado por cada tipo de material também é fundamental, a fim de se garantir disponibilidade e trânsito contínuos.

Os **serviços auxiliares** são as atividades de apoio à produção em si, como escritório, manutenção, armazenamento, controle e inspeção, alimentação, entre outros (Laugeni; Martins, 2005). Ao se considerar esse fator, devem ser disponibilizados espaços adequados a tais serviços, atentando-se para a acessibilidade e a facilidade de fluxo, assim como para a administração dos processos, para que sejam atendidas, de forma eficiente, as necessidades da produção.

Em relação à **instalação construída**, a preocupação consiste em analisar o espaço, as divisões e os compartimentos, as estruturas, os acessos, as rampas e escadas, além das demais características da área utilizada (Laugeni; Martins, 2005).

Por fim, a **mudança** refere-se à capacidade da organização – e, mais especificamente, da produção – de ser flexível e versátil, a fim de se adaptar a possíveis alterações (Laugeni; Martins, 2005). Conforme discutimos anteriormente, a mudança deve ser encarada como um princípio básico no planejamento do arranjo físico, dada a importância de as organizações estarem constantemente adequando-se às necessidades do mercado. Dessa forma, a mudança deve ser analisada considerando-se todos os demais fatores críticos do planejamento.

8.4
Tipos de arranjos físicos

Existem vários tipos de arranjos físicos, os quais devem se adequar às características e às demandas específicas do processo produtivo de uma organização. Entretanto, temos cinco tipos de arranjos mais comumente utilizados pelas empresas e abordados pela literatura (Perales, 2001; Chambers; Johnston; Slack, 2009). São eles: **posicional** (ou por posição fixa), **funcional** (ou por processo), **linear** (ou por produto), **celular** (ou por grupos) e **combinado**.

8.4.1 *Layout* posicional

O **arranjo físico posicional**, ou por **posição fixa**, caracteriza-se pela fixação do material ou componente principal no centro, enquanto os funcionários, equipamentos e demais recursos produtivos movimentam-se à sua volta (Laugeni; Martins, 2005). Isto é, não há fluxo do produto, que geralmente é volumoso ou de difícil locomoção, apenas dos insumos necessários à sua produção. Esse arranjo é, geralmente, utilizado quando a produção ocorre por projetos, em quantidades reduzidas, como é o caso da produção de aviões ou navios; em relação a serviços, também é o caso das cirurgias praticadas nos hospitais. São características desse arranjo: ausência de fluxo do produto, alta variedade e pequeno volume de produção.

Na Figura 8.1, temos um esquema resumido e prático do arranjo posicional; já na Figura 8.2, apresentamos um exemplo ilustrativo.

Figura 8.1 – Arranjo físico posicional

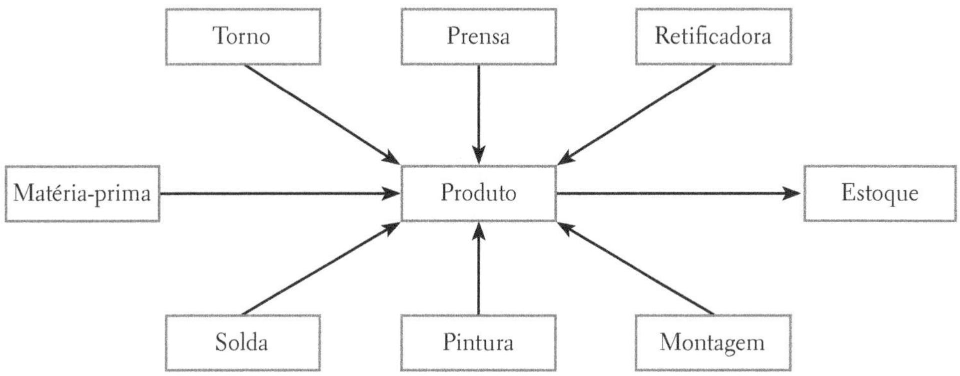

Fonte: Tompkins et al., 1996, p. 289.

Figura 8.2 – Exemplo de arranjo físico posicional

O arranjo físico posicional apresenta algumas vantagens, como reduzida movimentação do produto, mais flexibilidade nas operações e capacidade de adaptação para customizar o produto. Por outro lado, são algumas limitações desse arranjo: mais movimentação dos funcionários e equipamentos; maior tempo e custo de produção; necessidade de mão de obra qualificada e de supervisão, além de demanda de grande integração e de produção sincronizada.

8.4.2 *Layout* funcional

O **arranjo funcional**, ou **por processo**, consiste no agrupamento de todas as operações cujo tipo de processo de produção é semelhante, independentemente do objetivo final, isto é, do produto a ser produzido (Laugeni; Martins, 2005). Dessa forma, o material desloca-se entre as várias etapas de produção, divididas e organizadas de forma funcional. Esse arranjo é comumente adotado quando há a necessidade de variedade média dos produtos e um pequeno volume de produção, geralmente um sistema produtivo em lotes, como é o caso da fabricação de tecidos e roupas.

Um exemplo desse arranjo aplicado a serviços refere-se ao atendimento nas agências bancárias.

Na Figura 8.3, temos um esquema resumido e prático do arranjo funcional; já na Figura 8.4, apresentamos um exemplo ilustrativo.

Figura 8.3 – Arranjo físico funcional

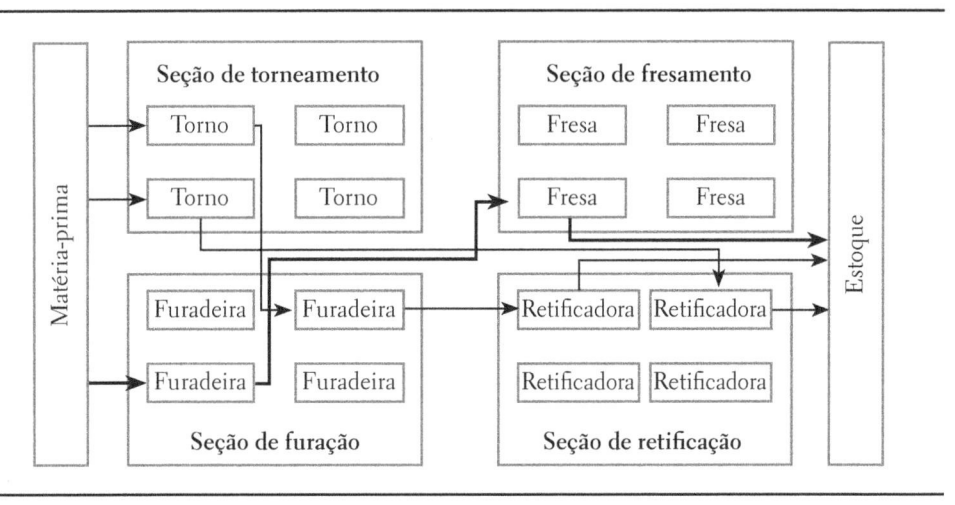

Fonte: Tiberti, 2003, p. 11.

Figura 8.4 – Exemplo de arranjo físico funcional

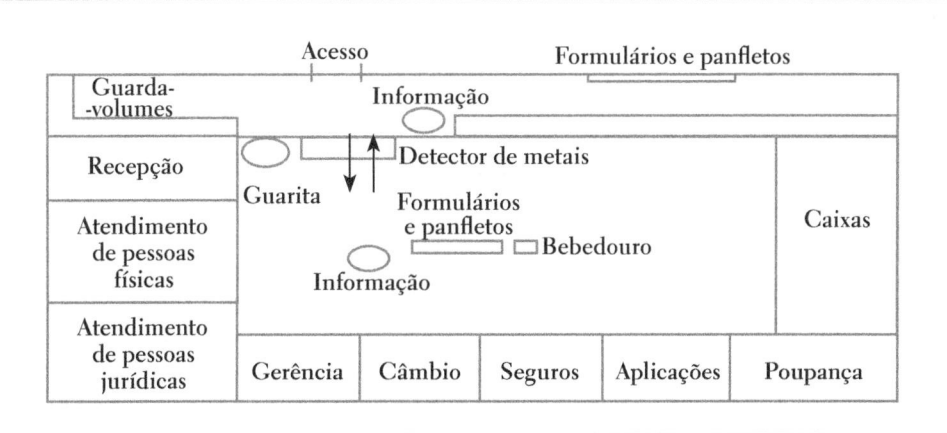

Fonte: Alvarenga Netto, 2009, p. 10.

São vantagens do arranjo funcional: melhor utilização das áreas funcionais e mais especialização dos funcionários; flexibilidade para se variar as tarefas em cada posto, com a possibilidade de diferentes direcionamentos; e capacidade de customizar a produção. Entretanto, temos como limitações desse tipo de arranjo: maior dificuldade de controlar a produção e organizar os fluxos, que são mais longos; possibilidade de eventuais gargalos e tempos ociosos, devido a atrasos no transporte; e maior tempo e custo de produção.

8.4.3 *Layout* linear

O **arranjo linear**, ou **por produto**, segue uma lógica inversa à do arranjo posicional, isto é, os equipamentos são fixados em determinada sequência de operações, enquanto os produtos movem-se durante o processo produtivo (Laugeni; Martins, 2005). Esse arranjo tem como objetivo o ordenamento mais linear possível, a fim de se evitar gargalos ou tempo ocioso com transporte ou espera. É voltado para uma produção padronizada e de grande volume. Geralmente, utiliza-se esse arranjo em sistemas de produção contínuos ou em massa, que fazem uso de linhas de montagem com esteiras que movimentam os produtos. São exemplos as fábricas de automóveis e as indústrias alimentícias, entre outros. No caso de serviços, podemos citar os restaurantes *self-service*, nos quais o consumidor locomove-se durante o processo de consumo.

Na Figura 8.5, temos um esquema resumido e prático do arranjo linear; já na Figura 8.6, apresentamos um exemplo ilustrativo.

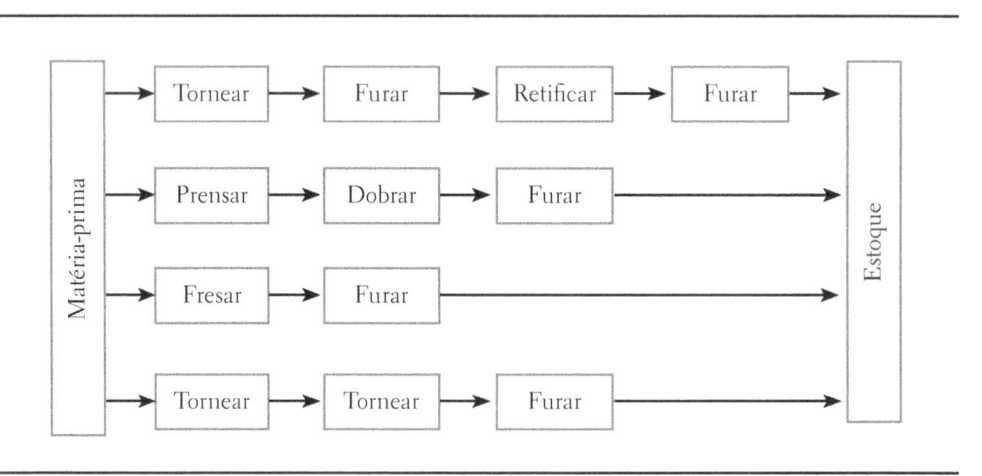

Figura 8.5 – Arranjo físico linear

Fonte: Tompkins et al., 1996, p. 289.

Figura 8.6 – Exemplo de arranjo físico linear

As vantagens do arranjo linear são: manuseio limitado do material e divisão e especialização das atividades, o que não exige muita capacitação da mão de obra; facilidade de supervisão e controle da produção; possibilidade de economia de escala, com alta produtividade e baixo custo unitário dos produtos; economia com custos de transporte e armazenamento; pequeno fluxo de pessoas e equipamentos. Em contrapartida, como limitações desse arranjo, podemos citar: necessidade de manutenção contínua dos equipamentos, devido à grande dependência entre as operações; supervisão constante, para que não haja gargalos e que não ocorram atrasos, esperas ou intervalos ociosos na produção; trabalho padronizado e repetitivo, o que pode desgastar e desmotivar os funcionários; falta de flexibilidade para se adaptar a eventuais inovações.

8.4.4 Arranjo celular

No **arranjo celular**, ou **por grupos**, temos a separação do processo produtivo em partes menores e específicas, denominadas *células*, nas quais se encontram todos os insumos produtivos necessários para atender às necessidades específicas da operação (Laugeni; Martins, 2005). Outra possibilidade é a necessidade de pré-seleção de determinados produtos em processo, para que sejam tratados de forma diferenciada. Essas células podem ser agrupadas seguindo as orientações do arranjo físico processual (por processo) ou linear (por produto), os quais discutimos anteriormente.

Algumas características do arranjo celular são: os insumos produtivos são dispostos na sequência linear do processo; a célula tem autonomia e capacidade para produzir o produto do começo ao fim; e os funcionários são polivalentes, desempenhando mais de uma operação no processo. São exemplos desse arranjo as indústrias de manufatura de componentes de computador e equipamentos eletrônicos. Nos serviços, é o caso da divisão da maternidade nos hospitais, especializada no tratamento de um público-alvo específico.

Na Figura 8.7, temos um esquema resumido e prático do arranjo celular; já na Figura 8.8, apresentamos um exemplo ilustrativo.

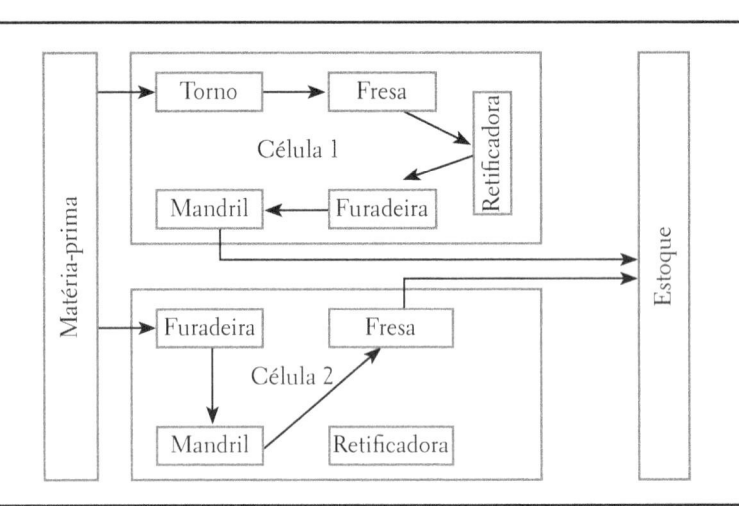

Figura 8.7 – Arranjo físico celular

Fonte: Tiberti, 2003, p. 15.

Figura 8.8 – Exemplo de arranjo físico celular

São vantagens do arranjo celular: melhor utilização das máquinas e dos funcionários, concedendo-lhes autonomia e permitindo a troca de informações e conhecimentos entre eles; controle e supervisão reduzidos, devido à responsabilidade de cada célula; fluxos mais curtos, com mínimas distâncias percorridas; e flexibilidade e capacidade de customização do produto. Por outro lado, apresentam-se como limitações a necessidade de maior capacitação dos funcionários e a alta dependência entre as operações, que pode ocasionar gargalos.

8.4.5 *Layout* misto

O **arranjo físico misto**, ou **combinado**, nada mais é do que uma combinação das características de um ou mais tipos básicos de arranjos físicos. Geralmente, é utilizado em organizações grandes, com ofertas múltiplas, ou com grande complexidade de operação. Um hospital, por exemplo, segue, normalmente, o arranjo processual, com cada departamento representando um processo específico. Contudo, também utiliza o arranjo posicional nas salas de cirurgia, o arranjo celular na divisão da área de maternidade e, ainda, o arranjo linear no caso de processamento de sangue (Chambers; Johnston; Slack, 2009).

8.4.6 Análise volume *versus* variedade *versus* custo unitário

Os arranjos físicos básicos diferenciam-se essencialmente pelo volume e pela variedade da produção, que, por sua vez, têm impacto direto nos custos unitários dos produtos.

De maneira geral, existe um *trade-off* entre variedade e volume de produção; ou seja, quanto maior a capacidade de variedade de produção, menor será seu volume, e vice-versa. Dessa forma, como o arranjo físico posicional caracteriza-se por uma alta variedade de produção, geralmente seu volume é baixo. Em contrapartida, o arranjo físico por produto é limitado na variedade, o que permite, assim, estender o volume produzido. Os arranjos físicos por processo e celular encontram-se em um ponto intermediário, permitindo equilibrar um volume e uma variedade média. A diferença é que o arranjo físico por processo tende a dar preferência à variedade, enquanto o arranjo físico celular preza pelo volume. Nesse sentido, Chambers, Jonhston e Slack (2009) propõem a classificação que apresentamos na figura a seguir.

Figura 8.9 – Arranjos físicos: volume *versus* variedade

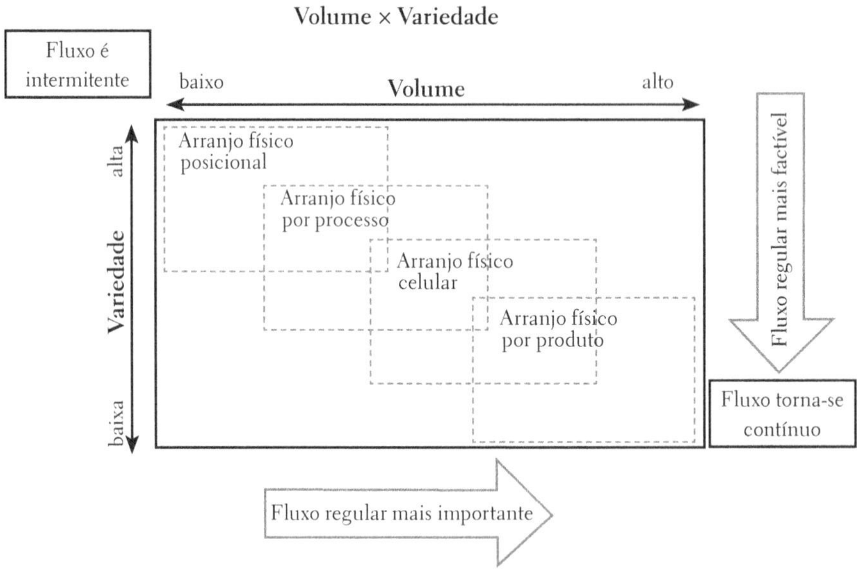

Fonte: Alvarenga Netto, 2009, p. 7.

Além disso, a variedade de produção apresenta uma relação diretamente proporcional aos custos unitários, ao passo que o volume relaciona-se de forma inversamente proporcional a esses custos. Isso significa que, ao se aumentar a variedade dos produtos produzidos pela organização, também aumentam seus custos unitários, devido à complexidade operacional envolvida. Por outro lado, ao alavancar o volume produzido, a organização é capaz de diluir seus custos de produção em mais produtos, reduzindo, assim, seus custos unitários. Essa prática é conhecida como *economia de escala*, como discutimos em capítulos anteriores.

Para facilitar a sua compreensão, elaboramos o Quadro 8.1, a seguir, sintetizando as discussões que apresentamos neste tópico.

Quadro 8.1 – Síntese dos tipos de arranjos físicos

Arranjo	Posicional	Funcional	Celular	Linear
Característica	Posição fixa do material	Em função do processo	Divisão em grupos	Em função do produto
Vantagens	• Pouca movimentação do produto • Flexibilidade nas operações e capacidade de customização	• Eficiência das áreas funcionais e especialização dos funcionários • Flexibilidade das operações e capacidade de customização	• Eficiência de máquinas e funcionários (autonomia e troca de informações) • Redução de controle e supervisão • Fluxos mais curtos	• Divisão e especialização das atividades • Facilidade de supervisão e controle • Economia de escala • Fluxos reduzidos
Limitações	• Maior movimentação de funcionários e equipamentos • Mão de obra qualificada • Grande integração e produção sincronizada • Maior tempo e custo	• Dificuldade de controle e organização • Fluxos mais longos • Possibilidade de gargalos e tempos ociosos • Maior tempo e custo	• Mão de obra qualificada • Alta dependência das operações • Possibilidade de gargalos e tempos ociosos	• Manutenção dos equipamentos • Alta dependência das operações • Possibilidade de gargalos e tempos ociosos • Desgaste dos funcionários • Falta de flexibilidade
Volume	Baixo	Médio baixo	Médio alto	Alto
Variedade	Alta	Média alta	Média baixa	Baixa
Custo unitário	Alto	Médio alto	Médio baixo	Baixo

Dito isso, passemos ao estudo dos métodos para desenvolvimento dos arranjos físicos.

> **Para saber mais**
>
> Para saber mais sobre as vantagens e as desvantagens de cada tipo de arranjo físico, recomendamos a leitura da seguinte obra:
>
> SLACK, N. et al. **Administração da produção**: edição compacta. São Paulo: Atlas, 1999.

8.5 Métodos para desenvolvimento dos arranjos físicos

Existem alguns métodos ou procedimentos específicos que auxiliam e facilitam o desenvolvimento dos arranjos físicos. Os mais utilizados são: SLP, Immer, Nadler, Apple e Reed. A seguir, discutiremos cada um deles e o que eles propõem.

8.5.1 *Systematic layout planning* (SLP)

O método SLP é estruturado em fases, seguindo procedimentos para identificação, visualização e classificação das diversas variáveis envolvidas nesse processo, como materiais, fluxos, atividades, inter-relações e alternativas (Tompinks et al., 1996).

Para a elaboração do arranjo físico por meio do método SLP, Tompkins et al. (1996) sugerem que os seguintes passos sejam seguidos:

1. Localização.
2. Arranjo físico geral, com todas as informações básicas, análise dos fluxos e inter-relações de atividades (diagrama de inter-relações).
3. Arranjo físico detalhado – necessidades de espaço contrapostas à disponibilidade (diagrama de espaços).
4. Implementação, tendo-se em vista as limitações e a capacidade de mudança (diagrama de inter-relações de espaços).

Além disso, devemos seguir um planejamento sistemático do arranjo físico, o qual exemplificamos na Figura 8.10 a seguir.

Figura 8.10 – Passos do método SLP

SISTEMA DE PROCEDIMENTOS SLP

```
                    Dados de entrada: P, Q, S, T e atividades
                                    │
         ┌──────────────────────────┴──────────────────────────┐
         ▼                                                     ▼
ANÁLISE   1. Fluxo de materiais          2. Inter-relações de atividades
                         ↘              ↙
                      3. Diagrama de inter-relações

              4. Espaço necessário  →  ←  5. Espaço disponível

              6. Diagrama de inter-relações de espaços

PESQUISA   7. Considerações de mudanças     8. Limitações práticas

                    PLANO X    PLANO Z
                         PLANO Y

SELEÇÃO            9. Avaliação
                         ▼
                  PLANO SELECIONADO
```

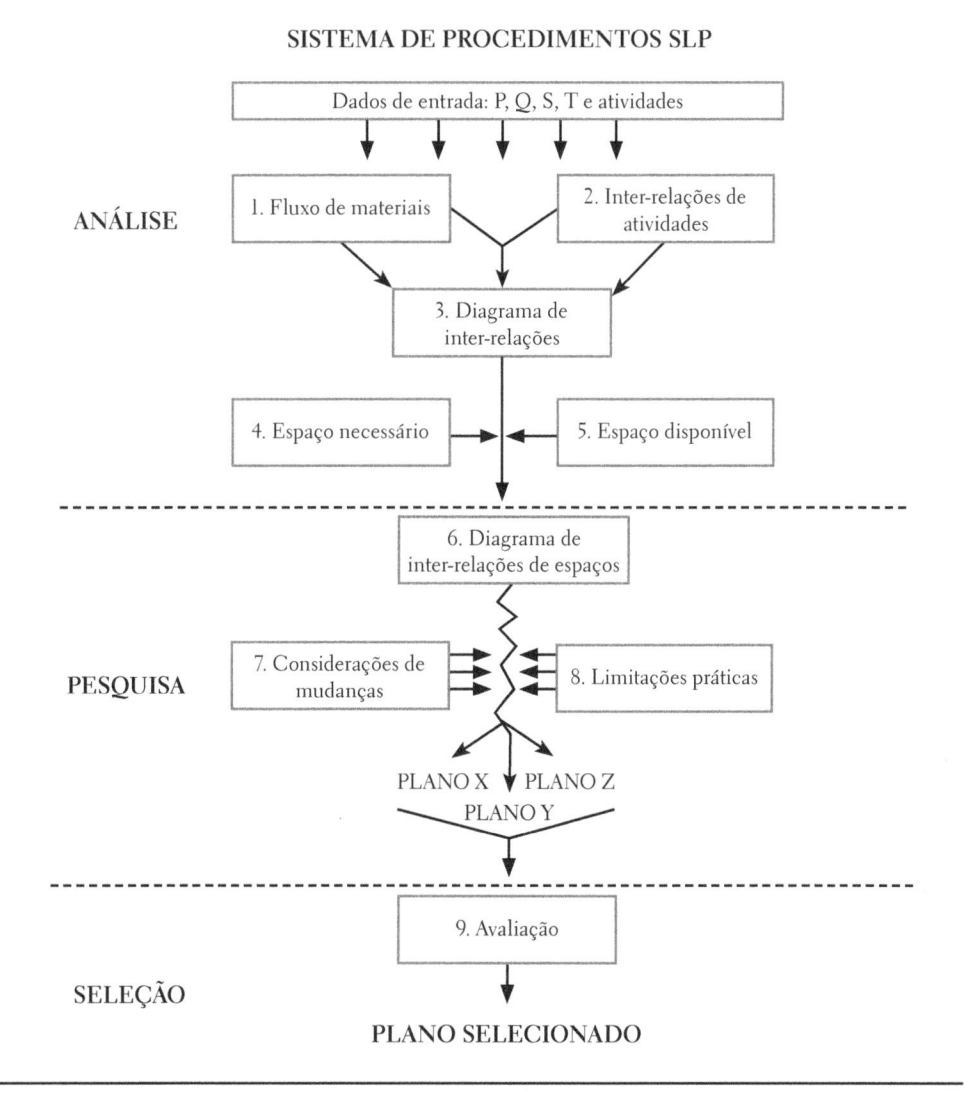

Fonte: Costa, 2004, p. 41.

Dessa forma, podemos notar que o método SLP subdivide-se em três fases principais, a saber: análise, pesquisa e seleção (Costa, 2004).

Na **fase de análise**, devem ser levantadas e compreendidas cinco principais variáveis. São elas: **produto** (ou materiais), **quantidade** (ou volume da produção), **roteiro** (ou sequência produtiva), **serviços de suporte** (ou serviços auxiliares) e **tempo** (Slack; Chambers; Jonhston, 2009).

Além disso, devemos identificar e entender quais são as principais atividades e os fluxos do processo produtivo da organização, para, posteriormente, determinarmos onde eles se inter-relacionam. Ainda nessa fase, a organização deve analisar qual é o espaço necessário para o desempenho da sua função produtiva a fim de descobrir se o seu espaço disponível atende a esses requisitos.

A **fase de pesquisa** concentra-se em levantar e sugerir possíveis arranjos para a organização. Tendo como base as informações obtidas na fase anterior, a organização consegue, assim, desenvolver possíveis projetos, atentando para suas características e limitações.

Por fim, a **fase de avaliação** é responsável pelo teste de viabilidade dos possíveis arranjos físicos propostos pela fase de pesquisa, contrastando-se as características e os objetivos da organização com suas necessidades.

8.5.2 Immer

O método Immer é pautado pela menor distância possível entre as operações produtivas, com o objetivo de se obter o menor tempo e a maior eficiência da produção (Francis; White, 1974). Não há, portanto, uma preocupação com as questões referentes às condições de trabalho, como ergonomia e satisfação dos funcionários. Esse método é constituído de três fases:

1. Descrição detalhada do problema, com levantamento das variáveis significantes, se possível utilizando recursos gráficos.
2. Representação das linhas de fluxo.
3. Transformação das linhas de fluxo em sequências de máquinas.

Nesse sentido, como o objetivo é reduzir a distância entre as operações – e, por conta disso, também o tempo de produção –, o Immer enfatiza o levantamento e a análise dos fluxos produtivos da organização. De posse dessas informações, as máquinas são posicionadas de forma lógica e sequencial.

8.5.3 Nadler

O método Nadler concentra-se em situações ideais de sistemas de trabalho e direciona-se no sentido de adequá-las ao planejamento das instalações (Francis; White, 1974). Para tanto, propõe três fases:

1. Definição (teórica) do sistema ideal.
2. Conceituação (prática) do sistema ideal.
3. Projeção do sistema de trabalho adequando-se às instalações.

Como podemos ver, o método Nadler parte, primeiramente, de um embasamento teórico, para, posteriormente, ser desenvolvido e implementado na prática.

8.5.4 Apple

O método Apple trabalha com um procedimento mais geral, cabível em qualquer tipo de processo ou instalação (Tompinks et al., 1996). Os seguintes passos devem ser seguidos:

1. Obter e analisar os dados básicos.
2. Projetar o processo produtivo.
3. Planejar o padrão de fluxo de materiais.
4. Considerar o modelo de manuseio de materiais.
5. Calcular os requisitos necessários para os equipamentos.
6. Planejar os postos de trabalho individuais.
7. Selecionar os equipamentos específicos para o manuseio de materiais.
8. Coordenar os grupos das operações relacionadas.
9. Delinear a relação entre as várias atividades.
10. Determinar os requisitos de armazenagem.
11. Planejar as atividades auxiliares e de serviços.
12. Determinar os requisitos do espaço.
13. Atribuir as atividades no espaço total.
14. Considerar as características da edificação.
15. Construir o arranjo físico geral.
16. Avaliar, ajustar e conferir o arranjo.
17. Discutir a validação do projeto.
18. Detalhar e implementar o arranjo.
19. Acompanhar a implementação do arranjo.

Esse conjunto de procedimentos pode ser adotado por qualquer método de elaboração de arranjos físicos, independentemente do tipo de instalação, processo ou organização.

8.5.5 Reed

O método Reed é operacionalizado por meio de uma **carta de planejamento**, composta por uma série de informações relativas à produção de cada produto, à armazenagem, ao transporte, à ocupação de mão de obra e às condições de movimentação (Tompkins et al., 1996). Seus passos estão descritos a seguir:

1. Analisar os produtos a serem produzidos.
2. Determinar os processos necessários à produção.
3. Preparar as cartas para o planejamento do arranjo.
4. Determinar os postos de trabalho.

5. Estudar as necessidades das áreas de armazenamento.
6. Definir as larguras mínimas dos corredores.
7. Estabelecer as necessidades dos escritórios.
8. Considerar o pessoal de manutenção e dos serviços auxiliares.
9. Analisar os serviços da fábrica.
10. Planejar futuras expansões da fábrica.

Assim, vemos que esse método postula a análise de *layout* por meio de métodos quantitativos, levando em consideração as variáveis do processo produtivo, tais como tempo, mão de obra, matérias-primas, movimentação e fluxo.

–Síntese

Ainda que existam tipos mais comuns de arranjos físicos, o estabelecimento desse arranjo deve considerar as características e as peculiaridades da organização em questão, conceituados como ***fatores críticos de escolha*** – que são material, maquinário, mão de obra, movimentação, armazenamento, serviços auxiliares, instalação construída e mudança. Mais importante do que isso, o tipo de processo de produção e o fluxo produtivo empregado também influenciam no arranjo físico a ser adotado.

Um arranjo físico adequado às necessidades da organização contribui para que haja um aproveitamento e uma utilização eficiente do espaço disponível, bem como facilita os fluxos de entrada, movimentação e saída dos diversos recursos envolvidos no processo produtivo. Com isso, a organização consegue detectar e eliminar possíveis gargalos e pontos críticos de espera e/ou demora desnecessárias, bem como minimizar a possibilidade de retrabalho. Além disso, consegue-se organizar melhor o trabalho necessário em cada etapa do ciclo produtivo, aumentando, com isso, a produtividade e reduzindo os tempos e os custos de produção.

Assim, podemos observar que uma adequada determinação do arranjo físico garante que o fluxo e o processo produtivo tornem-se eficientes, com o máximo aproveitamento dos recursos envolvidos na produção. A adequação do arranjo físico às demandas organizacionais torna-se, assim, determinante para a gestão da produtividade da organização, proporcionando uma otimização dos seus resultados.

Exercícios resolvidos

1. Qual é a importância de um adequado planejamento do arranjo físico para as organizações?

Um adequado planejamento do arranjo físico proporciona benefícios para as organizações, tais como: utilização eficiente do espaço físico; revisão constante do fluxo de trabalho e das atividades; eliminação de gargalos e pontos críticos de espera; facilidade nos fluxos dos recursos produtivos; redução dos ciclos e tempos de produção; minimização de transporte e movimentação interna de materiais; redução dos custos de manuseio e operação; facilidade de manutenção e supervisão; utilização eficiente da mão de obra, com incorporação de medidas de qualidade e de condições adequadas de trabalho; aumento da flexibilidade para possíveis revisões e adaptações futuras; e aumento da produtividade.

2. Cite algumas evidências que mostram às organizações que é momento de rever o arranjo físico utilizado.

Os motivos podem estar vinculados a deficiências atuais do arranjo físico ou à necessidade de adaptações para se abarcar uma nova situação. São exemplos de evidências do primeiro caso: demora excessiva nos prazos de produção, com gargalos, ou no deslocamento e na reposição de peças; fluxo de trabalho confuso, com decisões errôneas, consultas desnecessárias e fluxos secundários; ambiente de trabalho mal planejado, com locais de acumulação de funcionários ou dificuldade de passagem; falta de condições mínimas adequadas à produtividade; falta de segurança; entre outros. Sobre a segunda possibilidade, podemos citar como exemplos: o desenvolvimento de um novo processo; um fluxo diferente ou a fabricação de um novo produto; e a necessidade de expansão ou de redução da área de instalações.

3. Quais são os cinco tipos básicos de arranjos físicos?

Posicional (ou por posição fixa), funcional (ou por processo), linear (ou por produto), celular (ou por grupos) e combinado.

Questões para revisão

1. São princípios dos arranjos físicos: integração, mínima distância, obediência ao fluxo de operações, uso do espaço, satisfação e segurança e flexibilidade. Essa afirmação é:
   ( ) Verdadeira.
   ( ) Falsa.

2. A organização, ao planejar seu arranjo físico, deve considerar alguns fatores produtivos, denominados *fatores críticos de escolha dos arranjos físicos*. São eles: material, maquinário, mão de obra, movimentação, armazenamento, serviços auxiliares, mudança e instalação construída. Essa afirmação é:
( ) Verdadeira.
( ) Falsa.

3. São exemplos de métodos específicos para o planejamento dos arranjos físicos: SLP, Immer, Nadler, Microsoft e Reed. Essa afirmação é:
( ) Verdadeira.
( ) Falsa.

4. Em que consiste cada tipo de arranjo físico e quando cada um deles deve ser utilizado? Exemplifique.

5. Faça uma análise do volume *versus* variedade de cada tipo de arranjo físico.

-Questões para reflexão

Com a leitura de revistas de gestão e negócios e baseando-se nos conhecimentos apreendidos neste capítulo, responda e reflita sobre as questões a seguir.

1. Identifique pelo menos um exemplo de organização para cada tipo de arranjo físico discutido aqui (posicional, funcional, celular, linear e misto).

2. O arranjo físico adotado pelas organizações mencionadas na questão anterior é adequado aos propósitos delas? Levante possíveis razões ou justificativas para cada uma dessas escolhas.

capítulo 9

Rony Ahlfeldt

Conteúdos do capítulo

- Planejamento e controle da produção.
- Plano mestre de produção.
- Administração de estoques.
- Demanda independente e dependente.
- Métodos de gestão de estoques: curva ABC; lote econômico de compra (LEC); *material requirements planning* (MRP).

Após o estudo deste capítulo, você será capaz de:

1. definir os elementos que compõem o planejamento dos recursos de produção;
2. identificar os mecanismos e o escopo do controle das operações produtivas;
3. aplicar, no contexto das organizações, as melhores práticas e sistemas para a administração eficiente e eficaz de estoques.

Decisões sobre a operação do sistema de produção

Chegamos agora ao nosso último capítulo, no qual trataremos sobre as decisões táticas na gestão de operações. Essas decisões envolvem as formas como podemos planejar e controlar a produção, o que requer que compreendamos as variáveis que afetam a produção e a entrega de produtos aos clientes. Desse modo, abordaremos as relações entre a previsão da demanda, os componentes de um produto e, consequentemente, as ordens de compras e o controle dos estoques, bem como o tempo no qual eles são requeridos durante o processo produtivo.

9.1
Planejamento e controle da produção

Após termos estudado as decisões estratégicas das operações sobre desenvolvimento de produtos e processos, integração vertical, localização e capacidade, processos e organização do trabalho e arranjo físico e *layout* produtivo, é hora de compreendermos as **decisões táticas**, ou seja, aquelas que dizem respeito ao dia a dia das operações de uma empresa. Estamos nos referindo ao **planejamento e controle** da produção, decisões que têm como horizonte o curto e o médio prazos.

Corrêa e Corrêa (2004) utilizam o conceito de *inércia intrínseca* como a grande justificativa para a realização do planejamento em operações. *Inércia intrínseca* significa o tempo entre uma decisão e seu efeito; por meio desse conceito, fica mais fácil entendermos o que são decisões de longo, médio e curto prazos e sua relação com o planejamento.

Decisões de **inércia grande** necessitam de maior nível de antecipação. É o caso das **decisões estratégicas** que discutimos nos capítulo 4 a 8 deste livro, como o lançamento de novos produtos, os aumentos de capacidade em saltos ou mesmo a decisão sobre uma nova localização para as operações. Algumas dessas decisões podem levar anos para produzirem os efeitos projetados. Imaginemos o tempo entre a decisão sobre a construção de uma hidrelétrica e a geração dos primeiros *quilowatts*. Primeiro, ocorrem os embates políticos sobre onde deve acontecer a instalação, como a usina deve ser construída, qual será seu potencial de geração de energia – portanto, decisões sobre o projeto da hidrelétrica. Esse projeto deve ser aprovado em todas as instâncias competentes, pois requer um grande investimento e representa uma contribuição estratégica para o país. Outras fases da obra são as licenças ambientais e a licitação para se definir a construtora. Por fim, temos a obra propriamente dita, que, a depender da região, terá ainda de realocar as comunidades atingidas pelo lago formado pela barragem, desviar o rio e construir uma obra de grande magnitude, que pode levar de 5 a 10 anos, no total.

Existem, também, as decisões de **inércia média**, como a compra de uma nova máquina ou a reforma de parte das instalações. Essas são decisões que, a depender do porte da empresa, devem ser planejadas com meses ou, no máximo, um ou dois anos de antecedência.

Por fim, há decisões de curto prazo, portanto, com **inércia pequena**. É o caso de se comprar mais ou menos matéria-prima – caso essa compra seja rotineira –, ampliar o horário de trabalho por um ou dois dias, ou ainda decisões tomadas em situações específicas que podem afetar o volume de produção de uma hora para outra.

9.1.1 Plano mestre de produção

O planejamento da produção, também conhecido como *plano mestre de produção ou operações*, envolve decisões de longo (de meses a anos), médio (de semanas a meses), curto (semanas) e curtíssimo (dias e horas) prazos. Esse plano inclui os passos a seguir (Corrêa; Corrêa, 2004; Peci; Sobral, 2008):

1. O **planejamento agregado de produção**, que é a programação da produção de todos os produtos e/ou serviços de uma organização. Internacionalmente conhecido como *sales & operations planning* (S&OP), é de longo prazo e realiza o planejamento das atividades que envolvem a produção, de modo a

fazer com que a organização como um todo alcance seus objetivos. Define o volume de produção, a quantidade de estoque e o quadro funcional. O planejamento agregado tem foco na integração e na coerência organizacionais e, portanto, estabelece a relação entre a previsão de demanda e a capacidade necessária para atendê-la. Isso significa uma forte interação entre estratégia, *marketing*, manufatura, pesquisa e desenvolvimento (P&D), finanças e recursos humanos. Em suma, é o **plano global anual** para todos os produtos e/ou serviços da organização.

2. Após o estabelecimento do planejamento agregado, é possível definirmos os planos e programas de produção detalhados, denominados, em seu conjunto, de ***programa mestre de produção*** (PMP; em inglês, *master production scheduling* – MPS). Esse é um planejamento de médio prazo e exige do gestor habilidade para balancear os fluxos de suprimentos e os fluxos de demanda. A informação, portanto, passa a ser desagregada por produtos e seus componentes específicos, em períodos específicos de tempo. Ao passo que o S&OP trata do nível de produção e vendas do ano, o MPS procura identificar **o que** e **quanto** será produzido e vendido ao longo das semanas e dos meses do ano. Esses planos desagregam a produção por item produzido, especificando a quantidade, o nível de qualidade, o tempo, os locais para a produção, a mão de obra e o nível de estoque de cada um deles. Você verá um exemplo da aplicação do MPS no tópico 9.2.2.3, sobre MRP.

3. Uma vez definidas a quantidade e a qualidade de cada produto, é necessário realizarmos o **planejamento das necessidades de materiais**. Neste caso, chegamos ao nível mais específico e detalhado do processo de planejamento da produção, que visa identificar os recursos e insumos necessários para produzir o que foi planejado. Conforme veremos adiante, o *material requirement planning* (MRP) é um sistema computacional utilizado para automatizar esse processo.

Como em todo ciclo de planejamento e execução, existe a necessidade de se realizar processos de controle. Assim, **controlar as operações** significa verificar em que medida o sistema de produção atende às necessidades dos clientes e garante o uso eficiente e eficaz dos recursos, ou seja, mantendo os custos baixos e a produtividade alta. Os fatores e os processos operacionais controlados são os **custos**, as **aquisições**, a **manutenção** e a **qualidade**, conforme apresentamos na Figura 9.1.

Figura 9.1 – Escopo de controle das operações

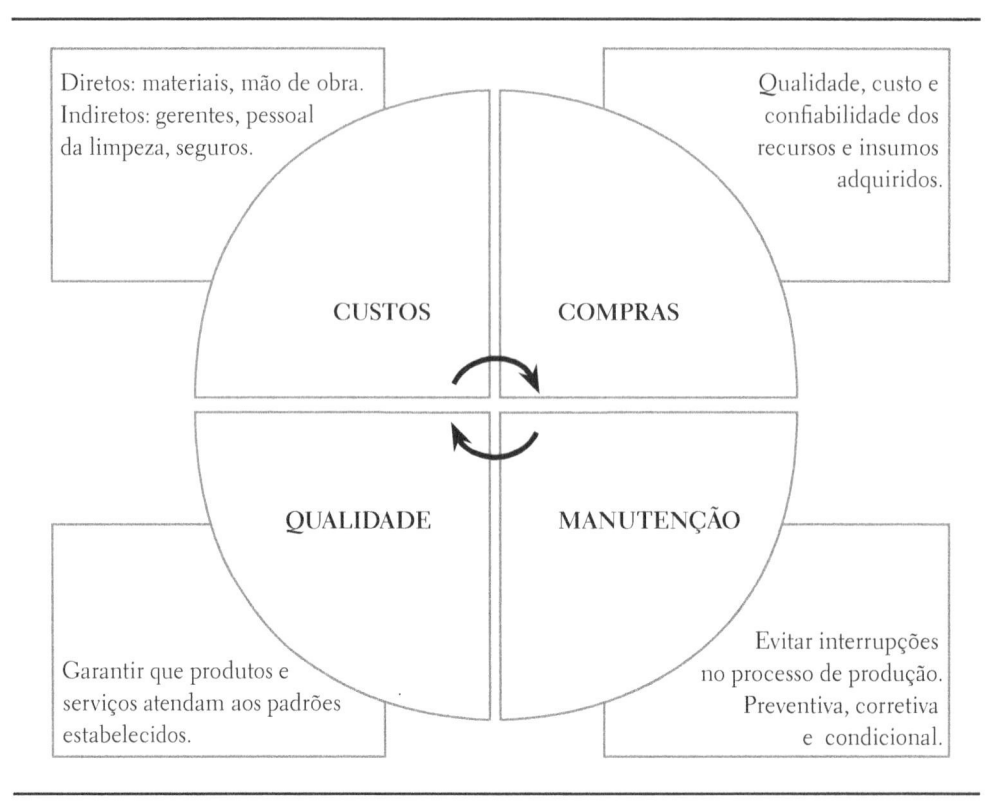

Diretos: materiais, mão de obra. Indiretos: gerentes, pessoal da limpeza, seguros.	Qualidade, custo e confiabilidade dos recursos e insumos adquiridos.
CUSTOS	**COMPRAS**
QUALIDADE	**MANUTENÇÃO**
Garantir que produtos e serviços atendam aos padrões estabelecidos.	Evitar interrupções no processo de produção. Preventiva, corretiva e condicional.

Fonte: Adaptado de Peci; Sobral, 2008, p. 277-279.

Em termos simples, o objetivo de se planejar e controlar a produção consiste em garantir que os produtos e serviços sejam realizados de maneira eficiente e eficaz. Isso significa disponibilizar recursos para as operações na **quantidade**, na **qualidade** e no **momento adequados** (Slack et al., 1999).

Uma vez que a produção é estabelecida por meio de processos e fluxos que se iniciam com a previsão da demanda, o planejamento e o controle dos recursos de produção devem garantir a conciliação entre oferta e demanda (consulte sobre previsão de demanda no Capítulo 6). Quanto mais o ritmo de produção for capaz de operar na mesma proporção do ritmo da demanda, menores tendem a ser os custos e maior será a satisfação dos clientes e consumidores. O excesso de produção gera estoques elevados, já a produção abaixo das necessidades dos clientes causa rupturas no fornecimento. Essas rupturas desgastam a imagem da organização como uma fornecedora confiável e abrem espaço para os concorrentes conquistarem o mercado não atendido. Lembre-se de que é cada vez menor a disposição do consumidor de pagar altos preços pelos produtos e, tampouco, aguardar muito tempo para receber o produto ou serviço.

Para saber mais

Aprenda mais sobre planejamento e controle de produção lendo artigos publicados em revistas e congressos acadêmicos. Compreenda, por exemplo, o que é *produção puxada, produção empurrada* e *produção enxuta*.

Sobre essa área, recomendamos as seguintes leituras:

BARCO, F. C.; VILLELA, F. B. Análise dos sistemas de programação e controle da produção. In: ENCONTRO NACIONAL DE ENGENHARIA DA PRODUÇÃO – ENEGEP, 28., 2008, Rio de Janeiro. **Anais...** Rio de Janeiro: Enegep, 2008. Disponível em: <http://www.abepro.org.br/biblioteca/enegep2008_tn_stp_069_490_12240.pdf>. Acesso em: 11 jun. 2014.

CASTRO, R. L. de.; MESQUITA, M. A. de. Análise das práticas de planejamento e controle da produção em fornecedores da cadeia automotiva brasileira. **Gestão & Produção**, São Carlos, v. 15, n. 1, p. 33-42, jan./abr. 2008. Disponível em: <http://www.scielo.br/pdf/gp/v15n1/a05v15n1.pdf>. Acesso em: 11 jun. 2014.

LIMA, J. F. G. de.; LOPES, R. A. Planejamento e controle da produção: um estudo de caso no setor de artigos esportivos de uma indústria manufatureira. In: ENCONTRO NACIONAL DE ENGENHARIA DE PRODUÇÃO – ENEGEP, 28., 2008, Rio de Janeiro. **Anais...** Rio de Janeiro: Enegep, 2008. Disponível em: <http://www.abepro.org.br/biblioteca/enegep2008_TN_STO_069_491_11556.pdf>. Acesso em: 11 jun. 2014.

LIMA, M. L. S. C.; ZAWISLAK, P. A. A produção enxuta como fator diferencial na capacidade de fornecimento de PMEs. **Revista Produção**, v. 13, n. 2, 2003. Disponível em: <http://www.scielo.br/pdf/prod/v13n2/v13n2a06>. Acesso em: 11 jun. 2014.

SANTOS, J. G. Planejamento e controle da produção de Havaianas: um estudo de caso na Alpargatas de Campina Grande/PB. **Revista Gestão Industrial**, v. 9, n. 3, p. 623-640, 2013. Disponível em: <http://revistas.utfpr.edu.br/pg/index.php/revistagi/article/view/1163>. Acesso em: 11 jun. 2014.

9.2
Administração de estoques

Para Davis, Aquilano e Chase (2001, p. 469), *estoque* é "a quantificação de qualquer item ou recurso usado em uma organização". Peci e Sobral (2008) acrescentam a esse conceito a informação de que os tipos de itens ou recursos são as **matérias-primas**, os **produtos em processo** e os **produtos acabados**. Podemos entender esses elementos da seguinte maneira:

    a. **Matéria-prima** – Insumos necessários para a produção. Por exemplo, para um fabricante de motores elétricos, eles são o ferro, os fios e cabos, os rolamentos, as tintas e os lubrificantes.

    b. **Produtos em processo** – São produtos que foram parcialmente processados, ou seja, ainda não receberam todos os componentes ou não passaram por todos os processos. Um exemplo seria o caso da produção de bolos e tortas, nos quais uma quantidade de bolos já assados está aguardando a aplicação da cobertura.

    c. **Produtos acabados** – São produtos fabricados pela empresa que estão prontos mas ainda não foram vendidos. Têm importância crítica, tanto para manter a rapidez de fornecimento aos clientes quanto nos casos de produtos perecíveis, que às vezes devem ser consumidos em poucas horas ou até minutos, como é o caso do *buffet* em um restaurante.

Com isso, a **administração de estoques** tem como meta minimizar o investimento em estoques, ao mesmo tempo que garante o fornecimento de matérias-primas e produtos na quantidade, na qualidade e no momento certos para os diversos clientes do processo operacional. Os estoques também exercem a função de controle das flutuações da demanda.

Desse modo, a organização deverá estabelecer políticas de estoque que norteiem as decisões sobre os itens que nele devem ser mantidos, quando (frequência) devem ser feitos novos pedidos e qual deve ser o tamanho destes (Davis; Aquilano; Chase, 2001). Essas políticas sobre **quando** e **quanto** adquirir serão operacionalizadas de forma adequada, caso sejam implementados, simultaneamente, sistemas confiáveis de controle para monitorar os níveis de estoque.

Diante do exposto, listamos a seguir os objetivos que as organizações têm em relação à manutenção de estoques (Davis; Aquilano; Chase, 2001; Peci; Sobral, 2008):

a. **Dar suporte aos critérios competitivos estabelecidos no plano estratégico**:
   - Critério competitivo **baseado em custo** – Manutenção da quantidade mínima do produto em estoque de forma a reduzir custos e/ou comprar grandes lotes de matéria-prima para obter preços mais baixos dos fornecedores, beneficiando-se da economia de escala.
   - Critério competitivo **baseado em qualidade** – Não interromper o fornecimento de produtos e serviços aos clientes por falta de insumos e/ou garantir o relacionamento com fornecedores de alta qualidade.
   - Critério competitivo **baseado em velocidade** – Garantir a produção e a entrega rápida dos produtos e serviços.
   - Critério competitivo **baseado em flexibilidade** – A manutenção do estoque pode auxiliar na capacidade de se adaptar aos diferentes pedidos dos clientes, seja em volume e variedade, seja no tempo de resposta.
   - Critério competitivo **baseado em serviço** – Ser um fornecedor confiável, em termos de disponibilidade de produtos, em períodos de falta de matérias-primas ou mesmo facilitando o acesso aos consumidores por meio dos canais de distribuição.
b. **Proteger as operações de incertezas** – Tanto em relação à demanda quanto a possíveis atrasos de fornecedores por falta de material, problemas logísticos, alfandegários ou mesmo greves, conflitos ou demais contingências, que acontecem especialmente em países da América Latina, da África, do Oriente Médio, do Leste Europeu, além de China e Índia. Tais contingências se dão em função da instabilidade no cumprimento de leis e contratos, de problemas na infraestrutura logística (rodovias, portos, aeroportos e rodovias) e de questões como corrupção, burocracia e baixo nível de escolaridade da população.

Apesar de contribuir para o alcance desses e de outros objetivos, os estoques geram custos substanciais para as organizações e podem, inclusive, influenciar em sua capacidade de competição. Porém, mesmo que sejam identificados os custos que compõem a administração de estoques, é difícil mensurá-los de forma objetiva.

Na Figura 9.2, apresentamos os principais custos a serem considerados na gestão de estoques.

Figura 9.2 – Fatores de custos com estoques

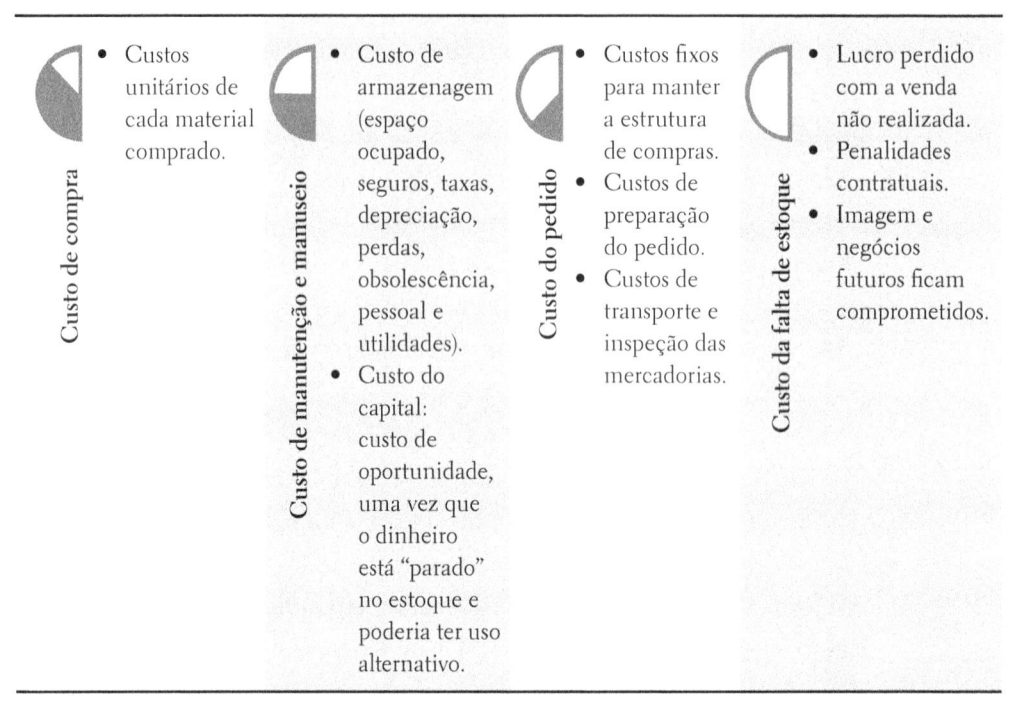

Custo de compra	Custo de manutenção e manuseio	Custo do pedido	Custo da falta de estoque
• Custos unitários de cada material comprado.	• Custo de armazenagem (espaço ocupado, seguros, taxas, depreciação, perdas, obsolescência, pessoal e utilidades). • Custo do capital: custo de oportunidade, uma vez que o dinheiro está "parado" no estoque e poderia ter uso alternativo.	• Custos fixos para manter a estrutura de compras. • Custos de preparação do pedido. • Custos de transporte e inspeção das mercadorias.	• Lucro perdido com a venda não realizada. • Penalidades contratuais. • Imagem e negócios futuros ficam comprometidos.

Fonte: Adaptado de Davis; Aquilano; Chase, 2001; Moreira, 2008.

É importante destacarmos que, com a crescente competitividade dos mercados, a capacidade de gerenciar efetivamente os estoques e identificar os custos resultantes desse processo pode ser um elemento gerador de ganhos competitivos para as organizações.

9.2.1 Demandas independente e dependente

Existem diversas técnicas para a administração de estoques. A classificação de itens ou curva ABC, o sistema de reposição contínua e o lote econômico de compra (LEC) são empregados para o gerenciamento de estoques de itens de **demanda independente**. Tais itens são assim considerados porque sua demanda não depende da demanda de outros materiais para ser calculada (Laugeni; Martins, 2005). Como as demandas dos diferentes itens não se relacionam entre si, as quantidades também devem ser decididas de forma separada, ou seja, independentemente (Davis; Aquilano; Chase, 2001). Portanto, a demanda independente é relativa aos produtos acabados, como automóveis, computadores, escovas de dentes, sapatos etc.

Segundo Corrêa e Corrêa (2004), apesar de a demanda ser independente, o consumo futuro desse tipo de produto está fora do controle da organização. Seu consumo depende da ação dos concorrentes, do comportamento do consumidor, do surgimento de produtos substitutos e de outros fatores de mercado. Por isso, dizemos que essa demanda deve ser "prevista", e não apenas calculada com base em elementos que estão sob o controle da operação, como é o caso da demanda dependente.

A *demanda dependente*, como o próprio nome informa, depende das vendas dos itens de demanda independente. Por exemplo: se a organização prever uma demanda de mil pares de sapatos por mês (demanda independente), obviamente serão necessários mil pares de solado. A demanda por solados depende da produção de sapatos, sendo facilmente identificada sua necessidade. Para a gestão de estoque de itens de demanda dependente, são empregadas técnicas computacionais de *material requirements planning* (MRP).

> *Para saber mais*
>
> Da mesma forma que sugerimos a você, no Capítulo 6, que utilizasse o Simulador Gestão da Produção 1 (GP1) para compreender a gestão da capacidade, ele também será útil para exercitar as habilidades de planejamento, controle e administração de **estoques** que discutimos no presente capítulo.
>
> No *site* do LSSP, você encontrará o simulador (arquivo Excel) e o manual de instruções:
>
> LSSP – Laboratório de Simulação de Sistemas de Produção. **Série gestão da produção (GP)**. 2014. Disponível em: <http://lssp.deps.ufsc.br//index_arquivos/GP.htm>. Acesso em: 11 jun. 2014.

9.2.2 Métodos de gestão de estoques

A seguir, vamos estudar as metodologias de gerenciamento de estoques denominadas de *curva ABC*, *lote econômico de compra* (LEC) e *material requirements planning* (MRP). Estabelecer a diferença entre demanda dependente e independente contribui para a aplicação dessas metodologias no contexto e na forma adequados.

9.2.2.1 Curva ABC

Com a conclusão de que alguns itens de estoque têm custo de manutenção superior a outros, elaborou-se um instrumento de avaliação e classificação dos itens com base em seu seu valor financeiro. A **curva ABC** classifica os itens de estoque de um sistema em três grupos, conforme o valor total de cada item, ou seja, o volume de dinheiro – e não o de custo (Davis; Aquilano; Chase, 2001; Corrêa; Corrêa, 2004; Laugeni; Martins, 2005):

    a. **Classe A** – Grupo composto por uma pequena porção dos itens, entre 10% e 20%, mas que é responsável por aproximadamente 50% a 70% do valor do estoque.

    b. **Classe B** – Composta por 20% a 30% dos itens, sendo responsável pelos mesmos 20% a 30% do valor do estoque.

    c. **Classe C** – Abrange um grande número de itens (acima de 50% do estoque), com valor de consumo baixo, menos de 10% do total.

Para Davis, Aquilano e Chase (2001, p. 490), o objetivo da separação em grupos consiste em "estabelecer o grau apropriado de controle de cada item". A premissa para essa análise e classificação encontra-se na aplicação da Lei de Pareto, segundo a qual aproximadamente 20% dos itens do estoque são responsáveis por aproximadamente 80% do valor de uso do estoque (Davis; Aquilano; Chase, 2001, p. 489). Assim, o esforço do gestor recai sobre o grupo que, apesar de contar com poucos itens, causa maior impacto financeiro na organização. Portanto, se desejar controlar 65% do consumo financeiro do estoque, basta dedicar-se aos itens do grupo A, ou seja, entre 10% e 20% do total de itens. Por vezes, não vale a pena nem mesmo arcar com o custo do controle de uma grande quantidade de itens com os quais o ganho é apenas marginal.

Dados 20 itens que compõem o estoque de peças (componentes) para a produção de uma TV de 32 polegadas, veja um exemplo de aplicação da curva ABC na Tabela 9.1 e no Gráfico 9.1, que ilustra a separação das classes.

Tabela 9.1 – Aplicação da curva ABC

Item	Custo unitário	Quantidade consumida	Valor consumido	Valor acumulado	Porcentagem (%) de valor acumulado	Classe
1	R$ 12,00	11.200	R$ 134.400,00	R$ 134.400,00	38,44%	A
2	R$ 11,00	7.100	R$ 78.100,00	R$ 212.500,00	60,77%	A
3	R$ 17,00	3.256	R$ 55.352,00	R$ 267.852,00	76,60%	A
4	R$ 32,00	600	R$ 19.200,00	R$ 287.052,00	82,09%	B
5	R$ 4,10	1.900	R$ 7.790,00	R$ 294.842,00	84,32%	B
6	R$ 15,00	510	R$ 7.650,00	R$ 302.492,00	86,51%	B
7	R$ 7,50	1.012	R$ 7.590,00	R$ 310.082,00	88,68%	B
8	R$ 1,20	5.900	R$ 7.080,00	R$ 317.162,00	90,71%	B
9	R$ 12,50	490	R$ 6.125,00	R$ 323.287,00	92,46%	B

(continua)

(Tabela 9.1 – conclusão)

Item	Custo unitário	Quantidade consumida	Valor consumido	Valor acumulado	Porcentagem (%) de valor acumulado	Classe
10	R$ 0,45	13.275	R$ 5.973,75	R$ 329.260,75	94,17%	B
11	R$ 7,00	703	R$ 4.921,00	R$ 334.181,75	95,57%	C
12	R$ 145,00	28	R$ 4.060,00	R$ 338.241,75	96,73%	C
13	R$ 6,56	570	R$ 3.739,20	R$ 341.980,95	97,80%	C
14	R$ 98,00	33	R$ 3.234,00	R$ 345.214,95	98,73%	C
15	R$ 1,90	750	R$ 1.425,00	R$ 346.639,95	99,14%	C
16	R$ 4,00	350	R$ 1.400,00	R$ 348.039,95	99,54%	C
17	R$ 22,00	50	R$ 1.100,00	R$ 349.139,95	99,85%	C
18	R$ 0,12	1.900	R$ 228,00	R$ 349.367,95	99,92%	C
19	R$ 12,00	16	R$ 192,00	R$ 349.559,95	99,97%	C
20	R$ 0,99	101	R$ 99,99	R$ 349.659,94	100,00%	C
Total					R$ 349.659,94	

Fonte: Adaptado de Laugeni; Martins, 2005.

Gráfico 9.1 – Exemplo de gráfico da curva ABC

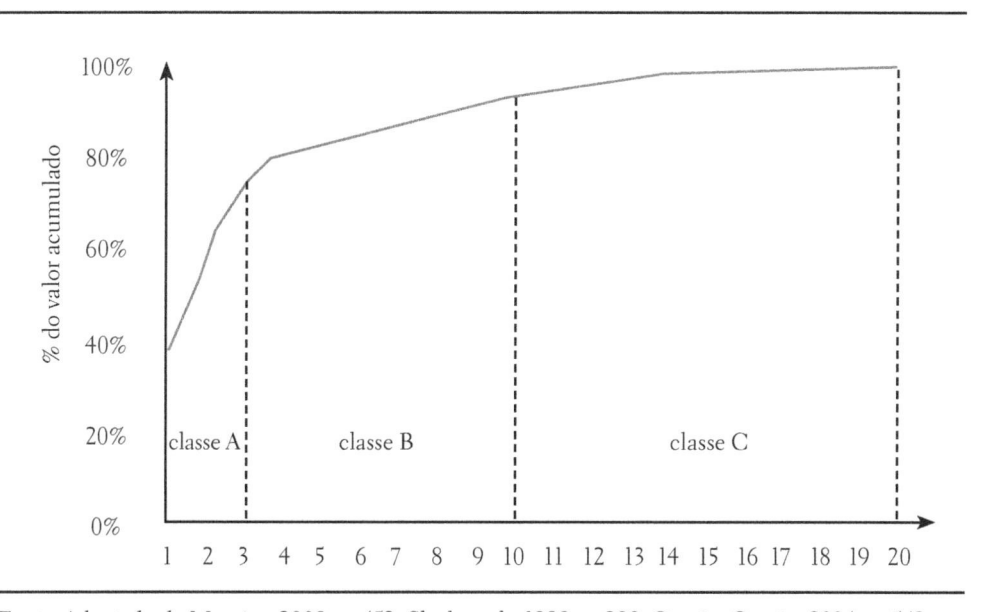

Fonte: Adaptado de Moreira, 2008, p. 452; Slack et al., 1999, p. 299; Corrêa; Corrêa, 2004, p. 542.

Você percebeu como o método da curva ABC, apesar de basear-se em uma premissa muito simples e conhecida como a de Pareto, pode ser bastante útil para definir o que é mais importante controlar em um grande conjunto de itens? Mesmo que, em sua empresa, você não estabeleça formalmente o método ABC, pode utilizá-lo como auxílio ao seu raciocínio, no momento de tomar decisões sobre compras, controle de estoques e outras atividades, como a divisão e o controle das tarefas em sua equipe.

9.2.2.2 Lote econômico de compra (LEC)

Os sistemas de reposição contínua de itens necessitam constantemente da informação sobre quando repor material. O modelo mais conhecido de reposição nesse tipo de sistema é o **lote econômico**, ou **lote de mínimo custo** (Laugeni; Martins, 2005). Trata-se de uma técnica usada para identificar a quantidade de itens a serem encomendados em determinado momento, e cujo objetivo é minimizar os custos de armazenagem.

Para determinar o LEC, é necessário identificar o seguinte conjunto de custos e variáveis:

- D = demanda anual pelo produto, em unidades;
- C_p = custo de pedido (composto por custos de transporte, recebimento e inspeção das matérias-primas);
- C_m = custo unitário de manutenção (custos de armazenagem e despesas com manuseio dos itens).

Assim, o cálculo do LEC é dado pela seguinte fórmula:

$$LEC = \sqrt{\frac{2DC_p}{C_m}}$$

Apesar de o modelo ser amplamente utilizado, o LEC é bastante criticado por pressupor uma demanda constante ou estável. Em alguns casos, é possível supor uma demanda sem flutuações, mas, para a maioria das situações, o modelo torna-se incompatível com a realidade. As críticas também se estendem para os pressupostos sobre a facilidade de obtenção dos custos de pedido e para o fato de que os custos unitários de manutenção são lineares (Peci; Sobral, 2008).

> **Para saber mais**
>
> Analise os exercícios resolvidos 1, 2 e 3 do Capítulo 2, "Conceitos de gestão de estoques", do livro *Planejamento, programação e controle da produção MRP II/ERP: conceitos, uso e implantação* (Caon; Corrêa; Gianesi, 2007). Esses exercícios apresentam demonstrações práticas do uso do lote econômico de compra.
>
> CAON, M.; CORRÊA, H. L.; GIANESI, I. G. N. **Planejamento, programação e controle da produção MRP II/ERP**: conceitos, uso e implantação. 5. ed. São Paulo: Atlas, 2007.

9.2.2.3 Material requirement planning (MRP)

Como vimos até o momento, a capacidade de classificar e calcular os itens dos estoques é fundamental para reduzir custos e aumentar a eficiência de uma organização. Portanto, não há necessidade de justificarmos a existência de sistemas computacionais que realizam o cálculo das necessidades de materiais, ou seja, que calculam as necessidades futuras de itens para a produção (Corrêa; Corrêa, 2004).

O sistema MRP contribuiu decisivamente para que as organizações reduzissem seus estoques de recursos extras, que antes eram criados devido ao nível de incerteza e à incapacidade de calcular dados complexos com alto nível de precisão, já que não havia o uso intensivo de computadores nas empresas. Diferentemente do LEC, o sistema MRP é aplicado para os itens com demanda dependente e utiliza estimativas sobre as necessidades futuras para a produção (Peci; Sobral, 2008).

Assim, o MRP possibilita o cálculo de quantos materiais de determinado tipo serão necessários e em quais momentos. O sistema realiza o processamento dos pedidos já em carteira, com a respectiva previsão de vendas. Feito isso, o MRP verifica todos os itens faltantes no estoque e os que são necessários para garantir a produção do que foi planejado (Slack et al., 1999). Ou seja, ele contabiliza os itens que compõem os produtos a serem fabricados, desconta os itens que já estão em estoque e faz o requerimento dos itens que devem ser adquiridos, informando em que quantidade e em que momento eles devem ser entregues. Além disso, utiliza a política de estoques estabelecida pelas operações na base de cálculo das requisições.

Na Figura 9.3, apresentamos em forma de fluxo as informações necessárias para processar o MRP, bem como os resultados desse processamento.

Figura 9.3 – Informações e resultados do planejamento das necessidades de materiais

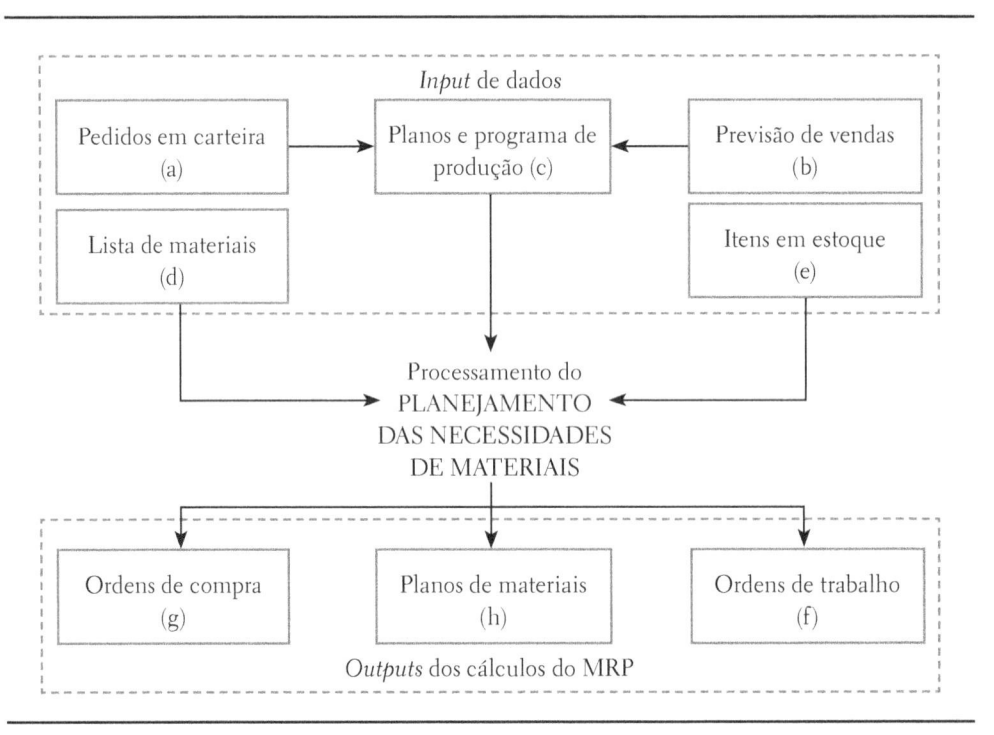

```
┌─────────────────────────────────────────────────────────────────────┐
│                          Input de dados                             │
│  ┌──────────────┐      ┌──────────────┐      ┌──────────────┐      │
│  │ Pedidos em   │─────▶│ Planos e     │◀─────│ Previsão de  │      │
│  │ carteira (a) │      │ programa de  │      │ vendas (b)   │      │
│  └──────────────┘      │ produção (c) │      └──────────────┘      │
│                        └──────────────┘                             │
│  ┌──────────────┐                             ┌──────────────┐      │
│  │ Lista de     │                             │ Itens em     │      │
│  │ materiais(d) │                             │ estoque (e)  │      │
│  └──────────────┘                             └──────────────┘      │
└─────────────────────────────────────────────────────────────────────┘
                    │          │            │
                    ▼          ▼            ▼
                    Processamento do
                    PLANEJAMENTO
                    DAS NECESSIDADES
                    DE MATERIAIS
      ┌─────────────┼────────────┐
      ▼             ▼            ▼
┌─────────────────────────────────────────────────────────────────────┐
│ ┌────────────┐   ┌────────────┐   ┌────────────┐                    │
│ │ Ordens de  │   │ Planos de  │   │ Ordens de  │                    │
│ │ compra (g) │   │ materiais  │   │ trabalho   │                    │
│ │            │   │ (h)        │   │ (f)        │                    │
│ └────────────┘   └────────────┘   └────────────┘                    │
│                 Outputs dos cálculos do MRP                         │
└─────────────────────────────────────────────────────────────────────┘
```

Fonte: Adaptado de Slack et al., 1999, p. 329.

A Figura 9.3 demonstra que tipos de informações são necessárias em relação à quantidade e ao momento em que os produtos finais devem ser produzidos. Esse ponto diz respeito aos pedidos (**a**) e à previsão de vendas (**b**), que municiam os planos e programas de produção (**c**) com dados para que aqueles realizem o processamento, tendo por base as demais informações que previamente dispõem sobre o uso de mão de obra e maquinário, estoque de segurança e restrições de capacidade, entre outras. Os dados gerados pelo plano de produção (**c**) alimentam o MRP, que agrega ao processamento a lista de materiais (**d**), ou seja, os componentes ou ingredientes de cada produto, e os itens que já constam no estoque (**e**).

De posse desses dados, o MRP subtrai da necessidade de aquisição (quando for de matérias-primas) ou de montagem (quando for de produtos em processo) os itens já armazenados. Você deve estar imaginando o nível de precisão sobre as informações do estoque que o MRP requer. Isso mesmo: ele utiliza pelo menos três arquivos para processar os itens – o arquivo de itens com as quantidades e características, o arquivo de transações e o arquivo de locais de produção e estoque (Slack et al., 1999).

Para calcular as quantidades de materiais requeridos para a produção, o MRP utiliza o plano e os programas de produção e faz a "explosão" da programação, tendo por base uma estrutura de níveis de decisões. Verificando que há itens em número suficiente no estoque, o sistema emite as ordens de trabalho (**f**), para que se inicie a fabricação dos pedidos. O sistema procederá dessa forma até chegar ao nível mais baixo da estrutura do produto, ou seja, de cada item que compõe o produto, sem mais produtos em processo para montá-lo. A partir do momento em que não encontrar componentes em estoque, o MRP gera as ordens de compra (**g**), para suprir as necessidades de materiais, e o plano de materiais – ou programação de materiais (**h**). Este último realiza a avaliação de em que momento (quando) cada um dos componentes será necessário no processo de produção.

–Exercício resolvido

Neste capítulo, tendo em vista a complexidade dos problemas gerenciados pelo MRP, apresentaremos um exercício resolvido para ilustrar a utilização desse sistema. Acompanhe o exemplo a seguir.

Você se lembra do caso das Bicicletas Ciclég (Capítulo 7)? Pois, então, considere um dos modelos fabricados pela empresa, a bicicleta "Modelo M". A seguir, vamos mostrar uma estrutura fictícia desse produto e os prazos para obtenção dos seus componentes. Lembre-se de que essa estrutura está simplificada para fins didáticos.

A Figura 9.4, a seguir, apresenta a estrutura do produto com quatro níveis, diferenciando os itens "pais" dos itens "filhos", ou seja, o produto completo (bicicleta – item A), os subconjuntos que o compõem (quadro montado – item B), o conjunto de rodas (item C), o guidão (item D) e os componentes de cada subconjunto, como os aros (H), os pneus (I) e as catracas (J) – os quais formam o conjunto de rodas (C).

Figura 9.4 – Estrutura do produto (com itens "pais" e "filhos")

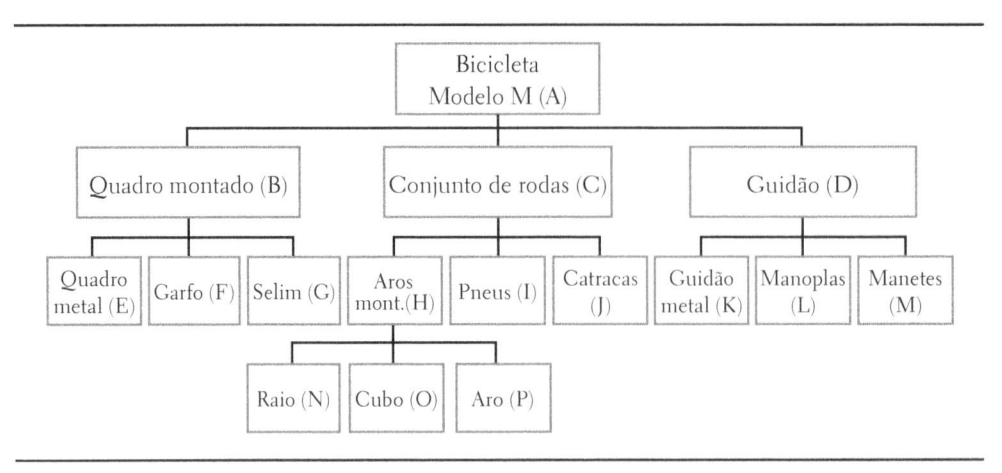

```
                        Bicicleta
                        Modelo M (A)
           ┌────────────────┼────────────────┐
    Quadro montado (B)  Conjunto de rodas (C)   Guidão (D)
      ┌─────┬─────┐      ┌─────┬─────┬─────┐   ┌─────┬─────┬─────┐
   Quadro  Garfo Selim  Aros  Pneus Catracas Guidão Manoplas Manetes
   metal(E) (F)  (G)   mont.(H) (I)   (J)   metal(K)  (L)     (M)
                         ┌─────┼─────┐
                       Raio(N) Cubo(O) Aro(P)
```

Fonte: Adaptado de Corrêa; Corrêa, 2004, p. 549; Davis; Aquilano; Chase, 2001, p. 508.

A seguir, apresentaremos o processo que as operações dessa empresa realiza em cada item da estrutura e o prazo para obtenção de cada item ou conjunto para a produção de cinco (5) bicicletas.

Tabela 9.2 – Processos e tempo de obtenção dos componentes

Item	Processo	Duração em dias	Item	Processo	Duração em dias
A	Montagem	15	I	Compra	7
B	Montagem	5	J	Compra	7
C	Montagem	4	K	Produção	1
D	Montagem	1	L	Compra	5
E	Produção	10	M	Compra	7
F	Produção	3	N	Compra	7
G	Compra	5	O	Compra	15
H	Montagem	5	P	Compra	10

Com base no prazo de obtenção de cada item e na relação sequencial dos itens "pai" e "filho" a ser seguida, a produção deve ocorrer buscando a melhor sincronia e menores tempo e custo. Com isso, é possível tomarmos decisões sobre a logística de abastecimento da produção, como as compras – lembre-se das ordens de compras da Figura 9.3 –, o descolamento de materiais e a ordem de produção. Ao longo do tempo, as quantidades certas devem ser disponibilizadas nos lugares certos. O cálculo desse sequenciamento é realizado "de trás para frente", ou seja, a partir do tempo total necessário para a produção da quantidade de bicicletas desejada.

Até o momento, tratamos do cálculo das necessidades brutas, ou seja, da quantidade total de componentes para a produção da quantidade programada de bicicletas. Porém, no decorrer do tempo, a organização passa a ter alguns itens em estoque, como pneus, aros ou mesmo quadros completos. O MRP deve levar em consideração o estoque, reduzi-lo da quantidade bruta necessária e, então, informar as ordens de compra e produção. Denominamos esse processo de *explosão das necessidades líquidas* (Corrêa; Corrêa, 2004, p. 554).

Veja a Tabela 9.3 a seguir, com o cálculo das necessidades líquidas, levando em consideração que as cinco bicicletas devem ficar prontas em 30 dias. Utilizamos apenas a relação de componentes "filhos" do item A.

Tabela 9.3 – Estoque projetado e cálculo das necessidades líquidas

Itens para montagem do item A	Necessidade bruta para o 30º dia	Estoque projetado disponível no 30º dia	Necessidade líquida de obtenção efetiva
B – quadro montado	5	3	2
C – conjunto de rodas	5	2	3
D – guidão montado	5	0	5

Fonte: Adaptado de Corrêa; Corrêa, 2004, p. 555.

Por consequência, esse procedimento será realizado pelo MRP para todos os itens que compõem a bicicleta, estabelecendo a relação entre "pai" e "filho". O objetivo, aqui, consiste em obter toda a necessidade líquida de itens e, com isso, programar as ordens de compra e a produção para se obter cinco bicicletas completas ao fim de 30 dias.

Uma importante interface do MRP com seus operadores é a **matriz** (ou **tabela**) **de registro** (Slack et al., 1999; Corrêa; Corrêa, 2004). Esses registros são gerados com o *lead time* e os níveis de estoque, conforme demonstra a Tabela 9.4 adiante.

Lead time, para o sistema MRP, é o tempo decorrido entre a ordem de compra ou de produção ser liberada e os itens estarem disponíveis para ser processados, ou seja, é o tempo de obtenção (Corrêa; Corrêa, 2004). O *lead time* de um produto a ser comprado é o tempo decorrido entre a liberação da ordem e o recebimento e a disponibilização do produto para a produção. Por outro lado, o *lead time* de um produto resultante de um processo de transformação é o tempo decorrido entre a liberação da ordem de produção e a obtenção do produto. É importante a compreensão de que cada produto e cada etapa (compra, produção e distribuição) têm um *lead time* próprio e que o tempo total para a obtenção de um produto final, como as cinco bicicletas, por exemplo, é a soma de cada *lead time* que constituiu esse produto.

As setas – que não fazem parte do MRP, apenas desta explicação – demonstram o fluxo do estoque e da produção ao longo do tempo na matriz de registro do MRP.

Tabela 9.4 – Registro do MRP

Item: Quadro montado da bicicleta Modelo M
Lead time = 2
Lote mínimo = 1
Estoque de segurança = 0

Períodos		1	2	3	4	5	6	7	8	9
Necessidades brutas				1			2			2
Recebimentos programados										
Estoque disponível	3	3	3	2	2	2	0	0	0	0
Recebimento de ordens planejadas										2
Liberação de ordens planejadas								2		

Fonte: Adaptado de Corrêa; Corrêa, 2004, p. 561.

Como a montagem dos quadros das bicicletas toma dois períodos (*lead time* = 2), o lote mínimo possível de se produzir é igual a 1 – existem produtos nos quais o lote mínimo pode ser alto, como a produção dos pneus da bicicleta – e a empresa não trabalha com estoque de segurança para esse item: com o estoque de três unidades disponíveis, foi disparada a ordem de produção. Essa ordem inicialmente serviu para retirar do estoque dois quadros montados e disponibilizá-los para a montagem de uma bicicleta (período 3). No período 6, mais dois quadros foram solicitados para a montagem de duas bicicletas, deixando o estoque sem itens desse tipo. Disparou-se, então, a ordem de produção de dois quadros no período 7, a serem entregues no período 9 – lembre-se de que o *lead time* = 2 –, em que havia mais duas bicicletas a serem montadas.

Essa matriz de registro que apresentamos para o item **quadro montado da bicicleta Modelo M** será feita para todos os itens, conforme a estrutura de componentes da bicicleta (Figura 9.4) e a quantidade total a ser produzida. Cada matriz de registro do item "filho" deverá ser programada conforme o tempo de produção do item "pai", e assim sucessivamente.

Desse modo, voltamos à explicação anterior, na qual o prazo de 30 dias para se produzir as cinco bicicletas será o ponto de partida para a produção do quadro montado, do conjunto de aros e do guidão montado. O tempo de produção dos cinco quadros montados será a base para a produção ou aquisição do selim, do garfo e do quadro de metal, e assim por diante.

A lógica e a estrutura do MRP pareceram complexas para você? O nosso exemplo apresentou um produto relativamente simples, com poucos componentes e pequeno volume de produção. Como seria a produção de automóveis em larga escala, como fazem a Fiat e a Ford? E a produção de computadores, ou mesmo de refrigeradores, com diversos itens e uma grande cadeia de fornecedores? Realmente, não é uma tarefa fácil para os gestores de operações.

Portanto, além da utilização de um excelente *software*, da elaboração adequada da estrutura de itens de um produto, do conhecimento sobre o processo e o tempo de produção, outros elementos são fundamentais para o sucesso do gerenciamento da produção. Dentre eles, destacamos o desenvolvimento de fornecedores confiáveis e alinhados ao ritmo e à qualidade do cliente, a capacidade de previsão de demanda e dos elementos que podem comprometer o funcionamento da produção, o treinamento constante e o comprometimento das equipes envolvidas.

Para saber mais

Faça a leitura e a análise de alguns casos de aplicação prática do MRP e de modelos de gerenciamento de estoque. Recomendamos os seguintes:

FREIRE, G.; SANTORO, M. C. Análise comparativa entre modelos de estoque. **Produção**, v. 18, n. 1, p. 89-98, jan./abr. 2008. Disponível em: <http://www.scielo.br/pdf/prod/v18n1/a07v18n1>. Acesso em: 10 jun. 2014.

HEIDRICH, P. H. L. Contribuição do MRP na gestão estratégica da manufatura. In: SIMPÓSIO DE EXCELÊNCIA EM GESTÃO E TECNOLOGIA – SEGET, 2., 2005, Resende. **Anais...** Resende: Seget, 2005. Disponível em: <http://w.aedb.br/seget/artigos05/345_resende1.pdf>. Acesso em: 10 jun. 2014. p. 969-977.

MESQUITA, M. A. de; SANTORO, M. C. Análise de modelos e práticas de planejamento e controle da produção na indústria farmacêutica. **Produção**, v. 14, n. 1, p. 64-77, 2004. Disponível em: <http://www.scielo.br/pdf/prod/v14n1/v14n1a07.pdf>. Acesso em: 10 jun. 2014.

-Síntese

Concluímos esta obra com as **decisões de planejamento tático e operacional** das operações. Uma vez que as decisões estratégicas de **o que**, **para quem**, **como**, **onde**, **quando** e **quanto** produzir foram tomadas, o planejamento e o controle da produção e dos estoques aproximam a estratégia da prática.

O planejamento da produção atua de forma a desagregar as informações sobre demanda e produtos para chegar aos menores detalhes sobre a composição de cada produto ou serviço. Essa atividade permite identificar necessidades de materiais alinhadas à demanda e garantir o abastecimento eficiente e eficaz do sistema de produção.

Para levar a efeito o planejamento, alguns **métodos de gestão de estoques** e planejamento de produção foram apresentados – curva ABC, lote econômico de compra (LEC) e *material requirements planning* (MRP). Esses métodos permitem: classificar itens do estoque por valor financeiro (curva ABC); identificar os volumes ótimos para a aquisição de materiais, visando ao menor custo (LEC); ou gerenciar quantidades, compras e produção de cada item e produto em seus devidos tempos (MRP).

Nossa principal conclusão neste capítulo é a de que um planejamento criterioso e que procure a desagregação das informações conduz a organização a índices de produtividade mais altos e à redução de custos. Com isso, a capacidade de alinhar demanda e produção é essencial para que as operações cumpram seu papel estratégico no sistema organizacional.

-Exercícios resolvidos

1. (Concurso IFRN, 2012) A técnica ABC é uma forma de classificar em três grupos (A, B e C) todos os itens de estoque de um determinado sistema de operações baseados em seu valor total anual de uso. O gráfico a seguir ilustra uma situação hipotética de uso de tal técnica.

VALOR % — CURVA ABC

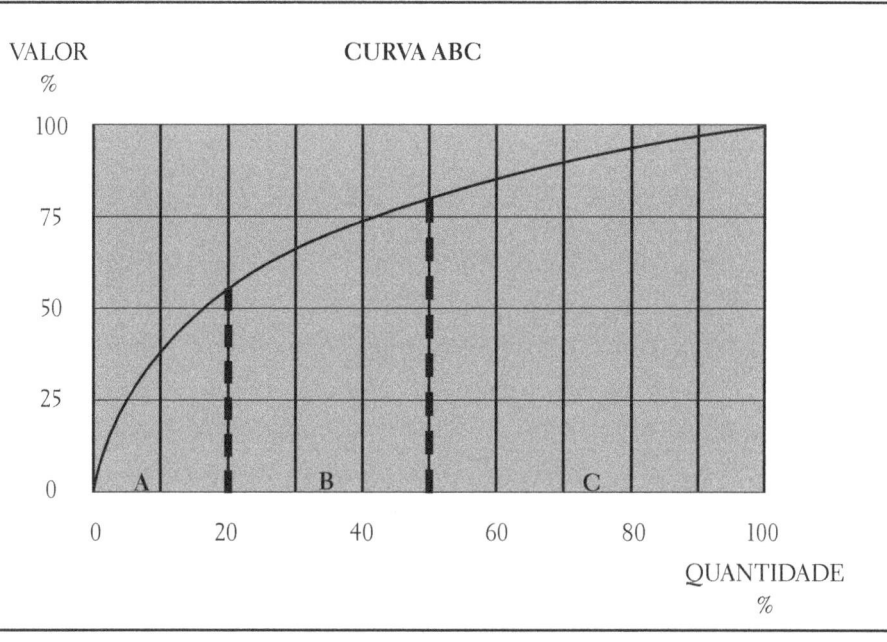

(Gráfico da Curva ABC: eixo X = QUANTIDADE %, eixo Y = VALOR %, com regiões A, B e C delimitadas aproximadamente em 20% e 50% da quantidade.)

Fonte: IFRN, 2012.

Com base nesta figura e nos conceitos da curva ABC, explique o gráfico.
Os itens que estão compreendidos no grupo A ocorrem em menor quantidade e são os mais importantes em termos financeiros no processo; portanto, merecem maior atenção gerencial e maior controle de estoque. Os itens do grupo B representam uma quantidade um pouco maior, mas seu valor financeiro é menor do que o grupo A, sendo o grupo B a segunda prioridade na gestão do estoque. Por fim, o grupo C, apesar de ser composto pela maior parte dos itens (em torno de 50 a 60% do estoque), tem valor financeiro representando apenas 10 a 20% do total.

2. (Corrêa; Corrêa, 2004) A M.M. Computadores compra, anualmente, 9 mil placas de rede para os microcomputadores que comercializa. O custo unitário de cada placa de rede é de $ 15, e o custo unitário anual de estocagem é de $ 4. O custo para se fazer um pedido é de $ 25 por ordem. Considerando que a M.M. opera 200 dias por ano, calcule o tamanho do lote econômico de compra.

Dados do problema:
- D (demanda anual pelo produto) = 9.000 placas
- Cp (custo de pedido) = $ 25 por ordem
- Cm (custo unitário de manutenção) = $ 4

$$LEC = \sqrt{\frac{2DC_p}{C_m}}$$

$$LEC = \sqrt{\frac{2 \times 9000 \times 25}{4}} = 335,4$$

Logo, o tamanho do LEC é de 336 unidades.

–Questões para revisão

1. (Concurso IFRN, 2012) O planejamento de vendas e operações (PVO) é uma das ferramentas da gestão que facilita a percepção holística de todo o sistema produtivo, sob a ótica de sistema aberto. Assinale a opção **incorreta** no que diz respeito ao PVO.
   a) Tem como objetivo suportar o planejamento estratégico no negócio e gerenciar mudanças de forma eficaz.
   b) Está relacionado com a logística reversa e um dos seus principais objetivos é calcular o número de giros de estoque e o retorno do cliente na compra dos mesmos produtos.
   c) Gerencia o estoque de produtos finais e carteiras de pedidos, de forma a garantir o bom desempenho de entregas.
   d) Uma das principais características é ser alimentado por algumas informações básicas: desempenho passado, estado atual, parâmetros, previsões e restrições externas importantes.

2. (Fearp USP, 2012) Considere as seguintes afirmações:
   I. Planejamento e controle é a conciliação do potencial da operação de fornecer produtos e serviços com a demanda de seus consumidores.
   II. Planejamento ou plano é a formalização do que é pretendido que aconteça em algum momento e controle é o processo de lidar com mudanças no plano de operação a ela relacionada.
   III. O planejamento usualmente opera dentro das limitações de recursos da operação mas faz intervenções na operação para corresponder às mudanças em circunstâncias de curto prazo.
   IV. Quanto maior a incerteza mais ênfase será dada ao planejamento e menos ênfase ao controle.

Assinale a alternativa correta:

a) Somente a afirmação I é correta.

b) Somente as afirmações I e II são corretas.

c) Somente as afirmações I, II e IV são corretas.

d) As afirmações I, II e III são corretas.

e) Todas as afirmações são corretas.

3. (Concurso IFRN, 2012) Considerando que, na gestão de materiais da rede de produção (MRP), fazem-se necessários a identificação e o cálculo das necessidades líquidas, ou explosão das necessidades líquidas, assinale a opção que representa esse processo.

   a) Demanda futura de um item que, pela impossibilidade de ser calculada, tem a obrigatoriedade de ser prevista para que se possa gerir o item.

   b) Demanda que surge, a partir de algum evento sobre o controle do planejador, e pode ser calculada facilitando a providência precisa dos itens.

   c) Quantidade total de componentes que necessita estar disponível para a fabricação de quantidades necessárias de produtos.

   d) Quantidades em estoques, deduzindo as necessidades brutas calculadas, para sugestão de ordens de compra.

4. Um conceito basilar para o desenvolvimento do planejamento e do controle das operações é o de *inércia intrínseca*. Diante disso, explique o que é *inércia intrínseca* e a diferença entre as inércias pequena, média e grande.

5. Como em todo ciclo de planejamento e execução, existe a necessidade de se realizar processos de controle. Explique o que significa *controlar as operações* e apresente, conforme discutimos neste capítulo, os fatores e os procedimentos operacionais que são controlados nesse processo.

Questões para reflexão

1. Diante do dinamismo das organizações, dos mercados e da sociedade, como o planejamento pode auxiliar a produção? Lembre-se do conceito de *inércia intrínseca*, do objetivo das metodologias de planejamento e controle da produção e dos benefícios resultantes desse processo.

2. Levando em consideração as decisões estratégicas de operações que discutimos nos capítulos anteriores, o planejamento e controle das operações tem o desafio de levar a efeito as grandes decisões estratégicas. Esse processo

exige grande alinhamento e comunicação entre as diversas áreas internas da organização e seus *stakeholders* (como clientes e fornecedores). Como você vê o seu papel em um complexo sistema de decisões como esse?

3. Você imaginava que os estoques exerciam um papel tão importante e diverso na execução das estratégias de uma organização? Ou seja, que os estoques podem contribuir com o nível de serviço oferecido aos clientes, com padrão de qualidade, custos e preços mais baixos do que os concorrentes, bem como tornar a organização um fornecedor confiável perante seus clientes? Justifique.

4. O método de gestão de estoques da curva ABC utiliza uma premissa simples de Pareto. Como esse raciocínio pode contribuir para que você se torne um gestor de operações mais eficiente e eficaz?

5. Informação é a principal "matéria-prima" para o planejamento e o controle das operações. Por outro lado, a comunicação é identificada como um dos maiores problemas em organizações de todo o mundo. O MRP, portanto, necessita de um sistema de captação e registro de informações muito confiável. Procure observar o cotidiano de uma empresa com a qual você tenha contato e reflita sobre como as informações podem ser obtidas de maneira cada vez mais efetiva.

para concluir...

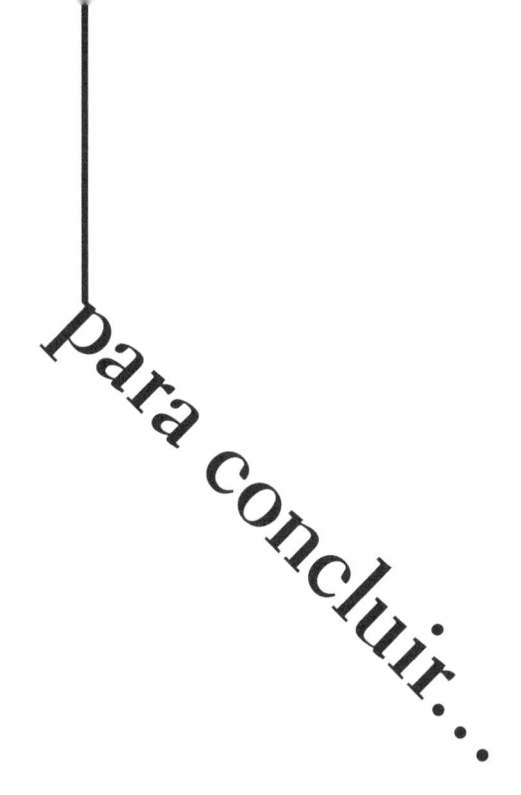

Chegamos ao fim desta obra, com a qual esperamos ter contribuído para o seu aprendizado sobre sistemas produtivos e sobre as principais decisões estratégicas e táticas para que as operações cooperem com o nível de competitividade das organizações. Por essa razão, na obra, seguimos o fluxo decisório, levando-o da compreensão global da gestão de operações e seus principais conceitos até as grandes decisões sobre **o que**, **para quem**, **como**, **quando**, **quanto** e **onde** produzir.

Discutimos conceitos importantes – como o de estratégia de operações, atividades de linha de frente e de *back-office*, inércia intrínseca, planejamento e controle das operações – com base em autores de referência internacional na área, bem como no contexto brasileiro. Desse modo, a capacidade de combinar esses conceitos e casos estudados com as atividades com as quais você irá se deparar no dia a dia como gestor de operações deve levar a uma tomada de decisão mais qualificada e que produza resultados para as organizações e a sociedade.

Esperamos que a visão de sistema, ou sistêmica, conforme estudamos no segundo capítulo, o entendimento técnico sobre qualidade e produtividade (Capítulo 3) e a compreensão de estratégia como um sistema de criação de valor (Capítulo 4) sirvam como pilares para a sua atuação gerencial. Portanto, suas decisões sobre o desenvolvimento de novos produtos, sobre integrar verticalmente ou terceirizar, sobre a capacidade a ser instalada nos sistemas produtivos, sobre os atributos de localização das operações e sobre os tipos de processos, bem como a forma como eles devem ser dispostos (arranjo físico), serão mais efetivas quando alinhadas com as orientações estratégicas e a visão do todo organizacional.

Concluímos este livro com a certeza de que um planejamento criterioso – e que procure, de forma efetiva, coletar e utilizar as informações – conduz a organização a índices mais altos de produtividade, à melhoria do nível de qualidade e à redução de custos. Com isso, a capacidade de alinhar a demanda e a produção é essencial para que as operações cumpram seu papel estratégico no sistema organizacional.

referências

ABRACICLO – Associação Brasileira dos Fabricantes de Motocicletas, Ciclomotores, Motonetas, Bicicletas e Similares. **Dados do setor**: produção nacional (2007-2012). 2012. Disponível em: <http://www.abraciclo.com.br/images/stories/dados_setor/bicicletas/produo%20nacional%20de%20bicicleta.pdf>. Acesso em: 19 jul. 2014.

AHLFELDT, R. **Canvas das decisões estratégicas em operações**. 2013. Disponível em: <http://www.junecruz.com/artigos_exibir_titulos.php>. Acesso em: 5 jan. 2014.

ALVARENGA NETTO, C. A. **Materiais e processos de produção**: apostila de Engenharia de Produção da Universidade de São Paulo. São Paulo: Edusp, 2009. Disponível em: <http://www.usp.br/fau/cursos/graduacao/design/disciplinas/pro2721/09-11__Arranjo_Fisico.pdf>. Acesso em: 10 jan. 2014.

ANBIMA – Associação Brasileira das Entidades dos Mercados Financeiro e de Capitais. **Certificação profissional Anbima**. 2014. Disponível em: <http://certificacao.anbid.com.br/sobre_certificacao.asp>. Acesso em: 22 jul. 2014.

ANDREOLI, T. P.; RESENDE, T. P. A. A questão da acessibilidade no setor aéreo brasileiro: um ensaio teórico à luz das dificuldades inerentes à prestação de serviços. In: CONGRESSO NACIONAL DE INICIAÇÃO CIENTÍFICA – CONIC-SEMESP, 13., 2013, Campinas. **Anais**... Campinas: Faculdade Anhanguera de Campinas, 2013. Disponível em: <http://conic-semesp.org.br/anais/files/2013/trabalho-000014371.pdf>. Acesso em: 9 maio 2014.

ARBACHE, F. S. et al. **Gestão de logística, distribuição e trade marketing**. Rio de Janeiro: FGV, 2007.

AZEVEDO, G. BMW fará cinco modelos no país. **Gazeta do Povo**, Curitiba, 18 dez. 2013. Disponível em: <http://www.gazetadopovo.com.br/automoveis/conteudo.phtml?id=1434066>. Acesso em: 26 jul. 2014.

BALLOU, R. H. **Gerenciamento da cadeia de suprimentos**: logística empresarial. Porto Alegre: Bookman, 2006.

BARCO, F. C.; VILLELA, F. B. Análise dos sistemas de programação e controle da produção. In: ENCONTRO NACIONAL DE ENGENHARIA DA PRODUÇÃO – ENEGEP, 28., 2008, Rio de Janeiro. **Anais**... Rio de Janeiro: Enegep, 2008. Disponível em: <http://www.abepro.org.br/biblioteca/enegep2008_tn_stp_069_490_12240.pdf>. Acesso em: 11 jun. 2014.

BARRETO, I. F. et al. Processo de desenvolvimento e lançamento de novos produtos em pequena empresa: um estudo de caso. **Revista Administração**, v. 42, n. 3, p. 373-383, jul./set. 2007.

BATESON, J. E. G. et al. **Princípios do marketing de serviços**. São Paulo: Cengage Learning, 2010.

BEBKO, C. P. Service Intangibility and its Impact on Consumer Expectations of Service Quality. **Journal of Services Marketing**, v. 14, n. 1, p. 9-26, 2000.

BECKOUCHE, P. **Indústria**: um só mundo. São Paulo: Ática, 1995.

BERKOWITZ, E. **Marketing**. Rio de Janeiro: LTC, 2003.

BERNSTORFF, V. H. Terceirização: problema ou solução? In: ENCONTRO DA ASSOCIAÇÃO NACIONAL DE PÓS-GRADUAÇÃO E PESQUISA EM ADMINISTRAÇÃO – ENANPAD, 23., 1999, Foz do Iguaçu. **Anais**... Foz do Iguaçu: EnAnpad, 1999. Disponível em: <http://www.anpad.org.br/diversos/trabalhos/EnANPAD/enanpad_1999/RH/1999_RH28.pdf>. Acesso em: 11 jun. 2014.

BITNER, M. J.; ZEITHAML, V. A. **Marketing de serviços**: a empresa com foco no cliente. Porto Alegre: Bookman, 2003.

BLACK, J. T. **Projeto da fábrica com futuro**. Porto Alegre: Bookman, 2001.

BMW DO BRASIL. **Institucional**. 2014. Disponível em: <http://www.bmw.com.br/br/pt/general/recursos_humanos/carreiras/institucional.html>. Acesso em: 11 jun. 2014.

BOZER, Y. A. et al. **Planejamento de instalações**. Rio de Janeiro: LTC, 2013.

BRAGUETTA, M. B. et al. A decisão estratégica da localização e o surgimento dos tecnopolos: o caso de São José dos Campos. **Revista de Administração Mackenzie**, v. 8, n. 3, p. 11-31, 2007. Disponível em: <http://editorarevistas.mackenzie.br/index.php/RAM/article/view/135/135>. Acesso em: 11 jun. 2014.

BRANDENBURGER, A. M.; STUART JÚNIOR, H. W. Value-based Business Strategy. **Journal of Economics & Management Strategy**, v. 5, n. 1, p. 5-24, mar. 1996.

BRASIL. Ministério do Trabalho e Emprego. Portal MTE. **Legislação**: normas regulamentadoras. Disponível em: <http://portal.mte.gov.br/legislacao/normas-regulamentadoras-1.htm>. Acesso em: 22 jul. 2014.

BRASIL. Norma Regulamentadora 17: ergonomia. **Diário Oficial da União**, Brasília, DF, 26 nov. 1990. Disponível em: <http://portal.mte.gov.br/data/files/FF8080812BE914E6012BEFBAD7064803/nr_17.pdf>. Acesso em: 22 jul. 2014.

BROWN, S. et al. **Strategic Operations Management**. Oxford: Elsevier Butterworth-Heinemann, 2005.

BRUM, A. Prefeitura planeja o fim da Vila Capanema. **Gazeta do Povo**, Curitiba, 19 jan. 2014. Disponível em: <http://www.gazetadopovo.com.br/esportes/parana-clube/conteudo.phtml?id=1440820>. Acesso em: 11 jun. 2014.

CAMPOMAR, M. C.; SANTOS, S. C.; TOLEDO, G. L. Os desafios da perecibilidade nas estratégias de marketing das empresas de serviços. In: SEMINÁRIOS EM ADMINISTRAÇÃO – SEMEAD, 13., 2010, São Paulo. **Anais**... São Paulo: Semead, 2010.

CAMPOS, E. Por dentro do Google. **Época Negócios**, 2014. Disponível em: <http://epocanegocios.globo.com/Revista/Common/0,,ERT91431-16355,00.html>. Acesso em: 22 jul. 2014.

CAON, M.; CORRÊA, H. L.; GIANESI, I. G. N. **Planejamento, programação e controle da produção MRP II/ERP**: conceitos, uso e implantação. 5. ed. São Paulo: Atlas, 2007.

CARDOSO, C. B. Fábrica de Pinhais aposta em bikes por encomenda. **Gazeta do Povo**, Curitiba, 2 mar. 2014. Disponível em: <http://www.gazetadopovo.com.br/economia/conteudo.phtml?id=1451190&tit=Fabrica-de-Pinhais-aposta-em-bikes-por-encomenda>. Acesso em: 1º abr. 2014.

CARVALHO JÚNIOR, J. M.; PAIVA, E. L.; FENSTERSEIFER, J. E. **Estratégia de produção e de operações**: conceitos, melhores práticas, visão de futuro. Porto Alegre: Bookman, 2009.

CASTRO, R. L. de; MESQUITA, M. A. de. Análise das práticas de planejamento e controle da produção em fornecedores da cadeia automotiva brasileira. **Gestão & Produção**, São Carlos, v. 15, n. 1, p. 33-42, jan./abr. 2008. Disponível em: <http://www.scielo.br/pdf/gp/v15n1/a05v15n1.pdf>. Acesso em: 11 jun. 2014.

CHAMBERS, S.; JOHNSTON, R.; SLACK, N. **Administração da produção**. São Paulo: Atlas, 2009.

CHAMPY, J.; HAMMER, M. **Reengenharia**: revolucionando a empresa em função dos clientes, da concorrência e das grandes mudanças da gerência. Rio de Janeiro: Campus, 1994.

CHIAVENATO, I. **Administração**: teoria, processo e prática. São Paulo: Campus, 2006.

_____. **Administração da produção**: uma abordagem introdutória. São Paulo: Campus, 2005.

_____. **Introdução à teoria geral da administração**. São Paulo: Campus, 2011.

CICLÉG – Bicicletas Ciclég Ltda. Disponível em: <http://www.cicleg.com>. Acesso em: 1º fev. 2014.

CORRÊA, H. L.; CAON, M. **Gestão de serviços**: lucratividade por meio de operações e de satisfação dos clientes. São Paulo: Atlas, 2002.

CORRÊA, H. L.; CORRÊA, C. A. **Administração de produção e operações**. São Paulo: Atlas, 2006.

_____. **Manufatura e serviços**: uma abordagem estratégica. São Paulo: Atlas, 2004.

_____. O processo de formação de estratégias de manufatura em empresas brasileiras de médio e pequeno porte. **Revista Administração Contemporânea**, Curitiba, v. 15, n. 3, maio/jun. 2011. Disponível em: <http://www.scielo.br/scielo.php?script=sci_arttext&pid=S1415-65552011000300006&lng=pt&nrm=iso&tlng=pt>. Acesso em: 10 jan. 2014.

COSTA, A. J. **Otimização do layout de produção de um processo de pintura de ônibus**. Dissertação (Mestrado em Engenharia da Produção) – Universidade Federal do Rio Grande do Sul, Porto Alegre, 2004.

DA VINCI MONTADORA. Disponível em: <http://www.davincimontadora.com.br>. Acesso em: 11 jun. 2014.

DAVIS, M. M.; AQUILANO, N. J.; CHASE, R. B. **Fundamentos da administração da produção**. São Paulo: Bookman, 2001.

DISNEY INSTITUTE. **O jeito Disney de encantar clientes**: do atendimento excepcional ao nunca parar de crescer e acreditar. São Paulo: Saraiva, 2011.

ESPM – Escola Superior de Propaganda e Marketing. **Grupo Accor**: hotéis econômicos com alto padrão de qualidade. 2008. Disponível em: <http://www2.espm.br/sites/default/files/10_05_27_grupoaccor.pdf>. Acesso em: 21 jul. 2014.

FLEURY, A.; FLEURY, M. T. Understanding the Strategies of Late-Movers in International Manufacturing. In: INTERNATIONAL CONFERENCE ON PRODUCTION RESEARCH – ICPR, 19., 2007, Valparaíso. **Anais**... Valparaíso: ICPR, 2007. Disponível em: <http://www.icpr19.cl/mswl/Papers/079.pdf>. Acesso em: 15 set. 2014.

FRANCIS, R. L.; WHITE, J. A. **Facility Layout and Location an Analytical Approach**. Englewood Cliffs: Prentice Hall, 1974.

FREIRE, G.; SANTORO, M. C. Análise comparativa entre modelos de estoque. **Produção**, v. 18, n. 1, p. 89-98, jan./abr. 2008. Disponível em: <http://www.scielo.br/pdf/prod/v18n1/a07v18n1>. Acesso em: 10 jun. 2014.

GIANESI, I. G. N.; CORRÊA, H. L. C. **Administração estratégica de serviços**. São Paulo: Atlas, 2010.

GONÇALVES, J. E. L. As empresas são grandes coleções de processos. **RAE – Revista de Administração de Empresas**, São Paulo, v. 40, n. 1, p. 6-19, jan./mar. 2000. Disponível em: <http://www.scielo.br/pdf/rae/v40n1/v40n1a02.pdf>. Acesso em: 15 set. 2014.

GOOGLE ACADÊMICO. Disponível em: <http://scholar.google.com.br>. Acesso em: 12 jul. 2014.

HALL, R. H. **Organizações**: estruturas, processos e resultados. São Paulo: Pearson Prentice Hall, 2004.

HAYES, R. H.; WHEELWRIGHT, S. C. **Restoring Our Competitive Edge**: Competing Through Manufacturing. New York: Wiley, 1984.

HAYNES, R. et al. **Operations, Strategy, and Technology**: Pursuing the Competitive Edge. Indianapolis: John Wiley & Sons, 2005.

HEIDRICH, P. H. L. Contribuição do MRP na gestão estratégica da manufatura. In: SIMPÓSIO DE EXCELÊNCIA EM GESTÃO E TECNOLOGIA – SEGET, 2., 2005, Resende. **Anais...** Resende: Seget, 2005. Disponível em: <http://w.aedb.br/seget/artigos05/345_resende1.pdf>. Acesso em: 10 jun. 2014. p. 969-977.

HILL, T. **Manufacturing Strategy**: Text and Cases. London: MacMillan Business, 1995.

HITT, M. A.; IRELAND, R. D.; HOSKISSON, R. E. **Administração estratégica**: competitividade e globalização. São Paulo: Cengage Learning, 2008.

IBGE – Instituto Brasileiro de Geografia e Estatística. Disponível em: <www.ibge.gov.br>. Acesso em: 13 jun. 2014.

IFRN – Instituto Federal de Educação, Ciência e Tecnologia do Rio Grande do Norte. Concurso público. **Administração de processos e operações**. Caderno de provas. 29 jan. 2012. Disponível em: <http://portal.ifrn.edu.br/servidores/concursos/concursos-2011/concurso-professores-2012-edital-36-2011/provas-e-gabaritos/questoes-prova-disciplina-administracao-de-processos-e-operacoes>. Acesso em: 22 jul. 2014.

IFS APPLICATIONS – Software de ERP para negócios dinâmicos. Disponível em: <http://www.ifsworld.com/pt-br>. Acesso em: 11 jun. 2014.

ISTOÉ DINHEIRO. **O apetite insaciável do Subway**. 14 jun. 2013. Disponível em: <http://www.istoedinheiro.com.br/noticias/121663_O+APETITE+INSACIAVEL+DO+SUBWAY>. Acesso em: 10 jun. 2014.

ITAIPU BINACIONAL. **Geração**. 2014. Disponível em: <http://www.itaipu.gov.br/energia/geracao>. Acesso em: 11 jun. 2014.

JOHNSON, G.; SCHOLES, K.; WHITTINGTON, R. **Explorando a estratégia corporativa**: texto e casos. Porto Alegre: Bookman, 2007.

KATO, H.; PARENTE, J. Estratégias de localização. **GV Executivo**, v. 7, n. 5, p. 66-69, set./out. 2008. Disponível em: <http://rae.fgv.br/sites/rae.fgv.br/files/artigos/5356.pdf>. Acesso em: 11 jun. 2014.

KEDOUK, M. et al. Interior paulista é uma ótima opção para crescer na carreira. **Exame.com**, 10 out. 2013. Disponível em: <http://exame.abril.com.br/revista-voce-sa/edicoes/185/noticias/interior-paulista-crescimento-e-empregos?page=1>. Acesso em: 11 jun. 2014.

KELLER, K. L.; KOTLER, P. **Administração de marketing**. 12. ed. São Paulo: Pearson Prentice Hall, 2006.

KOTLER, P. **Administração de marketing**: edição do novo milênio. São Paulo: Prentice Hall, 2000.

KOTLER, P.; ARMSTRONG, G. **Princípios de marketing**. São Paulo: PHB, 2003.

LAUGENI, F. P.; MARTINS, P. G. **Administração da produção**. São Paulo: Saraiva, 2005.

LEAL JÚNIOR, I. C. et al. Estudo para implementação de um sistema de roteirização e um novo centro de distribuição para uma empresa de água mineral do sul de Minas Gerais. In: SIMPÓSIO DE EXCELÊNCIA EM GESTÃO E TECNOLOGIA – SEGET, 9., 2012, Resende. **Anais**... Resende: Seget, 2012. Disponível em: <http://www.aed.aedb.br/seget/artigos12/35416327.pdf>. Acesso em: 11 jun. 2014.

LIMA, J. F. G. de.; LOPES, R. A. Planejamento e controle da produção: um estudo de caso no setor de artigos esportivos de uma indústria manufatureira. In: ENCONTRO NACIONAL DE ENGENHARIA DE PRODUÇÃO – ENEGEP, 28., 2008, Rio de Janeiro. **Anais**... Rio de Janeiro: Enegep, 2008. Disponível em: <http://www.abepro.org.br/biblioteca/enegep2008_TN_STO_069_491_11556.pdf>. Acesso em: 11 jun. 2014.

LIMA, M. L. S. C.; ZAWISLAK, P. A. A produção enxuta como fator diferencial na capacidade de fornecimento de PMEs. **Revista Produção**, v. 13, n. 2, 2003. Disponível em: <http://www.scielo.br/pdf/prod/v13n2/v13n2a06>. Acesso em: 11 jun 2014.

LOVELOCK, C.; WRIGHT, L. **Serviços**: marketing e gestão. São Paulo: Saraiva, 2006.

LSSP – Laboratório de Simulação de Sistemas de Produção. **Série gestão da produção** (GP). 2014. Disponível em: <http://lssp.deps.ufsc.br//index_arquivos/GP.htm>. Acesso em: 11 jun. 2014.

MANKIW, N. G. **Introdução à economia**. São Paulo: Cengage Learning, 2010.

MARSHALL JUNIOR, I. et al. **Gestão da qualidade**. 3. ed. Rio de Janeiro: FGV, 2004.

MARTINS, S. S. **Administração de produção**: apostila de produção da Universidade Estadual Paulista. São Paulo: Ed. da Unesp, 2003.

MATTAR, F. N. et al. **Gestão de produtos, serviços, marcas e mercados**: estratégias e ações para alcançar e manter-se "top of market". São Paulo: Atlas, 2009.

MAXIMIANO, A. C. A. **Da escola científica à competitividade na economia globalizada**. São Paulo: Atlas, 2000a.

MAXIMIANO, A. C. A. **Teoria geral da administração**: da revolução urbana à revolução digital. 3. ed. São Paulo: Atlas, 2000b.

MELO, L. de. As ideias de Ford que ainda valem, 150 anos após ele nascer. **Exame.com**, 1º ago. 2013. Disponível em: <http://exame.abril.com.br/negocios/noticias/as-ideias-de-ford-que-ainda-valem-150-anos-apos-ele-nascer?page=2>. Acesso em: 11 jun. 2014.

MESQUITA, M. A. de.; SANTORO, M. C. Análise de modelos e práticas de planejamento e controle da produção na indústria farmacêutica. **Produção**, v. 14, n. 1, p. 64-77, 2004. Disponível em: <http://www.scielo.br/pdf/prod/v14n1/v14n1a07.pdf>. Acesso em: 10 jun. 2014.

MICROSOFT DYNAMICS ERP – Soluções de planejamento de recursos empresariais. Disponível em: <http://www.microsoft.com/pt-br/dynamics/erp.aspx>. Acesso em: 11 jun. 2014.

MINTZBERG, H. **Criando organizações eficazes**: estruturas em cinco organizações. São Paulo: Atlas, 2003.

MINTZBERG, H.; QUINN, J. B. **O processo de estratégia**. Porto Alegre: Bookman, 2001.

MONTGOMERY, C. **O estrategista**. Rio de Janeiro: Sextante, 2012.

MOREIRA, D. A. **Administração da produção e operações**. São Paulo: Cengage Learning, 2008.

MOTTA, F. C. P. **Teoria geral da administração**. São Paulo: Pioneira Thomson Learning, 2002.

NASCIMENTO, R. P. Flexibilidade produtiva e o modelo de competência: estudo de caso no setor automobilístico brasileiro. In: ENCONTRO NACIONAL DE ENGENHARIA DA PRODUÇÃO – ENEGEP, 23., 2003, Ouro Preto. **Anais**... Ouro Preto: Enegep, 2003. Disponível em: <http://www.abepro.org.br/biblioteca/enegep2003_tr0113_1052.pdf>. Acesso em: 11 jun. 2014.

OHSAS 18001. **The Health and Safety & OHSAS Guide**. 2014. Disponível em: <http://www.ohsas-18001-occupational-health-and-safety.com>. Acesso em: 11 jun. 2014.

OLIVEIRA, D. P. R. de. **Sistemas, organizações e métodos**: uma abordagem gerencial. 13. ed. São Paulo: Atlas, 2002.

OLIVÉRIO, J. L. **Projeto de fábrica**: produtos, processos e instalações industriais. São Paulo: IBLC, 1985.

ORACLE BRASIL – Hardware and Software, Engineered to Work Together. Disponível em: <http://www.oracle.com/br/index.html>. Acesso em: 11 jun. 2014.

PECI, A.; SOBRAL, F. **Administração**: teoria e prática no contexto brasileiro. São Paulo: Pearson Prentice Hall, 2008.

PE DESENVOLVIMENTO. **BMW vai investir 200 milhões de euros em fábrica no país**: marca publica editorial de confiança no Brasil. 10 fev. 2014. Disponível em: <http://pedesenvolvimento.com/2014/02/10/bmw-vai-investir-200-milhoes-de-euros-em-fabrica-no-pais-marca-publica-manifesto-de-confianca-no-brasil>. Acesso em: 26 jul. 2014.

PERALES, W. Classificações dos sistemas de produção. In: ENCONTRO NACIONAL DE ENGENHARIA DE PRODUÇÃO – ENEGEP, 21., 2001, Salvador. **Anais**... Salvador: Enegep, 2001.

PORTER, M. E. What is Strategy? **Harvard Business Review**, v. 74, n. 6, p. 61-78, 1996.

RESTAURANTE MADALOSSO. **Curiosidades**: 1995 Guiness Book – O maior restaurante das américas. 2014. Disponível em: <http://www.madalosso.com.br/restaurante/#timeline-embed>. Acesso em: 11 jun. 2014.

SANTOS, J. G. Planejamento e controle da produção de Havaianas: um estudo de caso na Alpargatas de Campina Grande/PB. **Revista Gestão Industrial**, v. 9, n. 3, p. 623-640, 2013. Disponível em: <http://revistas.utfpr.edu.br/pg/index.php/revistagi/article/view/1163>. Acesso em: 11 jun. 2014.

SAP – Software & soluções; aplicativos de negócios & TI. Disponível em: <http://www.sap.com/brazil/index.html>. Acesso em: 11 jun. 2014.

SIEGLER, J.; SILVA, R. T. P.; VILLAR, C. B. Estratégias de operações internacionais, decisões de localização e responsividade: estudo exploratório em uma multinacional de commodities. In: SIMPÓSIO DE ADMINISTRAÇÃO DA PRODUÇÃO, LOGÍSTICA E OPERAÇÕES – SIMPOI, 15., 2012, São Paulo. **Anais**... São Paulo: FGV, 2012. Disponível em: <http://www.simpoi.fgvsp.br/arquivo/2012/artigos/E2012_T00299_PCN76232.pdf>. Acesso em: 11 jun. 2014.

SILVA, W. R. da. Terceirização versus integração vertical: teoria e prática. **RAE – Revista de Administração de Empresas**, v. 37, n. 3, p. 138, 1997. Disponível em: <http://bibliotecadigital.fgv.br/dspace/bitstream/handle/10438/3083/P00174_1.pdf?sequence=1>. Acesso em: 11 jun. 2014.

SIQUEIRA, J. P. L. **Gestão de produção e operações**. Curitiba: Iesde, 2009.

SLACK, N. et al. **Administração da produção**: edição compacta. São Paulo: Atlas, 1999.

TAKTICA. **Desenvolvimento de layout celular**. 2014. Disponível em: <http://www.taktica.com.br/site/desenvolvimento-de-layout-celular>. Acesso em: 8 jan. 2014.

TAVARES, M. C. **Gestão estratégica**. 3. ed. São Paulo: Atlas, 2010.

TAYLOR, F. W. **Princípios da administração científica**. São Paulo: Atlas, 1995.

_____. **Principles of Scientific Management**. New York: Harper & Row, 1911.

THE WALT DISNEY COMPANY. **Inspire Others**. 2014. Disponível em: <http://thewaltdisneycompany.com/citizenship/inspire-others>. Acesso em: 21 jul. 2014.

TIBERTI, A. J. **Desenvolvimento de software de apoio ao projeto de arranjo físico de fábrica baseado em um framework orientado a objeto**. Tese (Doutorado em Engenharia Mecânica) – Universidade de São Paulo, São Paulo, 2003.

TOMPKINS, J. A. et al. **Facilities Planning**. 2. ed. Nova York: John Wiley & Sons, 1996.

TOTVS – Soluções softwares de gestão para o seu negócio. Disponível em: <http://www.totvs.com>. Acesso em: 11 jun. 2014.

TUBINO, D. F. **Planejamento e controle da produção**. São Paulo: Atlas, 2007.

VELASCO, C. Balanço das cidades-sede na Copa é positivo apesar de obras incompletas. **Globo.com**, 14 jul. 2014. Disponível em: <http://g1.globo.com/turismo-e-viagem/noticia/2014/07/balanco-das-cidades-sede-na-copa-e-positivo-apesar-de-obras-incompletas.html>. Acesso em: 21 jul. 2014.

WB – The World Bank. Data. **Indicators**. 2014. Disponível em: <http://data.worldbank.org/indicator>. Acesso em: 13 jun. 2014.

WIKIPEDIA. **OHSAS 18001**. Disponível em: <http://pt.wikipedia.org/wiki/OHSAS_18001>. Acesso em: 11 jun. 2014.

Capítulo 1

Questões para revisão

1. e
2. c
3. d
4. Ao observar que a produtividade dos trabalhadores relacionava-se mais ao fato de serem observados pelos pesquisadores, ao sentimento de serem valorizados e de se sentirem parte de algo maior, do que aos aspectos físicos do ambiente fabril, evidenciou-se uma nova concepção de trabalhador. Esse trabalhador não mais se definia como *homem econômico*, cuja única motivação é limitada a remunerações financeiras, mas se entende como *homem social*, cujas motivações compreendem também as relações sociais, o pertencimento a um grupo e o *status* social.
5. O *just-in-time*, ou "na hora certa", tinha como premissa a produção apenas do necessário, isto é, os produtos eram desenvolvidos conforme a demanda do mercado consumidor. A principal contribuição dessa prática é a redução de qualquer tipo de excedente, produzindo-se o estritamente necessário para atendimento do mercado.

Capítulo 2

Questões para revisão

1. d
2. c
3. Falso.
4. Os produtos subdividem-se em **bens**, que são as mercadorias tangíveis disponibilizadas ao mercado consumidor, e **serviços**, que são intangíveis e consistem nos desempenhos realizados por um profissional capacitado ou na experiência de consumo do cliente.
5. Atividade ou setor primário, vinculado à extração de recursos naturais ou à produção de produtos primários; setor secundário, que transforma as matérias-primas fornecidas pelo setor primário em produtos manufaturados; e setor terciário, representado pela prestação de serviços.

Capítulo 3

Questões para revisão

1. b
2. Verdadeiro.
3. Verdadeiro.
4. *Stakeholders* são os agentes de interesse ou influência de uma organização, ou seja, todo e qualquer agente que interage com ela, interferindo em sua atuação. São eles: fornecedores, concorrentes, consumidores, sociedade, meio ambiente e governo.
5. As quatro características inerentes aos serviços são: intangibilidade (impossibilidade de tocar, pegar ou se apropriar), inseparabilidade (obrigatoriedade de simultaneidade entre momento de produção e consumo), perecibilidade (caráter extinguível, impossibilidade de armazenamento) e variabilidade (suscetível à mão de obra e suas variações).

Capítulo 4

Questões para revisão

1. b
2. a
3. a

4. O texto deve contemplar os papéis e os estágios das operações em relação à sua capacidade de atendimento das estratégicas organizacionais. Os critérios utilizados pela área de produção devem relacionar-se à localização da nova unidade. Para isso, podem ser utilizadas metodologias de localização como o centro de gravidade ou a ponderação de fatores. O aluno deve apresentar em suas respostas os fatores a ponderar para a escolha da localização e sua relação com as demais funções organizacionais, como a demanda, a mão de obra e os custos.
5. Questão a) De acordo com Slack et al. (1999), as operações exercem três papéis: de apoio (oferece as condições para a estratégia ser executada da forma mais adequada), de implementação (as operações colocam em prática a estratégia empresarial, ou seja, executam-na) e de impulsão da estratégia empresarial (nesse caso, sua função é proativa, ao propor soluções que contribuem para níveis mais altos de competitividade organizacional). Todos eles dependem de como as operações são vistas pela direção da organização. De forma complementar à ideia de papéis, Hayes e Wheelwright (1984) identificaram a relação entre as operações e a estratégia e a classificaram em quatro estágios: 1) internamente neutra (quando as operações não são capazes de entregar produtos ou serviços confiáveis ou porque seu desempenho deixa a desejar em algum fator crítico); 2) externamente neutra (quando as operações da organização estão no mesmo nível de seus competidores); 3) de suporte interno (quando as operações são capazes de oferecer suporte para as estratégias de negócios); e 4) de suporte externo (quando as operações adotam uma postura proativa em relação à competitividade organizacional).

Questão b) O gestor de operações pode lançar mão desses modelos para identificar o papel ou o estágio de suas operações em relação à estratégia e, com isso, planejar adequadamente maneiras de tornar as operações da organização cada vez mais importantes para a obtenção de vantagens competitivas.

Capítulo 5

Questões para revisão

1. Falso.
2. a
3. A análise do ciclo de vida dos produtos permite que a organização direcione adequadamente os seus esforços, de acordo com a necessidade de cada fase específica de comercialização do produto.

4. Verdadeira.
5. Produtos que foram introduzidos no mercado e não deram certo, por exemplo, podem não atingir a fase de maturidade, indo da fase de crescimento diretamente para o declínio. Outro exemplo são os produtos bem administrados e que permanecem por um longo tempo na fase de maturidade, como é o caso do sanduíche Big Mac, do McDonald's.

Capítulo 6

Questões para revisão

1. d
2. c
3. c, g, a, f, d, e, b.
4. Questão a) Deveria ser investigado se na análise foram consideradas as saídas de caixa na data zero: (1) valor de compra do equipamento, (2) custos de instalação e (3) de demissão dos funcionários, (4) valor residual da venda do equipamento antigo e (5) nos outros anos, os impactos nas receitas e nos custos fixos e custos variáveis ou fluxos de caixa incrementais.
   Questão b) Os impactos na produção são (1) ganho de qualidade e (2) eficiência, além do aumento da (3) rapidez e agilidade na gestão da cadeia de suprimentos da empresa.
5. Conforme apresentamos no Capítulo 4, a estratégia envolve decisões de longo prazo que afetam o escopo do negócio e devem gerar vantagens sobre os concorrentes, ao mesmo tempo que proporcionam valor aos clientes. As decisões de integrar ou não verticalmente a capacidade e a localização estão diretamente relacionadas à estratégia, na medida em que afetam os custos, a relação das organizações com seus clientes e fornecedores, bem como as respostas adequadas à demanda dos clientes no tempo, na quantidade e na qualidade estabelecidos.

Capítulo 7

Questões para revisão

1. d
2.
   - O que essa tecnologia faz e em que é diferente de outras tecnologias similares?
   - Como ela faz isso? Isto é, que características particulares da tecnologia são utilizadas para desempenhar suas funções?

- Que benefícios a tecnologia usada traz para a operação produtiva?
- Que limitações a tecnologia usada traz para a produção?

3. a
4. As operações de uma organização, em geral, além de consumirem o maior volume de recursos e concentrarem proporcionalmente grande contingente de funcionários, estabelecem relações com públicos externos, como os clientes e os fornecedores. Portanto, qualquer problema na divisão e na coordenação do trabalho terá grandes proporções nessa área. Os principais impactos que podem ser percebidos são: aumento de custos; não atendimento dos prazos; processos, produtos e serviços com baixo nível de qualidade; insatisfação dos clientes e fornecedores; retrabalho; conflitos entre as pessoas etc. Enfim, não há como atingir os objetivos da área ou mesmo os objetivos organizacionais. Uma das formas de resolvermos esse problema, ou pelo menos minimizá-lo, pode ser encontrada com a identificação das cinco formas de coordenação fornecidas por Mintzberg (2003): ajustamento mútuo; supervisão direta; padronização de habilidades (*inputs*); padronização de processos; e padronização de *outputs*. Cada forma de coordenação é implementada à medida que variarem a quantidade de pessoas no processo, o grau de complexidade das tarefas, o nível de formalização e o grau de centralização das decisões (Mintzberg, 2003; Hall, 2004). Dependendo das características dos processos produtivos, o gestor pode estabelecer procedimentos formais e padronizados para a execução do trabalho. Esse é o caso da produção em larga escala de produtos nos quais não há necessidade de mão de obra altamente qualificada. Por outro lado, os segmentos de alta tecnologia, pesquisa e prestação de serviços profissionais optam por exercer a coordenação por meio do investimento em habilidades e padronização de *outputs*, ou mesmo pelo ajustamento mútuo, proporcionando mais liberdade criativa aos indivíduos.
5.

LT	Local de trabalho	LT	Tecnologias e métodos de trabalho utilizados fisicamente pelas pessoas
		AT	Temperatura, ventilação e umidade relativa do ar
		LT	Cadeiras e mesas
		AT	Iluminação e ruídos
AT	Ambiente de trabalho	LT	Métodos para prestar serviços de manutenção
		LT	Telas de computadores, teclados e *mouse*
		LT	Máquinas de produção industrial

Capítulo 8

Questões para revisão

1. Verdadeira.
2. Verdadeira.
3. Falsa.
4. O **arranjo físico posicional** caracteriza-se pela fixação do material ou componente principal no centro, enquanto todos os recursos produtivos movimentam-se à sua volta. Deve ser utilizado quando a produção ocorre por projetos, em quantidades reduzidas, como é o caso da produção de aviões ou navios, ou mesmo no caso das cirurgias praticadas nos hospitais. O **arranjo funcional** consiste no agrupamento de todas as operações cujo tipo de processo de produção seja semelhante, movimentando-se o material entre essas etapas produtivas divididas e organizadas de forma funcional. Deve ser utilizado em sistemas produtivos em lotes, como fabricação de tecidos e roupas, ou mesmo no atendimento nas agências bancárias. O **arranjo linear** segue uma lógica inversa à do arranjo físico posicional, fixando os recursos produtivos em determinada sequência de operações, enquanto os produtos movem-se durante o processo produtivo. Recomenda-se que esse arranjo seja utilizado em sistemas de produção contínuos ou em massa, como fábricas de automóveis e indústrias alimentícias ou restaurantes *self-service*. O **arranjo celular** separa o processo produtivo em partes específicas menores, nas quais se encontram todos os insumos produtivos necessários para atender às necessidades específicas da operação. Esse arranjo é encontrado nas indústrias de manufatura de componentes de computador e equipamentos eletrônicos, assim como na área de maternidade dos hospitais.
5. Em geral, quanto maior o volume produzido, menor a variedade dos produtos e seu custo unitário. Dessa forma, os arranjos físicos seguem uma linha crescente de volume dos arranjos posicional, funcional, celular e linear e decrescente de variedade e custo unitário no inverso: linear, celular, funcional e posicional.

Capítulo 9

Questões para revisão

1. b
2. d

3. d
4. Corrêa e Corrêa (2004) utilizam o conceito de *inércia intrínseca* como a grande justificativa para a realização do planejamento em operações. *Inércia intrínseca* significa o tempo entre uma decisão e seu efeito. Por meio desse conceito, fica mais fácil entendermos o que são decisões de longo, médio e curto prazos e sua relação com o planejamento. Decisões de inércia grande necessitam de maior nível de antecipação, como o lançamento de novos produtos, os aumentos de capacidade em saltos ou mesmo a decisão sobre uma nova localização para as operações. Algumas dessas decisões podem levar anos para produzirem os efeitos projetados. Imaginemos o tempo entre a decisão sobre a construção de uma hidrelétrica e a geração dos primeiros *quilowatts*. Primeiro, ocorrem os embates políticos sobre onde deve acontecer a instalação, como a usina deve ser construída, qual será seu potencial de geração de energia – portanto, decisões sobre o projeto da hidrelétrica. Esse projeto deve ser aprovado em todas as instâncias competentes, pois requer um grande volume de investimento e representa contribuição estratégica para o país. Outras fases da obra são as licenças ambientais e a licitação para se definir a construtora. Por fim, temos a obra propriamente dita, que, a depender da região, terá ainda de realizar a recolocação das comunidades atingidas pelo lago formado pela barragem, desviar o rio e construir uma obra de grande magnitude, o que pode levar de 5 a 10 anos, no total. Existem também as decisões de inércia média, como a compra de uma nova máquina ou a reforma de parte das instalações. Essas são decisões que, a depender do porte da empresa, devem ser planejadas com meses ou, no máximo, um ou dois anos de antecedência. Por fim, há decisões de curto prazo, portanto, com inércia pequena. É o caso de se comprar mais ou menos matéria-prima – caso essa compra seja rotineira –, ampliar o horário de trabalho por um ou dois dias ou de decisões tomadas em situações específicas que podem afetar o volume de produção de uma hora para outra.
5. Controlar as operações significa verificar em que medida o sistema de produção atende às necessidades dos clientes e garante o uso eficiente e eficaz dos recursos, ou seja, mantendo os custos baixos e a produtividade alta. Os fatores e os processos operacionais controlados são os custos, as aquisições, a manutenção e a qualidade.

sobre os autores

Taís Pasquotto Andreoli

é formada em Administração pela Universidade Estadual de Maringá (UEM) e mestre em Administração, com linha de pesquisa em marketing, pela Universidade de São Paulo (USP). Residente na cidade de Sorocaba (SP), trabalha em uma agência de publicidade e atua como docente de ensino superior na área de administração. Possui vários artigos apresentados em eventos nacionais e internacionais e pesquisas publicadas em revistas acadêmicas e livros.

Rony Ahlfeldt

é bacharel em Administração de Empresas pela Universidade da Região de Joinville (Univille), mestre em Administração: Estratégia e Organizações pela Universidade Federal do Paraná (UFPR) e doutorando em Administração pela Pontifícia Universidade Católica do Paraná (PUCPR). É professor universitário há quatorze anos. Já atuou como empresário, consultor de empresas e coordenador de cursos de graduação. Atualmente, é professor da Escola de Negócios da PUCPR, além de exercer função gerencial no Grupo Marista. Possui artigos publicados em eventos nacionais e internacionais.

Os papéis utilizados neste livro, certificados por instituições ambientais competentes, são recicláveis, provenientes de fontes renováveis e, portanto, um meio **respons**ável e natural de informação e conhecimento.

FSC
www.fsc.org
MISTO
Papel produzido
a partir de
fontes responsáveis
FSC® C103535

Impressão: Reproset
Agosto/2021